CONTRA-BASS

Titelfoto: Verlagsarchiv

Das Foto zeigt eine Versammlung des Vereins „Lebendiges Wohnen e.V." Anfang der 1980er Jahre im Autonomen Bildungs-Centrum e.V.
Daraus entstand 1986 das genossenschaftliche Wohnprojekt „Drachenbau" mit mehr als 60 BewohnerInnen in Hamburg St. Georg, das bis heute existiert.

1. Auflage 2025
Ausstattung, Herstellung und ©:
Literarischer Verlag Edition Contra-Bass UG Hamburg
Homepage: www.contra-bass.de
E-mail: contra-bass@orange.fr
Druck+Einband: TZ-Verlag & Print GmbH Rossdorf

ISBN 978-3-943446-77-7

Die Edition Contra-Bass unterstützt die Förderung einer freien, unabhängigen Verlagslandschaft in der Kurt-Wolff-Stiftung KWS.
www.kurt-wolff-stiftung.de

GERD STANGE

AUSWEG AUS DER GRÜNEN SACKGASSE

ESSAY

Der Ausgang ist am Anfang der Sackgasse
(Anonym)

Es gibt kein richtiges Leben im falschen
Theodor Adorno (in Minima Moralia)

Die Zukunft soll man nicht voraussehen wollen,
sondern möglich machen
Antoine de Saint-Exupéry

Die Zukunft gehört denen,
die an die Wahrhaftigkeit ihrer Träume glauben
Eleanor Roosevelt

Wer keinen Mut zum Träumen hat,
hat keine Kraft zum Kämpfen
Medienwerkstatt Berlin (Filmtitel)

Nach meiner Erfahrung ist der ärgste Feind und Verderber
der Menschen der auf Denkfaulheit und Ruhebedürfnis beru-
hende Drang nach dem Kollektiv, nach Gemeinschaften mit
absolut fester Dogmatik, sei sie nun religiös oder politisch.
Hermann Hesse (in einem Brief vom 15. April 1950 ‚an einen
einfachen Mann aus dem arbeitenden Volke')

Inhalt

Kapitel 1

Wo ist der Ausgang?

Der Ausgang einer Sackgasse befindet sich an ihrem Eingang: der Parteigründung.

Die Wurzeln der ,Grünen' Partei sind vor einem halben Jahrhundert gewachsen und haben 1980 zu ihrer Entstehung geführt. Daraus sollte ein starker Baum werden, der die Gesellschaft verändert. Stattdessen wurden nach und nach die meisten seiner Wurzeln gekappt, und heftige Gegenwinde schleuderten das schmächtige Bäumchen in alle Himmelsrichtungen. Es wird Zeit zurückzublicken, damit nicht vergessen wird, was die ,Grünen' eigentlich am Ursprung wollten.

Die Partei wurde von drei Generationen gegründet, die durch den Zweiten Weltkrieg geprägt waren: die erste Generation hatte ihn mitgemacht, die zweite hatte ihn als Kinder erlebt, die dritte hatte seine Folgen zu tragen. Das Thema Umwelt hat sie vereint, aber es war noch viel mehr, was seitdem jedoch verloren gegangen ist.

Davon soll die Rede sein, aber auch von Perspektiven für heute.

Mein Vater gehörte zur ersten Generation. 1913 geboren, Antifaschist, machte er den Krieg beim Bodenpersonal der Luftwaffe mit und verlor den Glauben an die Menschheit. Er suchte das Glück nur noch im Privaten. Dennoch hat er mich gegen alle alten Nazis in Schule und Gesellschaft verteidigt und blieb ein politisch denkender kritischer Mensch.

Meine Großmutter hatte nach dem 1. Weltkrieg in Hamburg ein Reformhaus gekauft und über den 2. Weltkrieg gerettet, so dass ich die Reformbewegung der zwanziger Jahre im vorigen Jahrhundert durch sie und durch meine Mutter kannte.

Ich selbst bin Anfang September 1944 im Bombenhagel über Hamburgs Zentrum zur Welt gekommen.

Mein offener Widerstand gegen die immer noch faschistischen und autoritären Strukturen und ihre Repräsentanten begann auf der Oberstufe des Gymnasiums mit unserer Schülerzeitung.

Die Bereitschaft der USA, in der Kuba-Krise Atomwaffen einzusetzen, erschreckte nicht nur mich, und nach dem Abitur 1964 begannen die Demonstrationen vor dem US-amerikanischen Konsulat an der Außenalster gegen ihren Vietnamkrieg. Nach zwei Jahren Studium der Versicherungsmathematik (mit Physik, Jura, Volks- und Betriebswirtschaft) wollte ich nicht mehr wohlhabend werden, sondern antiautoritärer Lehrer mit Staatsexamen für Mathematik und Französisch. Die Erfahrung als Assistent an einem Pariser Gymnasium belehrte mich, dass antiautoritärer Unterricht in einer autoritären Schule nicht funktioniert. Lieber blieb ich als Doktorand an der Uni, die mehr Freiräume bot, für die wir seit 1968 gekämpft hatten. Die Thesen des ‚Sozialistischen Büros SB‘ in Offenbach überzeugten mich, mit Gleichgesinnten gründeten wir 1974 eine Hamburger Gruppe. Dann bat mich Jürgen Trabant Anfang 1975, seine Linguistik-Professur für zwei Jahre zu übernehmen. Auf eine mögliche Verlängerung habe ich verzichtet und wollte mich stattdessen an der ‚Honigfabrik‘, dem Projekt einer freien Schule, beteiligen, das der Hamburger Senat jedoch boykottierte. Die Situation an der Universität hatte sich im Vergleich zur antiautoritären Studentenbewegung seit 1967 ff sehr verändert, denn eine Vielzahl von kommunistischen Gruppen war inzwischen entstanden. Wir konnten im Fachschaftsrat Romanistik gut zusammenarbeiten, aber unsere gesellschaftspolitischen Ziele unterschieden sich. Bis auf den einzigen Trotzkisten waren alle Kommunisten Anhänger Stalins.

Zu dritt beschlossen wir im ‚Deutschen Herbst‘ 1977, eine freie Bildungsstätte aufzubauen, die 1979 Gestalt annahm. Natürlich begrüßten wir die Entstehung einer grün-alternativen Partei im folgenden Jahr 1980 und unterstützen die Hamburger Liste.

An der Partei-Gründung der ‚Grünen' waren beteiligt:

die Vätergeneration von vor dem Krieg war genau wie wir gegen Krieg, Atombewaffnung und Großindustrie, aber auch für Ökologie,

unsere antiautoritäre Kriegs-Generation war außerdem für Basisdemokratie und Geschlechtergleichheit, Feminismus, Kommunen,

die dritte, die Nachkriegsgeneration, war noch ungebunden, die meisten lernten oder studierten 1980 oder kämpften zum Teil hauptberuflich für die Revolution.

Diese drei Generationen haben 1980 gemeinsam ein Programm verabschiedet, auf das zurückzublicken sich lohnt.

Warum es anders gekommen ist und das Programm aufgegeben wurde, werde ich zeigen. Denn ich halte es für notwendig, dass die ‚Grünen' sich auf ihre Wurzeln besinnen. Die Vätergeneration gibt es nicht mehr. Viele von meiner Generation sind auch nicht mehr nach, und die Nachkriegsgeneration ist inzwischen im Rentenalter.

Mir ist wichtig, nicht nur zu zeigen, wie die Partei in die Sackgasse hineingeraten ist. Das interessiert Historiker und hätte noch Zeit.

Es geht mir darum, jetzt aus der Sackgasse hinaus zu gelangen und dafür Vorschläge zu machen.

Kapitel 2

Eine kleine Geschichte der Ökologie

Neu ist das Thema Ökologie nicht, nur der Begriff.

Die Umweltfrage begleitet den Kapitalismus seit seinem rasanten Aufstieg vor gut zwei Jahrhunderten, weil sie eine Antwort auf das Pro-blem des technischen Fortschritts verlangt, der treibendes Motiv der Industriezeit ist. Im 18. Jahrhundert schon machten die Amischen einen harten Schnitt und verweigerten sich dem technischen Fortschritt. Mit ihm wuchsen auch der Widerstand und die Forderung nach Alternativen. Die Kritiker wurden oft belächelt. Die ersten Eisenbahnen machten vielen Menschen Angst, aber sie waren ein wichtiger Wegbereiter der industriellen Revolution. Eisen, Stahl, Kohle, Maschinen für die Züge, Tunnel, Brücken, Gleise für die Trassen, sie waren eine Voraussetzung für die industrielle Entwicklung. Nicht nur zum privaten Vergnügen, sondern auch zum Transport von Soldaten eigneten sich die Bahnen. Die Kosten waren jedoch so hoch, dass Aktiengesellschaften entstanden und später Staaten die Finanzierung übernahmen.

Für uns heute sind Eisenbahnen ein ökologisches Fortbewegungsmittel, weil wir nur noch im Urlaub zu Fuß gehen, um irgendwo hinzukommen. Wer jedoch in Mexiko erlebt, wie die neue Bahntrasse brutal durch indigenes Land und intakten Urwald getrieben wird, erkennt deutlich die kapitalistischen Interessen (Tourismus, Landgrabbing, Städtebau ...) und die militärische Absicht (Widerstand der Indigenen brechen, insbesondere der Zapatisten).

Schon Anfang des 19. Jahrhunderts begann die Suche nach alternativen Gesellschaftsformen. Den Anstoß hatte die Französische Revolution vor fast 250 Jahren gegeben: Freiheit, Gleichheit, Brüderlichkeit. Ihre Prinzipien inspirierten den frühen Sozialisten Charles Fourier (1772-1837), dessen Ideen bis zu der ‚Außerparlamentarischen Opposition APO' 1967 ff immer wieder aufgegriffen wurden und die ich deshalb hier thematisieren werde.

Fourier ging über die Französische Revolution hinaus, war für Schwesterlichkeit und Brüderlichkeit (‚Feminist') und lehnte den Staat ab, weil Fourier für Vielfalt und Unterschiedlichkeit eintrat (‚Anarchist'). Harmonie entsteht seiner Meinung nach durch Vielfalt und nicht durch ihre Unterdrückung mit Hilfe der dominanten Kultur einer politischen Mehrheit. Auch die sexuelle Befreiung forderte er. Er propagierte die Idee von Groß-Kommunen.

Fouriers Konzept vor 200 Jahren sah so aus: 400 Familien (oder 1800 bis 2000 Menschen) schließen sich freiwillig zusammen und leben in der Nähe einer Stadt auf einem Anwesen gemeinsam. Sie arbeiten dort gemäß ihren Neigungen. Die Arbeitsangebote sind vielfältig, so dass im Laufe des Tages unterschiedlichste Tätigkeiten möglich sind. In einem großen Gebäudekomplex (einem Schloss nachempfunden) vereint werden Arbeit, Kunst und Wissenschaft sowie Vergnügen betrieben. Die Menschen leben vor allem von Landwirtschaft auf 2300 Hektar, die sich nach den regionalen Bedingungen richtet. In Manufakturbetrieben werden die Erzeugnisse industriell verarbeitet. Aus der Verschiedenheit der Tätigkeiten und der Menschen entsteht für Fourier gesellschaftliche Harmonie und nicht aus der Gleichheit. Solche Gebäudekomplexe sind zum Teil noch erhalten.

Fouriers Schriften wurden eineinhalb Jahrhunderte nach ihrem Erscheinen insbesondere von Herbert Marcuse, aber auch Anarchisten und Situationisten aufgegriffen und stießen auf großes Interesse in der Kommune-Bewegung, die bis heute (2024) lebendig ist (zum Beispiel in Niederkaufungen bei Kassel). Die Parole „Die Fantasie an die Macht" stammte von Fourier (aus seiner Schrift ‚Die Neue Liebeswelt') und wurde 1968 von den Studenten an das Gebäude der Pariser Universität ‚Sorbonne' geschrieben.

Fourier forderte das ‚bedingungslose Grundeinkommen', auf das alle ein Anrecht haben sollten.

Schon Vincent Van Gogh war vor 150 Jahren ein Anhänger von Fouriers Konzept einer solchen Lebens- und Arbeitsgemeinschaft, die Fourier ‚Phalansterium' nannte und Van Gogh mit seinem Bruder, dem Maler Gauguin und anderen verwirklichen wollte, weil es damals vor anderthalb Jahrhunderten mehrere derartige Initiativen gab.

Fourier hielt Handel, Kreditwesen und Finanzkapital für unproduktiv, unmoralisch und für die Ursache von Wucher und Ausbeutung. Da Geld im Islam und Christentum als schmutzig galt, überließ man lange Zeit den Juden die Finanzgeschäfte, was man ihnen anschließend zum Vorwurf machte. So auch Fourier, der mit dem Geld gleichfalls seinen Besitzer verteufelte.

Der Philosoph Afrikan Spir hat das Konzept einer lebensreformerischen Kommune entworfen, das Friedrich Nietzsche mit Freunden in Süditalien kurzzeitig verwirklichte.

Der Genossenschaftsgedanke und die Lebensreform-Bewegung entwickelten sich ebenfalls aus Fouriers Konzept. 1893 wurde die ‚Gemeinnützige vegetarische Obstbau-Kolonie Eden' beschlossen, die eine Siedlung mit Gärten, Obstverarbeitung, Wohngebäuden, Druckerei, Buchbinderei, Schule umfasste, wenige Jahre später kamen ein Gasthaus und ein Erholungsheim hinzu. Mehr als tausend Menschen lebten dort. Die Siedlung gehörte zur Lebensreformbewegung, die um die Jahrhundert-wende zur Gründung von Reformhäusern mit gesunden Lebensmitteln und bequemer Kleidung führte und Naturverbundenheit proklamierte. In der DDR wurde aus der Siedlung eine Gärtnerische Produktionsgenossenschaft. Die Enteignung wurde bei der Wiedervereinigung aufgehoben. Die Eden-Genossenschaft besteht bis heute.

In England vertrat im 19. Jahrhundert William Morris (1834-1896) ökosozialistische Ansätze. William Morris und seine

Tochter Mary ‚May' Morris, gehörten mit Eleanor Marx, Edward Aveling und Friedrich Engels zu den Gründern der sozialistischen Bewegung in England.

1900 entstand in den Bergen über Ascona nahe dem Lago Maggiore eine Kommune, die sich ‚Monte Verità' nannte. Sie schuf eine Naturheilstätte mit Sanatorium und vegetarischer Ernährung auf 4 Hektar Land, die zahlreiche Gesellschaftskritiker, vor allem Pazifisten, Sozialisten und Anarchisten nicht nur aus Deutschland anzog. Pjotr Alexejewitsch Kropotkin und Erich Mühsam, Gustav Landauer und Oskar-Maria Graf, Hermann Hesse und Gerhart Hauptmann, Heinrich und Martha Vogeler, zahlreiche kritische Intellektuelle reisten auf den Berg. Vogelers Wohnhaus, der Barkenhoff, wurde Anfang der 1900er Jahre zum Mittelpunkt der Künstlerkolonie Worpswede.

Der ‚Sozialistische Bund' mit der Zeitschrift ‚Der Sozialist' wurde 1908 von Gustav Landauer und Margarethe (Faas)-Hardegger gegründet und hatte in Ascona eine Ortsgruppe. Sie war Feministin, in der Schweizer Gewerkschaft aktiv und kämpfte für freie Liebe, das Frauenstimmrecht, die Mutterschaftsversicherung und bezahlte Hausarbeit.

Ein Mann war auf dem Schweizer Berg, der sich in hohem Alter mit Rudi Dutschke anfreundete: Ernst Bloch. Von beiden wird im Zusammenhang mit den sogenannten 68'ern noch die Rede sein.

1908 jedoch wurden vom Schweizer ‚Sozialistischen Bund' unter anderem folgende Statuten proklamiert:

„Die Grundform der sozialistischen Kultur ist der Bund der selbständig wirtschaftenden, untereinander in Gerechtigkeit tauschenden Wirtschaftsgemeinden.

Dieser sozialistische Bund tritt auf den Wegen, die die Geschichte anweist, an die Stelle der Staaten und der kapitalistischen Wirtschaft.

Er akzeptiert für das Ziel seiner Bestrebungen das Wort Republik im ursprünglichen Sinne: die Sache des Gemeinwohls.

Er erklärt als Ziel seiner Bestrebungen die Anarchie im ursprünglichen Sinne: Ordnung durch Bünde der Freiwilligkeit. Er umfasst alle arbeitenden Menschen, die die Gesellschaftsordnung des Sozialistischen Bundes wollen.

Seine Aufgabe ist weder proletarische Politik noch Klassenkampf, die beide notwendiges Zubehör des Kapitalismus und des Gewaltstaates sind, sondern Kampf und Organisation für den Sozialismus.

Die Kultur beruht nicht auf irgendwelchen Formen der Technik oder der Bedürfnisbefriedigung, sondern auf dem Geiste der Gerechtigkeit.

Diese Siedlungen sollen nur Vorbilder der Gerechtigkeit und der freudigen Arbeit sein: nicht Mittel zur Erreichung des Ziels. Das Ziel ist nur zu erreichen, wenn der Grund und Boden durch andere Mittel als Kauf in die Hände der Sozialisten kommt. Der Sozialistische Bund erstrebt das Recht und damit die Macht, im Zeitpunkt des Übergangs durch große, grundlegende Maßnahmen das Privateigentum an Grund und Boden aufzuheben und allen Volksgenossen die Möglichkeit zu geben, durch Vereinigung von Industrie und Landwirtschaft in selbständig wirtschaftenden und tauschenden Gemeinden auf dem Boden der Gerechtigkeit in Kultur und Freude zu leben."

Landauer hat 1912 neue Statuten verfasst:

‚Sozialismus ist der Aufbau einer neuen Gesellschaft. Sie ist ein Bund selbständig wirtschaftender, untereinander in Gerechtigkeit tauschender Gemeinden, deren Individuen im Besonderen frei, im Gemeinsamen freiwillig einig sind.

Der Sozialistische Bund, der berufen ist, schließlich an die Stelle der Staaten und der kapitalistischen Wirtschaft zu treten, kann nur dadurch anfangen, Wirklichkeit zu werden, daß die wollenden Sozialisten zu Lebensgemeinschaften zusammentreten und so nach jeweiliger Möglichkeit ihren Austritt aus der kapitalistischen Wirtschaft betätigen.

Die beginnenden Siedlungen des Sozialismus werden vorbereitet durch die Zusammenlegung des Konsums und den Ersatz der Geldwirtschaft durch gegenseitigen Kredit. Auf diese

Weise wird die Möglichkeit geschaffen, daß die arbeitenden Menschen und die Wirtschaftsgemeinden ohne Dazwischentreten von Profitmachern und Schmarotzern produzieren und die Produkte ihrer Arbeit untereinander tauschen.

Was heute Kapital genannt wird, ist im Sozialistischen Bund zweierlei: erstens verbindender Geist, der Institutionen schafft, die den arbeitenden Menschen gewährleisten, während der Arbeit an Dingen, die nicht für ihren Verkehr, sondern für die Tauschwirtschaft bestimmt sind, ihre Bedürfnisse für Leben und Handwerk zu befriedigen; dieser Geist der Gegenseitigkeit und seine Einrichtungen treten an die Stelle der wucherischen und sinnlose Produktion fördernden Geldwirtschaft. Zweitens gehört heute zum Kapital, gehört immer und so auch im Sozialistischen Bunde zu den Bedingungen der Wirtschaft: der Boden, ein Stück Natur also, wie das vorher genannte Kapital ein Stück Geist ist.

Die Freimachung des Boden und seine Neuaufteilung unter die Wirtschaftsgemeinden auf der Grundlage der Gerechtigkeit, der wahren Bedürfnisse und der Anerkenntnis, daß es keinerlei unverjährbares Eigentumsrecht am Boden geben kann, ist Bedingung für die endgültige und völlige Durchsetzung des Sozialismus unter den Völkern.

Damit die große Umwälzung in den Bodenverhältnissen komme, müssen die arbeitenden Menschen erst auf Grund der Einrichtungen des Gemeingeistes, der das sozialistische Kapital ist, so viel von sozialistischer Wirklichkeit schaffen und vorbildlich zeigen, wie ihnen jeweils nach Maßgabe ihrer Zahl und Energie möglich ist.

Solange die Sozialisten nicht da sind, die den Sozialismus verwirklichen und leben, ist keinerlei Aussicht auf Umgestaltung der sozialen und Eigentumsverhältnisse.

Der Sozialismus ist keineswegs eine Sache der Staatspolitik, der Demagogie oder des Kampfes um Macht und Stellung der für die kapitalistische Wirtschaft tätigen Arbeiterklasse, ist ebensowenig beschränkt auf Umwandlung materieller Verhältnisse,

sondern ist heute in erster Linie eine geistige Bewegung.
Anarchie ist nur ein andrer, in seiner Negativität und besonders starken Mißverständlichkeit weniger guter Name für Sozialismus. Wahrer Sozialismus ist der Gegensatz zu Staat und kapitalistischer Wirtschaft. Sozialismus kann nur erwachsen aus dem Geiste der Freiheit und freiwilligen Einung, kann nur entstehen in den Individuen und ihren Gemeinden.
Je weiter der Geist des Sozialismus um sich greift, je tiefer herauf er aus der echten Natur der Menschen geholt wird, um so energischer wenden sich die Menschen von allen Einrichtungen der Geistlosigkeit ab, die zu Unterdrückung, Verdummung und Verelendung geführt haben, um so durchgreifender tritt an die Stelle der autoritären Gewalt der Vertrag, an die Stelle des Staates der Bund freier Gemeinden und Verbände: die Gesellschaft.
Während des Aufbaus des Sozialistischen Bundes kommt es mit Notwendigkeit zur Abwanderung des Proletariats aus den Industriestädten aufs Land, zu einer Verbindung von Landwirtschaft, Industrie und Handwerk, von geistiger körperlicher Arbeit und zu dem starken Gefühl der Arbeitsfreude und Gemeinschaftsinnigkeit, durch die wir Menschen zu Gemeinden und zum Volk erhoben werden.'
Aus: Der Sozialist, 1.01.1912 [1]

Der Erste Weltkrieg unterbrach die politische Entwicklung.
Paul Robien (1882 - 1945) war ein deutscher Ornithologe, der sich als „Naturrevolutionär" bezeichnete. In der Weimarer Republik kritisierte er die Naturzerstörung durch Industrialisierung und gilt als Vordenker der Ökosozialisten und der Radikalökologen in der „grünen" Bewegung in Deutschland. [2]
Nach 1918 wurde auch der Gedanke einer Lebensreform weiterverfolgt, aber die Machtergreifung der Bolschewiki in Russland änderte die politische Situation. Die ‚Kommunistische

1 https://www.anarchismus.at/anarchistische-klassiker/gustav-landauer/6463-gustav-landauer-die-zwoelf-artikel-des-sozialistischen-bundes
2 https://de.wikipedia.org/wiki/Paul_Robien

Partei' russischer Machart wurde für ein halbes Jahrhundert dominierend und der Machtkampf mit der Sozialdemokratie bestimmend.

Nachdem die USA in den zwanziger Jahren alles anarchistische Denken ausgerottet hatten, wurde die Verfolgung von Kommunisten und Bekämpfung des sowjetischen Einflusses dort das Hauptthema. Kaum war das Elend nach dem Ersten Weltkrieg in Europa beseitigt, kam aus den USA Ende der zwanziger Jahre eine kapitalistische Weltwirtschaftskrise, die den Aufstieg faschistischer Banden beförderte. Der Kampf zwischen SPD und KPD spaltete die Anhängerschaft und spielte den Nazis in die Hände. Die Sowjetunion versuchte verzweifelt, mit ihrem autoritären Staat ökonomisch konkurrenzfähig zu werden, ohne sozialistisches Gedankengut zu übernehmen. Zu Beginn der dreißiger Jahre kam dort die stalinistische Zwangskollektivierung. Sie war das Gegenteil des Kommune-Gedankens und verursachte Millionen Hungertote. [1]

Die Faschisten jedoch griffen sozialistisches und lebensreformerisches Gedankengut auf und waren damit erfolgreich. Selbst den Kapitalismus erklärten sie zum Gegner, was auf Grund der Wirtschaftskrise leicht war, denn dem Finanzkapital wurde fälschlicherweise die Schuld gegeben. Nicht umsonst nannten sie sich national-sozialistisch. Auch den Gedanken eines Bundes griffen sie auf und paarten ihn mit dem Rassismus. Das innere Feindbild des Juden als Inbegriff des Finanzkapitalisten einte die ,Arier' ebenso wie das äußere Feindbild des Slawen. So wie Mussolini seinen Afrikafeldzug mit der Minderwertigkeit der Schwarzen legitimierte, so begründete Hitler seinen Eroberungsdrang gen Osten mit der Minderwertigkeit der slawischen Rasse und dem Anspruch auf Lebensraum bis in die heutige Ukraine und auf die Krim. Die Opferzahlen von mehr als 20 Millionen ermordeten Russen sind erschütternd und wurden in der Bundesrepublik Deutschland verschwiegen.

---

1 vgl. Gerd Stange, Revolutionen - Machtkampf oder Emanzipation 2019

Nach dem 2. Weltkrieg bestimmten die USA erst einmal die westdeutsche Politik und die UDSSR die ostdeutsche. Es entstand eine binäre Situation, gut oder schlecht, entweder hier oder da, wenn du Kritik hast, geh doch nach drüben … Hier war die Kommunistische Partei verboten, dort alle anderen. Es war im Westen und im Osten unmöglich, öffentlich über eine sozialistische Gesellschaft zu sprechen. In der DDR war sogar die Gesamtausgabe von Rosa Luxemburg zensiert.

Der Gedanke einer Lebensreform konnte und wurde im Westen weiterverfolgt. Meine Großmutter dachte nach dem 2. Weltkrieg anfangs, die FDP sei freiheitlich gesinnt, verließ dann aber diese Partei, wurde Mitbegründerin der bundesweiten Reform-Fachschule in Oberursel und bildete Lehrlinge in Hamburg aus, wo auch ihre Reformhäuser waren. Viele Städte waren zerstört, Hunger herrschte und der Wiederaufbau war bestimmend. „Auferstanden aus Ruinen" sangen sie in der DDR, in der BRD feierte man das Wirtschaftswunder. Schließlich verschloss die DDR die Grenze mithilfe einer Mauer. Der Kapitalismus behauptete wieder einmal, dass Krisen überwunden seien und es sie nur noch im Ostblock geben würde. Wir lebten in einer ‚nivellierten Mittelstandsgesellschaft'.

In dieser Betrachtung fehlten die Arbeitsmigranten aus Südeuropa (Portugal, Spanien, Italien) und der Türkei, weil sie nur befristet helfen sollten, den Wohlstand zu wahren. Willkommen waren sie schon damals nicht.

Die ökonomische Situation änderte sich mit der nächsten großen kapitalistischen Krise in den 1970er Jahren. Plötzlich suchte man keine Arbeiter mehr im Ausland, sondern hatte wieder massenhafte Arbeitslosigkeit. Und mit der Bezeichnung ‚Ökologie' wurde die Umwelt in den siebziger Jahren zum Thema, die systematische Betrachtung von Umweltbedingungen begann und unser menschliches Verhalten zur Natur wurde hinterfragt. Die Natur war nicht mehr nur das Andere, ein Objekt, dem das Subjekt Mensch entgegentrat, sondern man stellte fest, dass der Mensch selbst auch Natur und ihr unterworfen ist. In der biblischen Schöpfungsgeschichte heißt es: „Und Gott segnete sie und sprach zu ihnen: Seid fruchtbar und mehret euch und füllet die Erde und machet sie euch untertan und herrschet über die Fische im Meer und über die Vögel unter dem Himmel und über alles Getier, das auf Erden kriecht."

Die Herrschaft des Menschen über die Natur, die mit der Bibel garantiert worden war, wurde in den siebziger Jahren von evangelischen und katholischen Studentengemeinden und Pastoren in Frage gestellt. Der christliche Gott allerdings war ein Mann und Christus sein Sohn. Nicht nur die Herrschaft des Mannes über die Natur, sondern auch über die Frau wurde kritisiert. Zeitgleich mit der Umweltbewegung entwickelte sich auch die Frauenbewegung. Künstliche Intelligenz ebenso wie künstliche Kinder zeigen, dass die Herr-Schaft dennoch sogar verschärft weiter besteht.

Kapitel 3

Ein halbes Jahrhundert Umweltparteien

In Frankreich, wo 1971 im Elsass die erste Demonstration gegen den Bau eines Atomkraftwerkes stattfand, begann unsere Geschichte in der Umweltbewegung, die Geschichte meiner Generation, eingebettet in den Willen, die Gesellschaft grundlegend zu verändern. Um die Vorläufer dieser Bewegung wussten wir nicht Bescheid. Ihre Kämpfer waren vor dem Krieg geboren und traten für uns erst bei der Gründung der ‚Grünen Partei‘ in Erscheinung. Sie leben heute nicht mehr, wir selbst, im Krieg geboren, sind in den Achtzigern und werden auch weniger.

Ich schreibe diese Zeilen als Zeitzeuge für die ökologische Bewegung seit den siebziger Jahren. Wir wussten nicht, dass der Kampf gegen die Atombombe in den 50er Jahren die Initialzündung war: Die Bewegung ‚Kampf dem Atomtod‘ entstand 1957, weil die CDU-CSU-Bundesregierung unter Adenauer die Bundeswehr mit atomaren Raketen ausrüsten wollte. Dieser Kampf hatte große Zustimmung in der Bevölkerung, aber war kein Vorbild für unsere ‚Außerparlamentarische Opposition APO‘. Er war den meisten Schülerinnen und Studenten unbekannt. Gesundes Leben war nur für eine Minderheit wichtig. Reformhäuser hängten Mitte der 50er Jahre die Plakate der Anti-Atom-Bewegung in ihre Schaufenster, denn sie waren aus der Lebensreform-Bewegung am Beginn des 20. Jahrhunderts entstanden und engagierten sich nicht nur für gesunde Ernährung. Aber das habe ich erst viel später erfahren, obwohl meine Großmutter ihr Reformhaus schon 1919 gekauft hatte.

Alle Lebensmittel waren in den sechziger Jahren biologisch. Man wusste 1967 noch nichts von dem Frontalangriff der chemischen Industrie auf unsere Ernährung. Erst in den 70er Jahren begannen Bioläden, biologische Lebensmittel von nicht biologischen (chemischen) zu unterscheiden.

Die meisten Deutschen hatten im ‚Wirtschaftswunder' ein anderes Thema: Wiederaufbau und Wohlstand. Die Gefahr von Atombombeneinsatz im Krieg wurde politisch und medial heruntergespielt. Filmisch wurde dargestellt, wie wir uns mit einer Aktentasche über dem Kopf schützen könnten. Dass die sogenannte ‚friedliche' Nutzung der Atomenergie nur Folge und Abfallprodukt der Waffenproduktion ist, wurde damals nicht thematisiert und wird bis heute verschwiegen.

Die bundesdeutsche Umweltbewegung begann Ende der sechziger Jahre des 20. Jahrhunderts. Sie hatte wie gesagt Vorläufer. Neu war ihr Zusammenhang mit einer Protestbewegung, die massive Kritik an den gesellschaftlichen Verhältnissen und der parlamentarischen Demokratie artikulierte. In den bürgerlichen Parteien von rechts (CSU) bis links (SPD) rebellierten Politiker und schlossen sich der Bewegung an. Daraus entstand Mitte der siebziger Jahre das Projekt einer Umweltpartei, deren bekanntester Vertreter und Initiator Herbert Gruhl war: die ‚Grüne Aktion Zukunft GAZ'. Schließlich kam es zu einem größeren Zusammenschluss, der den klar verständlichen und einprägsamen Namen ‚Die Grünen' erhielt und als Partei der Bewegung in die Parlamente und den Bundestag wirken wollte, um die politische Bühne für die Stärkung der Bewegung zu nutzen.

Nach der Gründungsphase, als andere Listen noch Konkurrenz machten (bunte, grünalternative …), war die Namensgebung offen, aber das ‚Grün' setzte sich durch. Gleichzeitig mit der Gründung kam es zur Spaltung, der ökologische Flügel trat aus, weil die Umwelt nur noch eines von vielen Themen sein sollte. Diese Konkurrenzpartei von Gruhl nannte sich ‚Ökologisch-Demokratische Partei ÖDP', sie blieb jedoch marginal.

So wurden die ‚Grünen' in der Öffentlichkeit zur einzigen bekannten Ökopartei, obwohl die Umwelt gerade nicht ihr gemeinsamer Nenner blieb.

Darin ist ein Problem verborgen.

Kapitel 4

Was kann und soll ökologische Politik?

Ökologie betrachtet die Umwelt als einen systemischen Zusammenhang zwischen Mensch und (sowohl belebter als auch stofflicher) Natur. Wie jedes Lebewesen braucht der Mensch die Natur zum Leben, aber anders als alle anderen Lebewesen greift er durch Arbeit in das System ein und verändert es, weil er die Natur nicht nur nutzt, sondern auch zerstört, indem er einen Teil der Natur unwiederbringlich verbraucht. Insbesondere für die wichtige Produktion von Energie gräbt er inzwischen riesige Löcher in die Erde: bei der Kohle zum Beispiel werden aus Dörfern Badeseen und bei der Atomkraft strahlende Lagerstätten für radioaktiven Müll und vergiftete Umwelt, wo Uran abgebaut wurde. Ohne Energie aber würden keine Heizungen funktionieren, keine Autos fahren und die Lichter ausgehen.

Der technische Fortschritt, die Industrialisierung der Produktion und damit auch der Verbrauch von Energie waren und bleiben eine Voraussetzung für Kapitalismus. Unendliches Wachstum und endliche Umwelt gehen nicht zusammen. Dann hat nämlich unsere heutige Wirtschaftsweise ein natürliches Ende, wenn alle Ressourcen verbraucht sind.

Die heutige Politik der ,Grünen' negiert diesen Widerspruch.

Ökologie bezieht sich gleichermaßen auf unser Verhältnis als Menschen zur von uns gemachten Umwelt wie zur Natur. Auch wenn in der Bibel steht „Macht euch die Erde untertan!" bleibt die nicht veränderbare Wahrheit, dass wir Teil der Natur sind. Die Corona-Pandemie hat uns daran erinnert, dass die Natur nicht nur passiv erduldet, was der Mensch ihr antut. Im Mittelpunkt der Ökologie steht die Wirtschaftsweise, weil sie die Natur im Produktionsprozess braucht, die Landwirtschaft und der Fischfang ebenso wie die extraktive Industrie sind direkt naturgebunden. Aber nicht nur, denn unser individuelles Verhalten gehört auch dazu: Konsum, Verkehrsmittel, Wohnen … Die Pandemie hat auch gezeigt, dass unsere Verwundbarkeit mit der Entfernung von der Natur wächst und in den Gettos der Megalopolen am stärksten ist. Dort war die Sterberate am höchsten.

Deutschland ist ein Staatenbund aus Ländern mit einem Bundesstaat an der Spitze. Das ist ein wichtiger Faktor für die Geschichte der ‚Grünen Partei‘, denn die kleinen Stadtstaaten haben eine bedeutende Rolle gespielt, während die Länder der früheren DDR nach der Wiedervereinigung Deutschlands kaum Einfluss hatten.

Der Transmissionsriemen vom Volk zum Staat sind in Deutschland Parteien, die ihre Kandidaten wählen.

Direkte Demokratie würde die Volksvertretung und ihre Entscheidungen per Volksentscheid legitimieren.

Basisdemokratie würde ihre Vertretung per Mandat beauftragen und könnte befehlen, dass vom Mandat nicht ohne Rücksprache abgewichen wird, das wäre dann das imperative Mandat.

Die Frage nach der demokratischen Verfassung Deutschlands war ein wichtiger Streitpunkt bei der Gründung der ‚Grünen‘. Denn:

Wir leben in einer indirekten Demokratie mit Parteien, die Parteimitglieder wählen die VolksvertreterInnen aus, die jedoch nicht rechenschaftspflichtig sind, sondern nur ihrem Gewissen gehorchen sollten. In einer indirekten Demokratie ebenso wie in einer Präsidialdemokratie wie Frankreich sind Volksbefragungen und Volksentscheide ein zwielichtiges Mittel der Mitbestimmung, weil mit ihnen manipuliert werden kann und oft auch wird. Trotzdem kann man feststellen, dass die Demokratie in der Schweiz weiter entwickelt ist als in ihren Nachbarstaaten, weil Volksbefragungen dort seit langem im Alltag verankert sind, eine ausreichend lange Vorlaufzeit zum Diskutieren lassen und die Fragen selten manipulativ gestellt werden.[1]

Heute gilt: Die Auswahl der Regierenden und alle anderen parlamentarischen Entscheidungen werden nach dem Mehrheitsprinzip getroffen. So kommt es, dass der Kanzler Scholz eine Partei vertritt, die 20 % der Wahlberechtigten gewählt haben, ohne dass ihn nun alle 20 % geeignet für den Kanzler-Posten halten. Dasselbe Resultat erzielte Präsident Macron bei seiner Wiederwahl 2022 im ersten Wahlgang. Im zweiten Wahlgang konnte er mit 40 % der Wählerstimmen Marine le Pen übertrumpfen, aber gewollt haben ihn vier von fünf WählerInnen **nicht**. Auch Scholz ist von 80 % der Wahlberechtigten **nicht** gewählt worden.

Das ist bei Volksabstimmungen nicht viel besser, weil die Minderheit Unrecht bekommt, die aber noch 49 % ausmachen kann. Da die Wahlbeteiligung aber keine 80 % übersteigt, hat der französische Präsident maximal 40 % und nie die Mehrheit der Bevölkerung hinter sich.

Im Grundsatzprogramm der ‚Grünen' heißt es auf Seite 74: „Grundprinzip der Demokratie ist, dass diejenigen, die Entscheidungen für andere treffen, von diesen legitimiert, also gewählt werden müssen." Wie verträgt sich dieses Grundprinzip mit dem Mehrheitswahlrecht im Parteiensystem? Es ist nur in einer ‚Direkten Demokratie' realisierbar, wo die gewählten Menschen persönlich mandatiert werden und Rechenschaft ablegen müssen. Selbst von den 10 Prozent der Bevölkerung, die den ‚Grünen' ihre Stimme gegeben haben, dürften wichtige Entscheidungen von Vizekanzler Robert Habeck nicht legitimiert sein. Auf Seite 77 des aktuellen Programms steht geschrieben: „Demokratische Politik funktioniert von unten nach oben". Das war auch einer der Grundgedanken bei der Gründung der ‚Grünen Partei' 1980. Wo finden wir heute bei den ‚Grünen' diesen Ansatz in ihrer Politik verwirklicht? Gilt er überhaupt noch in der eigenen Partei?

---

1 vgl. Gerd Stange, Demokratie ohne Herrschaft & Das Ende der Arbeitsgesellschaft, 2014

In den 1970er Jahren begann die Menschheit, sich verstärkt mit dem Thema Ökologie zu beschäftigen, weil die Wirtschaft in eine Wachstumskrise geriet und die Wissenschaft ‚Grenzen des Wachstums' prognostizierte. Aus der Chaostheorie wissen wir, dass es natürliche Phänomene gibt, die unberechenbar sind wie der Saharasand auf der Windschutzscheibe von Hamburger Autos oder das winzige Virus aus Wuhan im fernen China, das um die Welt reiste. Der Sand kam mit dem Wind, das Virus mit Schiff und Flugzeug. Die Endlichkeit der natürlichen Vorräte ist jedoch Fakt, auch wenn immer noch neue Ölvorräte entdeckt werden, bei der Energie-Erzeugung werden sie unwiederbringlich verbraucht. Das gilt ebenfalls für Uran und – wie der Name schon sagt – seltene Erden, um die heute gekämpft wird. Kapitalismus ohne quantitatives Wirtschaftswachstum geht jedoch nicht.

Die Politik nahm sich des Themas an, ökologische Parteien entstanden Ende der siebziger Jahre im 20. Jahrhundert, die eine Abkehr von dieser Wirtschaftsweise forderten. Die ‚grüne' Partei stellt 5 Jahrzehnte später den Wirtschaftsminister, der für Wirtschaftswachstum sorgen muss. Das ist ein Widerspruch in sich!

Wie aber war der Stand zur selben Zeit, in den siebziger Jahren, im Osten?

Die DDR hatte keine Anschubfinanzierung und Wirtschaftsförderung durch die UDSSR erlebt, anders als die BRD durch die USA und den Marshall-Plan. Im Gegenteil mussten sie dem großen Bruder in Moskau hilfreich unter die Arme fassen, denn der verlangte Reparationen für das Unrecht und die Zerstörung, die Deutschland im 2. Weltkrieg im russischen Machtbereich angerichtet hatte. Über 20 Millionen Menschen waren umgebracht worden, wenn nicht mehr, die Landschaft war zerstört, die UDSSR hatte die Hauptlast des Krieges zu tragen und die DDR war die stärkste Wirtschaftsmacht im Ostblock mit einer Wirtschaftsleistung vergleichbar der von Frankreich oder Großbritannien. Nur dass sie an die UDSSR zahlen mussten.

In den siebziger Jahren geriet auch die DDR durch die ‚Ölkrise‘ in Schwierigkeiten und versuchte, kritische Stimmen zu entfernen, indem sie der Ausreise in den Westen zustimmte (Wolf Biermann …). Andere aber blieben (Christa Wolf …) und vertraten weiterhin, dass Sozialismus als Gesellschaftsform möglich sein müsste. Die Umweltfrage war in dem Zusammenhang nebensächlich, obwohl sie in den Industriegebieten ein gleichsam brennendes Problem darstellten. Es gab auch das Problem Atomkraftwerk, denn anders als einige Kommunisten im Westen behaupteten, waren die DDR-AKWs in Arbeiterhand nicht vorbildlich und sicher und der Uran-Abbau war umweltschädlich.

Der Optimismus von Biermann, Bahro und anderen Geflüchteten übertrug sich auf viele Menschen im Westen und spielte im Zusammenhang der grünen Parteibildung eine größere Rolle, weil Dissidenten und Oppositionelle sich für einen besseren Sozialismus engagierten.

Der Rahmen für die Politik der ‚Grünen‘ ist also weit gespannt und geht über ökologische Fragen im engeren Sinne weit hinaus. Oder ist die ‚grüne‘ Außen- und Wirtschaftspolitik etwa keine ökologische Politik?

Kapitel 5

Der Teufelskreis

Die Grüne Partei trug bis Anfang 2025 ein weiteres Mal die Regierungsverantwortung mit und ist weit entfernt von ihrem guten Ergebnis nach der Basisbewegung von ‚Fridays for Future FFF‘, die auch viele Parteimitglieder wieder auf die Strasse gelockt hatte, so dass Ökologie wieder in den Mittelpunkt rückte. Der nationalistische Pöbel von Merz bis Weigel stärkte sich an den Problemen der Regierung. Die Beschwichtigungen der Grünen-Minister können den Absturz beschönigen, aber nicht verhindern. Aufstieg und Fall gehören zum ‚Teufelskreis‘ der Grünen Partei: Das ist ein fehlerhafter Kreis (circulus vitiosus nannten die Römer ihn), eine Spirale, die nach dem Aufstieg auf die Regierungsbank unvermeidlich abwärts führt.

Ein Bild dafür ist Sisyphus, der sein Leben damit vertut, immer wieder den Stein den Berg hoch zu rollen, obwohl dieser Stein dort oben nicht gebraucht wird. Nicht nur erschöpft Sisyphus sich, sondern der Stein auf dem Berg erweist sich dort oben als nutzlos und rollt wieder herab.

Ein Beispiel für einen Teufelskreis sieht so aus: Weniger Investitionen bedeutet, dass die Produktion nicht wächst und keine preiswerteren Produkte kostengünstiger hergestellt werden können, sondern dass demzufolge das Angebot schlechter wird und weniger verkauft wird, weshalb dann die Einnahmen zurückgehen, was wiederum weniger Investitionen bedeutet.

Mehr Investitionen in die Automobilindustrie für die Elektromobilität bedeutet mehr, modernere und größere Fabriken, die mehr Landschaft zerfressen, mehr Umwelt belasten und weniger Personal brauchen als herkömmliche Fabriken, also auch die Konkurrenz verschärfen. Die Anzahl der Autos wächst und mit ihr wächst der Verbrauch an Rohstoffen, also auch die Ausbeutung der Natur und der Menschen in den Ländern, wo die Rohstoffe abgebaut werden. Die Situation der Ausplünderung und Naturzerstörung ändert sich auch nicht, wenn die Staaten offiziell von den Kolonialmächten in die Freiheit entlassen werden (zum Beispiel Niger). Überwiegend sind es Diktaturen, die mit militärischer Gewalt Beihilfe leisten. Die Probleme der Rohstoffgewinnung werden exportiert, aber irgendwann kehren sie zum Verursacher zurück – zum Beispiel in Gestalt von Flüchtlingen aus Afrika, weil die Lebensbedingungen dort katastrophal geworden sind. Auf jeden Fall verschärft die moderne Autofabrik die Konkurrenz zwischen den Autoherstellern, weil die ‚alten' Fabriken weniger Profit machen und weil das Angebot an Autos wächst. Solange Elon Musk seine elitären Autos vor allem nach Skandinavien exportiert, fällt es weniger auf, dass dieses Wirtschaftswachstum zugleich die deutsche Automobilindustrie schwächt, die Konkurrenz verschärft und die Anzahl der Autos steigert. Also auch die Umweltbelastung, die Verkehrsprobleme …

Von den drei deutschen Automobilkonzernen VW, BMW, Daimler wird vielleicht nur einer übrig bleiben, zumal die chinesischen Autohersteller günstiger produzieren können, weil sie näher an den Rohstoffen sind und ihre Arbeiter härter ausbeuten können. Um gleichzuziehen mit Elon Musk müssen die deutschen Autobauer modernisieren, rationalisieren, Werke schließen und Arbeitskräfte entlassen ... Die Wette auf eine grünere Umwelt durch Elektroautos ist aber auch deshalb schon jetzt verloren, weil das Umsteigen auf E-Autos zum Mindestpreis von 30.000 € für fast 50 Millionen Menschen nicht finanzierbar ist (so viele Autos sind in Deutschland zugelassen). Davon sind bislang (Mai 2024) gerade nur drei Prozent E-Autos. Selbst eine staatliche Prämie von 10.000 € zum Kaufanreiz würde für die meisten Autokäufer nicht reichen.

Das Schlimmste aber ist: Diese Autofabrik von Elon Musk auf der grünen Brandenburger Wiese steht dort nur, um das Wirtschaftswachstum im Osten zu fördern, und wird mit gesellschaftlichem Geld gesponsert, das der Gesellschaft selbst fehlt. Abgesehen davon unterstützt es einen zwielichtigen, machtgierigen Kapitalisten, der sich als Politiker an der Seite des alten autoritären Präsidenten feiert.

Ein ‚grüner' Wirtschaftsminister ist ein Widerspruch in sich, weil er dem kategorischen Befehl der ‚Wirtschaft' unterworfen ist: Wachstum. Und Wachstum wird nur in Geld berechnet, dem Bruttosozialprodukt. Alle Minister sind Bittsteller beim Finanzminister. Der mächtigste Minister in einer Regierung ist der Finanzminister, weil er das Geld verwaltet. Aber nicht er hat die Schuld am Bruch der Koalition und Scheitern der grünen Hoffnungen, sondern die Unvereinbarkeit ökologischer Politik mit Krieg und Wirtschaftswachstum. Ich werde auf das Thema und das Scheitern der Koalition 2024 in meiner historischen Darstellung eingehen.

In eine solche Abwärtsspirale nach dem Wahlerfolg mit der Regierungsbeteiligung ist die ‚Grüne Partei' also ein zweites Mal nach der Ära Joschka Fischer gekommen, die damals mit einem Absturz der Partei endete (für Fischer war es ein persönlicher Aufstieg, aber niemand warf den ersten Stein nach seinem Positionswandel zum Kriegsbefürworter, nur vorher musste er heftigen Widerstand brechen).

Umweltpolitik könnte die ‚Grünen' zu einer für alle gesellschaftlichen Schichten wählbaren Partei machen. Stattdessen spaltet sich die Gesellschaft an der ‚grünen' Regierungs-Politik wegen ihrer Umweltpolitik. Die Ursachen liegen tiefer, in der verdrängten Vergangenheit, und der Ausweg ist für die führenden Politiker der grünen Partei unsichtbar, weil sie die Weichen stellende Geschichte ihrer Partei bis zur Wiedervereinigung nicht als Erwachsene miterlebt haben. Wirtschaftsminister und Vizekanzler Habeck ist 1969 geboren, Außenministerin Baerbock 1980. Aber es hätte einen Ausweg gegeben und gibt ihn auch weiterhin, wenn die Grüne Partei bei ihren Ursprüngen geblieben wäre beziehungsweise zu ihnen zurückfinden würde. Deshalb werde ich die Geschichte der Partei beschreiben, in der schon zu Beginn entscheidende Fehler gemacht wurden, die bis heute nachwirken.

Kapitel 6

Hinweise zum Sprachgebrauch

Deutschland ist ein zentralistischer Bundesstaat in vielen politischen und militärischen Fragen und ein föderativer Staatenbund vor allem im Kulturbereich. Direkte Demokratie oder Basisdemokratie gibt es nicht, sondern die politische Willensbildung läuft nur über anerkannte Parteien, die im Halbkreis platziert und dann von links bis rechts sortiert werden. Würden sie im Kreis platziert, gäbe es keine Linie, sondern Rechtsaußen wäre direkt neben Linksaußen. Die AFD wäre Nachbarin der ,Linken'. Diese Denkweise hat die Demokratie auf verfassungskonforme Parteien beschränkt und in den 1980er Jahren zur Totalitarismus-Theorie geführt. Die ,Nationalsozialistische Deutsche Arbeiter-Partei' NSDAP und die ,Kommunistische Partei Deutschlands' KPD wurden nicht mehr unterschieden. Dass sie beide in die Diktatur geführt haben, macht sie jedoch nicht gleich. Weder hat Hitler sich an das Etikett einer ,sozialistischen Arbeiterpartei' gehalten noch Stalin an das einer ,kommunistischen Partei'. Beide hatten Sozialismus oder Kommunismus nicht zum Ziel, aber beide positionierten sich als **linke** Parteien. Die politische Herrschaftsform der NSDAP unter Hitler und der KPDSU unter Stalin waren vergleichbare Diktaturen bis hin zum Rassismus und gehören tatsächlich politisch nach Rechtsaußen und sind dennoch die ärgsten Feinde.

Mit der Totalitarismus-Theorie abstrahiert man jedoch von dem gesellschaftlichen Entwurf, der sehr unterschiedlich ist, weil er sich nicht auf den engen politischen Rahmen der Parlamente im Staat beschränkt, sondern das Zusammenleben aller Menschen der Gesellschaft betrifft. Der deutsche Rassismus der Nazis gegen Slawen und Juden mit dem Ziel eines europäischen Großreiches hat mit der kommunistischen Utopie einer egalitären Gesellschaft nichts Gemeinsames.

Wir werden sehen, dass sich die Nachkriegsgeschichte der ‚Außerparlamentarischen Opposition' APO bis zur Gründung der ‚Grünen Partei' 1980 in kein Links-Rechts-Schema einordnen lässt.

Das gesellschaftliche Zusammenleben in Deutschland hat mindestens drei Geheimbereiche, die privat und geschützt sind und außerhalb der demokratischen Parteienmacht liegen: Kinder, Kirche, Kapital.

Kinder: Ein zentrales Thema der APO waren die Familienverhältnisse, in denen die Macht ausgerechnet bei den soldatischen Vätern lag, die als gebrochene Kämpfer zu autoritären Verhaltensweisen neigten.

Kirche: Ein zweites waren die Pfarrer und Pastoren, die den Krieg unterstützt hatten und den Antisemitismus geschehen ließen oder gar begrüßten und selbst beim Kirchenbau oder der Judenverfolgung mit den Nazis paktierten.

Kapital: Das wichtigste Thema nach dem Krieg aber war der Kapitalismus. Fast alle Sozialisierungsansätze wurden mit Hilfe der USA nach dem Krieg unterdrückt, und der Wiederaufbau der Rüstungsindustrie wurde beschlossen. Deutschland-West wurde zum Frontstaat gegen Deutschland-Ost im Kriegsverband der NATO, der nicht nur defensiv blieb. Der Kapitalismus hieß hinfort ‚freie und soziale Marktwirtschaft' oder ‚nivellierte Wohlstandsgesellschaft' und blieb ein Geheimbereich der ‚Wirtschaftsführer', in dem die ‚Belegschaft' nur eng begrenzte Einflussmöglichkeiten bekam, sofern es überhaupt einen ‚Betriebsrat' gibt. Das Attribut ‚frei' bezieht sich nur auf das ‚Unternehmertum', denn die ‚Beschäftigten' müssen für ihren Lebensunterhalt arbeiten, während der Kapitalbesitzer es unternehmen kann, einen ‚Betrieb' zu gründen. Diese neue Sprache war Teil der ‚Systemkonkurrenz' zwischen DDR und BRD. Während die Faschisten noch von ‚Nationalsozialismus' gesprochen hatten, um sich von den Kommunisten abzusetzen, wurde nach dem Krieg die ‚soziale Marktwirtschaft' erfunden. Viele Unternehmen und ihre Führungskräfte hatten mit den

Nazis kollaboriert – von der Automobilindustrie bis zu den Gaslieferanten der Konzentrationslager aus der chemischen Industrie – und viele Politiker waren unkritisch oder kompromittiert. Der ‚Wiederaufbau' wurde vorangetrieben, ‚Gast'-Arbeiter aus Italien oder Spanien (den Bündnispartnern der Nazis) ausgeliehen, die Kommunistische Partei verboten, aber darunter begann es, gesellschaftlich zu brodeln. Dabei federführend waren bis in die siebziger Jahre nicht selten ehemalige Nazis, die bestimmten, was und wie wieder aufgebaut werden sollte.

Wenn wir diese westdeutsche Geschichte nach dem Massaker des zweiten deutschen Weltkriegs verstehen wollen, müssen wir die politischen Scheuklappen fallen lassen und genau hinhören, wovon gesprochen wird. Da konnte ein ‚rechter' Anthroposoph den ‚Dritten Weg' propagieren und aufbauend und engagiert für Umweltfragen sein, Atomkraftwerke und Wirtschaftswachstum kritisieren, während ‚linke' DDR-Kommunisten und Maoisten Atomkraftwerke in Arbeiterhand verteidigten und nur gegen AKWs demonstrierten, weil sie in kapitalistischen Händen waren.

‚Rechts' galt als hierarchisch, konservativ, reaktionär, autoritär und männlich, ‚Links' war egalitär, progressiv, fortschrittlich, revolutionär und weiblich. Technische Entwicklung und wirtschaftliches Wachstum galten im kapitalistischen Westen wie im kommunistischen Osten als fortschrittlich, als ob die Systemfrage nur eine der Verteilung wäre. Dieser sogenannte Fortschritt des kapitalistischen Wirtschaftens ist sachlich und unpersönlich, menschengemacht und unmenschlich.

Diese positive Besetzung von Technik und Wachstum als Fortschritt ist das zentrale Problem, an dem die ‚Grüne Partei' scheiterte, als sie ihn nicht mehr in Frage stellte. Viele Kommunisten waren daran beteiligt. Sie hätten es wissen können, wenn sie nicht nur die Schulungstexte ihrer Partei, sondern das ‚Kapital' von Marx gelesen hätten, wo er schreibt:

„Mit dem stets wachsenden Übergewicht der städtischen Bevölkerung; die sie in grossen Zentren zusammenhäuft, häuft die kapitalistische Produktionsweise einerseits die geschichtliche Bewegungskraft der Gesellschaft, stört sie andererseits den Stoffwechsel zwischen Mensch und Erde, d.h. die Rückkehr der vom Menschen in der Form von Nahrungs- und Kleidungsmitteln vernutzten Bodenbestandteile zum Boden, also die ewige Naturnotwendigkeit dauernder Bodenfruchtbarkeit.

Sie zerstört damit zugleich die physische Gesundheit der Stadtarbeiter und das geistige Leben der Landarbeiter. (...) Und jeder Fortschritt der kapitalistischen Agrikultur ist nicht nur ein Fortschritt in der Kunst, den Arbeiter, sondern zugleich in der Kunst, den Boden zu berauben, jeder Fortschritt in Steigerung seiner Fruchtbarkeit für eine gegebne Zeitfrist zugleich ein Fortschritt im Ruin der dauernden Quellen dieser Fruchtbarkeit. Je mehr ein Land, wie die Vereinigten Staaten von Nordamerika z.B., von der grossen Industrie als dem Hintergrund seiner Entwicklung ausgeht, desto rascher dieser Zerstörungsprozess. Die kapitalistische Produktion entwickelt daher nur die Technik und Kombination des gesellschaftlichen Produktionsprozesses, indem sie zugleich die Springquellen alles Reichtums untergräbt: die Erde und den Arbeiter."

(Karl Marx MEW 23, S. 528-530)

Kapitel 7

Das Bündnis der drei Generationen

Der Entstehungsprozess der ‚Grünen Partei' ist kompliziert, weil drei Generationen an ihm beteiligt waren. Die Grenzen zwischen den Generationen sind fließend und nur ungefähr anzugeben, aber es macht einen großen Unterschied, ob man vor, in oder nach dem 2. Weltkrieg geboren wurde.

Kriegsgeneration

Das ist die Generation vom Anfang des Jahrhunderts (Jahrgänge von 1900 bis 1929), die in der Weimarer Republik jung war, den Faschismus mitgemacht und den Krieg geführt hatte. Ihr bestimmendes Thema war der Wiederaufbau nach der Zerstörung. Der Krieg war eine Umweltkatastrophe entsetzlichen Ausmaßes. Aber viele erinnerten sich wehmütig an bessere Zeiten in den zwanziger Jahren: Die Ursprünge der Umweltbewegung in den 50er Jahren befinden sich in der Lebensreformbewegung seit der Jahrhundertwende. Die ‚Naturfreunde' mit ihrem Dachverband ‚Naturfreunde Internationale NFI' knüpften daran an. Sie waren sozialistisch und antimilitaristisch orientiert, beteiligten sich an den Ostermärschen in den Sechzigern und der Anti-AKW-Bewegung in den Siebzigern. Die Atomkraftwerke sind ein Abfallprodukt der Atombombenentwicklung, das Energieunternehmen für sich nutzen: In den 1950er Jahren entstanden die ersten Atomkraftwerke zur Nutzung der Wärmeentwicklung bei der Spaltung von Atomkernen in den USA. Frankreich als Atommacht folgte nicht viel später. Es ist auch heute wieder neben den USA führend bei der Entwicklung der Kernfusion, die noch verheerendere Zerstörung verspricht. Dieses Entwicklungsprogramm ITER im südfranzösischen Cadarache nahe Manosque wird schöngeredet als die Suche nach effizienteren Atomkraftwerken. Ich gehe darauf nicht weiter ein, weil der Zusammenhang zwischen militärischer und ziviler Nutzung der Atomkraft zwar unterbelichtet ist und Uran ein fossiler Brennstoff, aber für unser Thema ist das nicht wesentlich.

Zentrale Forderung der gesellschaftlichen Opposition in den 50er Jahren wurde ‚Nie wieder Krieg mit Zerstörung, Vernichtung, schon gar keinen Atomkrieg'. Trotzdem setzte sich das christliche Bündnis mit sozialem und demokratischem Anspruch (CDU-CSU), dem Partner der freiheitlichen Demokraten (FDP) und einigen Adligen gegen allen Widerstand durch.

Der Putsch der adligen Offiziere gegen Hitler am 20. Juli 1944 war gescheitert, aber die Überlebenden wollten trotzdem ihren Offiziersberuf weiter ausüben:
Der Panzergeneral Gerhard Helmut Detloff Graf von Schwerin der Nazi-Wehrmacht wurde 1950 von Kanzler Adenauer zum ‚Berater für Militär- und Sicherheitsfragen' ernannt. Der Wehrmachtsgeneral Hasso von Manteuffel von der FDP schlug den Namen ‚Bundeswehr' vor. Major Wolf Stefan Traugott Graf von Baudissin und Generalstabsoffizier Karl Ernst Ulrich de Maizière waren am Aufbau der Bundeswehr beteiligt. Eberhard Artur Graf von Nostitz war Generalstabs-Chef unter General Maximilian de Angelis, dem Oberbefehlshaber zweier Armeen, war beteiligt am Aufbau des Bundesnachrichtendienstes und wurde Chef der vom CIA gegründeten Gesellschaft für Wehrkunde, um die Verbindung zur Rüstungsindustrie zu halten. Die Wiederverwendung auch nichtadliger Offiziere und sogar von bekannten Faschisten ist ein anderes Thema. Ich betone die Rolle des Adels beim Aufbau Westdeutschlands, weil er als mächtigster Verband von Großgrundbesitzern und Wäldern in der Umweltfrage eine wichtige Rolle spielt und seit einem Jahrtausend vom Krieg lebt.

Lange Zeit gab es die Parole ‚Dreigeteilt niemals', weil die Bundesrepublik auch die ehemals deutschen Gebiete östlich der DDR in Polen und den baltischen Staaten zurückverlangte.

Diese Ländereien für Feudalherren waren vor etwa acht Jahrhunderten von den christlichen Rittern des ‚Deutschen Ordens' gewaltsam erobert worden. Nach der Wiedervereinigung mit Ostdeutschland sind diese Stimmen leiser geworden, weil sie sonst nicht akzeptiert worden wäre.

Als im „Kalten Krieg" der beiden Blöcke USA und UDSSR die unter US-Vormundschaft stehende Bundesrepublik Deutschland in das NATO-Militärbündnis eingebunden wurde, verlangte sie selbst Atomwaffen. Das ist Adenauers Regierung sogar gelungen, sie sind stationiert worden, aber Deutschland darf nicht wie gewünscht verfügen, sondern die Besatzungsmacht USA mit der NATO entscheidet über den Einsatz gegen Russland. 18 Atomwissenschaftler hatten einen Appell gegen die Atombewaffnung veröffentlicht. Katholiken, Evangelische Kirche, Schriftsteller, Gewerkschaft und sogar SPD und FDP riefen zum Widerstand gegen die Atomraketen auf. Die absolute Mehrheit der Bevölkerung war auf ihrer Seite. Es entwickelte sich die bedeutendste politische Bewegung dieser Kriegsgeneration mit der Initiative ‚Kampf dem Atomtod' und Massenkundgebungen im Frühjahr 1958. Mehr als eine Million Menschen gingen auf die Straße, es gab Betriebe, in denen gestreikt wurde. Daran zerbrach das Bündnis mit SPD und Gewerkschaft. Letztere traten stattdessen für eine Volksbefragung ein, die jedoch vom Verfassungsgericht verboten wurde, weil es sich um eine ‚Verteidigungsangelegenheit' handelte, über die nur der Bund entscheiden dürfe. Aus den Erfahrungen im Nationalsozialismus hatten die Väter (und vier Mütter) des Grundgesetzes die Überzeugung gewonnen, dass direkte Demokratie (Volksentscheid, Volksbegehren, Volksbefragung) undemokratisch sei und grundsätzlich verboten gehöre. Sie ist deshalb nur in Raumordnungsfragen zulässig und streng geregelt. Es gibt die Auffassung, dass Meinungsumfragen informativer seien, aber sie haben bekanntlich keine Verbindlichkeit und demzufolge keine Konsequenzen.

Generation ihrer Kinder

Die Jahrgänge von 1930 bis 1945 hatten den Krieg und seine Folgen erlebt und erlitten. Der Faschismus war 1945 nicht vorbei, sondern viele Väter und Mütter, Lehrer und andere Autoritätspersonen waren noch Nazis, wenn auch traumatisiert. Aus der Friedens-Bewegung der Vätergeneration entwickelte sich der jährliche Ostermarsch der Pazifisten und Antimilitaristen von 1960 bis 1970 und schließlich die Außerparlamentarische Opposition APO der 1968er.

Zentrale Themen dieser Generation der Kinder waren international der Kolonialismus und Imperialismus (insbesondere der Vietnamkrieg der USA mit seiner Vernichtung der Bevölkerung und der Umwelt) und national die ungebrochene Macht der alten Nazis in allen Institutionen, angefangen bei Familie und Schule.

Ablehnung autoritären Handelns, hierarchischer Strukturen in Betrieb und Gesellschaft, Kritik beider Machtblöcke, der imperialistischen USA wie der pseudokommunistischen sowjetischen Diktatur führten zu dem Konzept der gesellschaftlichen Veränderung von unten mittels eines ‚Marsches durch die Institutionen'. Propagierung freier Liebe und gemeinschaftlichen Lebens und Arbeitens gehörten dazu, das Private war politisch und das Politische privat. Es war eine politische Bewegung gegen die Verwaltung und Unterdrückung durch autoritäre, faschistische Berufspolitiker in Parlamenten, Lehrer an Schulen und Universitäten, Richter, Journalisten ... Das war der Beginn einer **Kulturrevolution**, die unser Land in allen Lebensbereichen veränderte. Angefangen hatte die Revolte als Schüler- und Studentenbewegung und ist als Revolte der 68er in die Geschichte eingegangen.

Generation ihrer Enkel

Die Jahrgänge von 1946 bis 1965 erlebten ein Rollback und die Repression radikaler Infragestellung des Kapitalismus. Das Wirtschaftswunderland begann zu schwächeln, Arbeitslosigkeit kehrte zurück. Bestimmt wurden die siebziger und achtziger Jahre durch einen nicht immer ganz ‚Kalten‘ Krieg zwischen den beiden Machtblöcken Kapitalismus/Kommunismus, West/Ost, USA/UDSSR, Christentum/Atheismus, Demokratie/Diktatur, Gut/Böse ... Die politische Debatte hatte sich reduziert auf die binäre Logik von **Ja oder Nein**. Kritik an den hiesigen deutschen Verhältnissen wurde abgefertigt mit dem Spruch: „Geh doch nach drüben!“ – also in die DDR. Folgerichtig war die Kommunistische Partei KPD zwar verboten, aber als DKP erlaubt, weil sie sich dem Grundgesetz unterwarf. Diese Phase endete nach den 80er Jahren mit dem Anschluss der DDR an das neue Deutschland und dem Ende der UDSSR.

In diesem kalten Krieg der siebziger Jahre gab es eine Bewegung zum ‚wahren‘ Kommunismus mit den unterschiedlichsten Perspektiven in der Nachfolge von Lenin (vom Stalinismus bis zum Trotzkismus) oder zum Anarchismus. Auch der Maoismus hatte seine Anhänger, die aus Maos ‚Roter Bibel‘ rezitierten. Der gescheiterte Ansatz der Tschechoslowakei zu einem ‚dritten Weg‘ neben Kapitalismus und Kommunismus wurde weiterverfolgt. Allen gemeinsam war als Ziel die Eroberung der politischen Macht, um die Gesellschaft mit Hilfe des Staates zu verändern. Nur die Anarchisten wollten ihn danach abschaffen. Aber der Fokus hatte sich von der Gesellschaft und ihrer Veränderung auf die Eroberung und Transformation der staatlichen Macht verkürzt. So trat denn auch der Kampf mit der Staatsgewalt (Polizei und Armee) in den Vordergrund und die politischen Entscheidungen mussten den Gerichten überlassen werden.

Die bedeutendste politische Bewegung der siebziger Jahre vor der Gründung der ‚Grünen Partei‘ im Jahr 1980 fand statt gegen die Atomkraftwerke, weil sie von allen drei Generationen gemeinsam getragen wurde. Die sogenannten ‚linken‘ Organisationen hatten sich zwar Mitte der siebziger Jahre schon gespalten, als die Demonstrationen und Platzbesetzungen stattfanden, aber wir fuhren gemeinsam in den Bussen von KB oder KBW nach Brokdorf zum Bauplatz des AKW und zogen an einem Seil, um den Zaun einzureißen. Das Unwahrscheinliche wurde möglich, weil wir etwa hundert Menschen waren, die sich nicht kannten, aber dasselbe Ziel hatten und gemeinsam an diesem Seil zogen. Der Zaun fiel.

Getragen wurde diese Bewegung von einem breiten gesellschaftlichen Spektrum von Bauern, Dörflern, Städtern, von Linken wie Rechten, von Arbeitern wie Adligen, von Atheisten wie Pastoren. Letztere spielten eine besondere Rolle, weil sie in ihren Talaren auffielen und ihre Kirchengebäude öffneten für asylsuchende Demonstranten. Der Staatsterror zur Durchsetzung dieser gefährlichen und schmutzigen fossilen Energie, die auf dem Uranium beruht, das auch in der DDR abgebaut wurde, hat die Umweltfrage populär gemacht.

1980

Es ist das Jahr, in dem Vertreter dieser drei Generationen ein gemeinsames Programm für eine Partei erarbeiten, die auch im Parlament Einfluss nehmen soll. In jeder dieser Generationen sind es anfänglich ‚*kleine radikale Minderheiten*‘ gewesen, die politische Bewegungen angestoßen haben und sich an der Gründung der Partei ‚Die Grünen‘ gleichberechtigt beteiligten. Es war ein intergenerationelles Bündnis mit der neuen *Farbe Grün*, die nicht nur Umwelt, sondern auch Hoffnung ausdrückte. Allen drei Generationen ging es um grundsätzliche gesellschaftliche Veränderungen. Während die klassischen Parteien spalten, weil sie Partikularinteressen vertreten, ging es jetzt um gemeinsame Probleme wie den Erhalt der Umwelt und des Friedens oder die Gleichberechtigung von Mann und Frau.

Historisch war es ein besonderer Augenblick: Das politische Schema ‚links – rechts‘ war gegenstandslos geworden.

Die politische Vielfalt war wie im Regenbogen vereint und wurde nicht mehr auf eine zweideutige Einfalt Freund oder Feind, links oder rechts, revolutionär oder reaktionär reduziert.

Die Entwicklung dahin soll im Folgenden genauer betrachtet werden, als es die Bundeszentrale für politische Bildung (Frank Decke) tut in: Etappen der Parteigeschichte der GRÜNEN[1]

„Die Grünen (seit dem Zusammenschluss mit dem ostdeutschen Bündnis 90 1993 offiziell: Bündnis 90/Die Grünen) sind die erste Partei in der Bundesrepublik, die es geschafft hat, sich als Neugründung dauerhaft zu etablieren. In ihrer Entstehungsphase ausgangs der 1970er-Jahre noch eine radikale Protestpartei, wurden sie durch die Bereitschaft zur Regierungsbeteiligung ab Mitte der 1980er-Jahre in die Machtstrukturen des Staates rasch integriert. Im Parteiensystem sind die Grünen seit den 1990er-Jahren zunehmend in die Mitte gerückt, womit ihnen eine Schlüsselrolle bei der Koalitionsbildung zukommt.

Entstanden sind die Grünen nicht als Abspaltung oder Neuformierung von bestehenden Parteien, sondern aus der Gesellschaft heraus. Nimmt man den ostdeutschen Zweig des Bündnis 90 hinzu, gehen sie im Wesentlichen auf drei Bewegungen zurück: die Studentenbewegung, die sich ab Mitte der 1960er-Jahre als ‚Außerparlamentarische Opposition APO‘ gegen die etablierten Parteien und das parlamentarische System formiert hatte, die unter dem Begriff ‚Neue Soziale Bewegungen‘ zu-sammengefassten Umwelt-, Anti-Atomkraft-, Friedens- und Frauenbewegungen der 1970er- und beginnenden 1980er-Jahre und die DDR-Bürgerrechtsbewegung im ‚Wendejahr‘ 1989/1990.

Als wichtigste diese Wurzeln bildeten die Neuen Sozialen Bewegungen ein Konglomerat ganz unterschiedlicher Gruppen, Organisationen und Einzelpersönlichkeiten, die sich unter

1 https://www.bpb.de/themen/parteien/parteien-in-deutschland/gruene/42151/etappen-der-parteigeschichte-der-gruenen/#node-content-title-1 vom 06.02.2023

dem Motto „Nicht links, nicht rechts, sondern vorn" im Grün-
dungsprozess bündelten (Mende 2011)."

Eines stimmt: Die ‚Grünen' sind aus der Basis der Gesellschaft entstanden. Das ist sogar ihr Alleinstellungsmerkmal. Alle anderen Parteien sind nicht aus der Gesellschaft entstanden, sondern von den Alliierten eingesetzt bzw. wiedereingesetzt worden.

Die Entstehungsgeschichte ist jedoch komplizierter und beginnt einerseits früher (nach dem Krieg) und hat andererseits nichts mit der DDR zu tun – abgesehen von ihren Dissidenten, die überwiegend in den Westen geflohen waren. Ein Teil der Opposition aus der DDR verfolgte den sozialistischen Gedanken weiter und wurde in der Parei ‚Die Linke' bestimmend, der andere Teil war bei der Bundestagswahl nach der Wiedervereinigung noch erfolgreich, ging aber als ‚Bündnis 90' in der grünen Partei auf, ohne weiter Einfluss zu erhalten.

Kapitel 8

Sechziger Jahre:
Von Ostermärschen,
Außerparlamentarischer Opposition APO
und Studentenrevolte

Für dieses Jahrzehnt bestimmend ist, dass keine der etablierten Parteien die Antikriegsbewegung ‚Kampf dem Atomtod' akzeptierte, so dass sich eine außerparlamentarische Opposition (APO) gegen den politischen Machtblock bildete.

Aus der Bewegung ‚Kampf dem Atomtod' entstand 1959 in Hessen die Idee eines Protestmarsches der ‚Naturfreundejugend' zu Ostern, deren Sekretär Klaus Vack war.

1960 organisierte der ‚Aktionskreis für Gewaltlosigkeit' unter Federführung von Konrad Tempel (geboren 1932) und Andreas Buro (1928-2016) einen Sternmarsch zu Ostern in Norddeutschland. Tempel war von britischen Quäkern und ‚Direkte Aktion Komitees' beeinflusst, Bu-ro engagierte sich in der Friedens- und Menschenrechtebewegung insbesondere gegen den Kriegsdienst und Atomwaffen.

Vack, Tempel und Buro organisierten 1961 den nächsten Ostermarsch in Hessen. Klaus Vack wurde dann der Sekretär der Ostermärsche und des Verbandes der Kriegsdienstverweigerer. Wichtig war den Initiatoren die Autonomie der Basisbewegungen, um nicht vereinnahmt zu werden. Trotzdem wurden sie als ‚kommunistisch unterwandert' diffamiert und schikaniert. Der Zukunftsforscher Robert Jungk (1913-1994) beteiligte sich ebenso wie der Schauspieler und Kabarettist Wolfgang Neuss (1913-1989), der Publizist Erich Kuby (1910-2005), der Schriftsteller Erich Kästner (1899-1974), die Sängerin Joan Baez (geboren 1941) oder der sozialistische Schriftsteller Bertrand Russell (1872-1970).

Das erste Russell-Tribunal war 1966/67 in London ein internationales Tribunal zur Untersuchung US-amerikanischer Kriegsverbrechen im Vietnamkrieg.

Aus den Ostermärschen entwickelte sich die Bewegung für Demokratie und Abrüstung und gegen die Notstandsgesetze.

Klaus und seine Frau Hanne Vack (geboren 1940) und Andreas Buro gründeten 1969 mit vielen anderen das ‚Sozialistische Büro‘, die organisatorische Zentrale für ein Netzwerk undogmatischer Sozialisten, zu denen Wolf-Dieter Narr, Oskar Negt, Elmar Altvater, Christel Neusüss, Eva Senghaas, Micha Brumlik, Dan Diner, Rudi Dutschke ... gehörten. Seine Zeitschriften waren die ‚Links‘ und der ‚Express‘. Das Netzwerk war regional und nach Arbeitsfeldern (Betrieb und Gewerkschaft, Schule, Hochschule, Sozialarbeit, Gesundheit, Medien ...) aufgeteilt, die sich regelmäßig bundesweit versammelten. Das oberste Organ war der Delegiertenrat.

1966 endete die Nachkriegszeit. Die Kindergeneration war erwachsen geworden und stellte in Frage. Demonstrationen gegen den Vietnamkrieg der USA außen und die Große Koalition CDU/CSU/SPD mit ihren Notstandsgesetzen innen führten zu einer außerparlamentarischen Opposition, die nicht nur die Bündnispartner USA oder Iran kritisierte, sondern auch das Nazi-Personal in Politik und Gesellschaft bis hin ins Kanzleramt. Zugleich mit dem Aufstieg der faschistischen NPD sollten Notstandsgesetze den politischen Apparat schützen, obwohl man es 1956 schon geschafft hatte, nur mit dem Grundgesetz die Opposition der Kommunisten zu verbieten.

Symbolträchtig für diese Auseinandersetzung sind:

- die Ohrfeige, die Beaten Klarsfeld dem Nazi und Bundeskanzler Kiesinger verpasste
- der Todesschuss eines Polizisten auf den Studenten Benno Ohnesorg am 2. Juni 1967 bei der Demonstration gegen den Besuch des iranischen Herrschers Schah Pahlevi
- das Spruchband in der Hamburger Uni ‚Unter den Talaren

der Muff von 1000 Jahren'
- das Nacktfoto der Berliner ‚Kommune 1'.

Die Studentenbewegung erfasste bald auch Schüler und Lehrlinge und wirkte bis in die Betriebsräte von Großunternehmen.
Ich habe noch in den 1980er Jahren Betriebsratsseminare mit
Betriebsräten von Lufthansa, IBM, Daimler, Bauer-Verlag geleitet, in denen es auch um *Anders arbeiten – anders leben*'
ging.

Die APO verzweigte sich Ende der sechziger Jahre in verschiedene kulturelle und politische Strömungen, aber es gab eini-
gende Bänder. Einen wichtigen Anteil für die ökologische Bewegung, aus der schließlich die Grüne Partei entstanden ist,
spielte dabei die Musik. Ähnlich wie Woodstock 1969 in den
USA gab es auf der Burg Waldeck Festivals, die nach der völkischen Musik der Faschisten den abgerissenen Faden zu einer
Volksmusik (‚Popmusik' ist auf Deutsch populäre, also volks-
nahe Musik) wieder knüpfte.

Das waren die Liedermacher Walter Mossmann, Hannes Wa-
der, Franz-Josef Degenhardt, Hans-Dieter Hüsch, Wolfgang
Niedecken oder Reinhard Mey. Sie waren beeinflusst durch
französische Chansonniers wie Georges Brassens, der kein
Blatt vor den Mund nahm, die angepassten Bürger verspottete
und ungeniert auch anarchistisches Gedankengut verbreitete.
Ein Einzelner mit Gitarre bewegte die Gemüter.

Das waren auch Zupfgeigenhansl oder Liederjan, die alte deutsche Freiheitslieder wieder ausgruben und viele junge Menschen zum Gitarrenspiel am Lagerfeuer ermunterten, so dass
wir die Texte auswendig lernten.

Demokratie ist: Alle Gewalt geht vom Volk aus.

Bürgerliche Demokratie ist: Alle Gewalt geht vom Staat aus.

Der erste Tote bei einer Demonstration gegen einen Tyrannen,
den persischen Schah, war ein harmloser Demonstrant, Benno
Ohnesorg, der von einem Polizisten erschossen wurde. Allein
sein Nachname zeigt schon die Absurdität dieses Todes.

Die Polizei hatte zu ihrer Unterstützung auch akzeptiert, dass iranische Schlägertruppen auf die Demonstranten einprügeln durften. Die Schuld an den Prügeleien von Persern und Polizisten wurde den Demonstranten gegeben, obwohl die Staatsgewalt geprügelt hatte. Der Schah war dank der deutschen Pressearbeit sehr beliebt, weil seine erste Frau eine deutsche Mutter hatte, Soraya, die allerdings verstoßen wurde, weil sie ihm keinen Nachfolger schenkte (worauf die Frau keinen Einfluss hat). So wurde verständlich, dass der Berliner SPD-Bürgermeister als Staatsvertreter der Medienhetze folgte und den Demonstranten die Schuld an Bennos Tod gab. Allen voran das selbsternannte Sprachrohr des Volkes, die BILD-Zeitung. Sie wurde zu einem der zentralen Gegner der Demonstranten. Dieser tote Demonstrant war ein politischer Wendepunkt, denn bis dahin hatte sich der politische Protest gegen die braunen Parteien gerichtet, die den alten Nazis Unterschlupf und ein Betätigungsfeld bis in das Kanzleramt geboten hatten (Adenauers Sekretär Globke).

Seit dem 2. Juni 1967, dem Tod von Benno Ohnesorg, galt die Opposition als außerparlamentarisch, weil alle Gewalt vom Block der herrschenden Parteien einschließlich SPD ausging. Da half auch nicht, dass Willy Brandt Kanzler für die SPD wurde, obwohl er als früherer Kommunist selbst zu den Verfolgten des Naziregimes gehört hatte. Im Gegenteil: Brandt war verantwortlich für die Berufsverbote, mit denen nicht nur das Parlament, sondern auch alle anderen Staatsapparate (Schulen, Gerichte …) in den Händen dieser vier Parteien CDU/CSU/ FDP/SPD bleiben sollten. Das Fundament ihrer Macht ist im Grundgesetz der Bundesrepublik Deutschland 1949 niedergeschrieben worden. Es ist gesichert gegen Umsturzversuche, denn nur mit ihrer gemeinsamen Zustimmung kann es verändert werden. Es sei denn, eine Volksbewegung machte sie überflüssig.

Christentum in unserer Zeit

Eine wichtige Quelle der ‚Grünen' Partei ist die damals noch übliche christliche Erziehung einschließlich Konfirmation bzw. Kommunion. Wir stellten eine Diskrepanz zwischen den vermittelten Werten und dem praktischen Handeln der Kirchenvertreter fest. Nicht nur viele unserer Lehrer waren Nazis und Pharisäer, sondern auch Pastoren und Priester. Die Katholiken haben ihr Staatsoberhaupt, den Papst, im Vatikan und blieben deshalb in relativer Distanz zum Faschismus, aller-dings auch zum Judentum, weshalb sie eine zwielichtige Rolle in der Judenverfolgung gespielt haben. Wohingegen die Mehrheit der Protestanten staatstreu zu Partnern der Nazis wurden und einige sogar gemeinsame Wehrkirchen einweihten.

In den Sechzigern entwickelte sich eine Protestbewegung innerhalb der evangelischen Kirche, die sich zunehmend radikalisierte und die Institution selbst angriff. Das war auf katholischer Seite nicht anders, so dass Evangelische und Katholische Studentengemeinden (ESG, KSG) oftmals die APO-Proteste unterstützten und ihre Räume zur Verfügung stellten.

Die beiden wichtigen Personen für die Gründung der ‚Grünen' Partei waren Mitglieder der Parteien, die das Christentum in ihrem Namen usurpiert hatten, CDU und CSU, und die im Gegensatz zu ihrem Vorbild Jesus sich den Pharisäern angeschlossen hatten. Religion ist für sie ein Mittel der Macht. Genau wie Luther, der Religion und Politik zwar trennte, aber sich der staatlichen Macht unterordnete und gegen die Bauernaufstände predigte, paktierten Protestanten mehrheitlich mit den Nazis und paktieren noch immer in staatlichen Einrichtungen (nicht nur Parteien, auch Kirchen und Rundfunkräten ...). Die katholische Kirche hat sich immer als geistliche und weltliche Macht verstanden und war deshalb vorsichtiger in der Kollaboration mit den Nazis, aber sofort nach dem Krieg im Bundestag und den Länderparlamenten an der Macht. Konrad Adenauer war überzeugter Katholik und hatte einen Kreis von Jesuiten, mit dem er sich besprach.

Es ist aber einerlei, ob ein Kriegsminister Christ oder Sozialist ist. Daran ändert auch die Umbenennung in Verteidigungsminister nichts, denn Krieg ist immer auch Angriff und das Amt macht die Person. Selbst eine Frau in diesem Amt macht den Krieg nicht human. Aber sie leidet vielleicht mehr.

Die pazifistische Bewegung war die erste Massenbewegung nach dem Krieg.

Die neue Bibel von Mao-Tse-tung – kurz: Die rote Bibel

Dieses Büchlein mit Zitaten des Vorsitzenden Mao verbreitete sich rasch Ende der sechziger Jahre. Ich habe es 1969 gekauft und ein Jahr später meinen Schülern auf dem Pariser Gymnasium gezeigt, wo ich Deutsch unterrichtete, weil es sprachlich wenig anspruchsvoll ist. Sie waren so neugierig und begeistert, dass es am Ende verschwunden war. Weihnachten 1970 war ich in Paris fasziniert Zeuge von heftigen Auseinandersetzungen in einer befreundeten französischen Familie, weil die Eltern Sozialisten waren, der eine Sohn Maoist und der andere traditioneller Kommunist, die Tochter Anarchistin. Zum Eklat kam es bei den Geschenken, die empört abgelehnt wurden.

Das ist eine Nebensächlichkeit, die ich erzähle, weil ich im Nachhinein feststellen muss, dass gerade die Schlichtheit der neuen Bibel eine ganze Schülergeneration politisiert hat und zu dem Phänomen mehrerer kommunistischer Aufbauorganisationen in Europa führte. Es waren mehrere Jahrgänge, die um die Wende zum neuen Jahrzehnt von der Schule kamen und mit Maos Parolen an die Universitäten oder in die Ausbildung gingen. Als Beispiel sei das SALZ in Hamburg-Bergedorf genannt, das Sozialistische Arbeiter- und Lehrlingszentrum, eine Unterorganisation des Kommunistischen Bundes KB Nord.

Das große Problem der neuen Bibel war ihre Propaganda für eine Kulturrevolution. Die kam passend zur Erkenntnis der Achtundsechziger, dass die Revolution noch nicht auf der Tagesordnung stand und mehr ist als nur der politische Machterwerb. Das passte auch zu Rudi Dutschkes Konzept vom ‚Marsch durch die Institutionen‘ und zu unserem Drang nach

Veränderung. Der Mao-Look mit seiner Uniform weckte zwar Zweifel, schien jedoch eine Antwort auf die westliche Mode-Industrie zu sein, die wir selbst kritisierten[1].

Ein erstes Buch erschien 1969, das von einem Westler geschrieben den Aufstieg Maos positiv beleuchtete: Edgar Snow, Roter Stern über China. Wir begannen, uns mit Mao zu beschäftigen, fanden seine ‚Bibel' läppisch, aber waren überzeugt von der Notwendigkeit einer Kulturrevolution, weil gesellschaftliche Veränderung mehr ist als ein politischer Machtwechsel im Staatsapparat und auch ohne ihn angestoßen werden kann. Den Mao-Look fanden wir nicht attraktiv, obwohl damals die ‚Kritik der Warenästhetik' mit Begeisterung übernommen wurde.

Erst später erfuhren wir, dass Maos Weg zur Macht etwa zehn Millionen Tote auf dem Gewissen hatte und Kulturrevolution ein anderer Name für die Ausschaltung jeglicher Opposition war. Der Kampf um die Nachfolge war ein weiteres Lehrstück in Despotie. In China wurde in Wirklichkeit Verstaatlichung durchgesetzt und Enteignung. Die Bauernvertreibung in die riesigen Megastädte ist dem Manchester-Kapitalismus vergleichbar, mit dem die Industrialisierung Englands begonnen hat.

Einige besonders verfängliche Zitate von Mao:

„Die politische Macht kommt aus den Gewehrläufen."

„Alle Reaktionäre sind Papiertiger."

„Die demokratische Revolution ist die notwendige Vorbereitung zur sozialistischen Revolution."

„Die Revolution - das ist ein Gewaltakt, das sind erbarmungslose Aktionen einer Klasse, die die Macht einer anderen Klasse stürzt."

„Man kann den Krieg nur durch den Krieg abschaffen; wer das Gewehr nicht will, der muss zum Gewehr greifen."

„Kommunismus ist nicht Liebe. Kommunismus ist der Hammer, mit dem wir den Feind zerschlagen."

1   Wolfgang Fritz Haug: Kritik der Warenästhetik. Frankfurt am Main: Suhrkamp, 1971

„Politik ist unblutiger Krieg, und Krieg ist blutige Politik."
„Die Kommunisten müssen auch beim Lernen ein Vorbild
sein: Sie sollten zu jeder Zeit sowohl die Lehrer der Massen als
auch ihre Schüler sein."

Schließlich kam mit den siebziger Jahren auch noch die Renais-
sance der Arbeiterlieder, mit denen kommunistische Gruppen
demonstrierten und der DDR-Oppositionelle Wolf Biermann
Karriere machte, wodurch die alte Kritik des Kapitalismus
zum festen Bestandteil von Demonstrationen wurde. Es war
ein Rückgriff auf Kämpfe und Strategien der zwanziger Jahre,
als ob die Welt ein halbes Jahrhundert später dieselbe geblieben wäre. Die Wiener Musikgruppe ,Schmetterlinge' sang ihre
grandiose ,Proletenpassion', die Leidensgeschichte der Bauern
und Arbeiter, die jedoch leider mit dem Loblied auf die kommunistische Partei endete: „Was ist da neu? Die Partei!".
Das war passend zur Aufspaltung der politischen Linken in
den siebziger Jahren in diverse Aufbauorganisationen (KPD/
AO, KPD/ML, KB Nord, KB West, KABD ...). Fast alle waren bei der Verbreiterung einer ökologischen Bewegung dabei,
aber für ihre Entstehung nicht entscheidend. Ökologie war in
den Augen der Kommunisten ein Nebenwiderspruch von Reaktionären. Sie träumten von der „Entfesselung der Produktivkräfte" im Kommunismus.

Die Angst der Herrschenden vor Studenten
Die Studentenbewegung der sechziger Jahre endete für die
meisten mit dem Eintritt ins Berufsleben, wenn sie nicht Be-
rufsverbot bekamen. Das Studium ist die einzige Zeit im Leben, wo die Menschen ungebunden und erwachsen, also reif
genug sind, um die gesellschaftlichen Verhältnisse kritisch zu
hinterfragen.
Die Studentenbewegung der siebziger Jahre, die ab 1972 verstärkt auf die Straße demonstrieren ging, traf auf eine veränderte Gesellschaft.
Die faschistischen Eliten in Politik, Wissenschaft, Rechtspre-
chung ... hatten ihre Macht verloren, die CDU/CSU als Ga-

rant dieser Macht war abgewählt, die SPD hatte das Staffelholz übernommen und war nun zuständig für die Repression. Das Studium dieser neuen Generation endete für die meisten mit dem Deutschen Herbst 1977, der eine Zäsur in der Geschichte des Widerstands darstellt, weil alle bürgerlichen Par-teien und alle herrschenden Medien einen Block bildeten.

Die RAF (Rote Armee Fraktion) und die Bewegung 2. Juni, ein Teil der radikalen Linken, die den Aufstand propagierte, hatte den bewaffneten Kampf beschlossen, entführte und ermordete Symbolträger des Systems (Bankier Ponto, Arbeitgeberpräsident Schleyer …), um Gefangene zu befreien. Der Staat unter SPD-Führung ging darauf nicht mehr ein, die Auseinandersetzung eskalierte und endete mit dem Selbstmord der inhaftierten Anführer Baader-Meinhof …

Eine ‚bleierne Zeit' begann, in der schon das Tragen langer Haare verdächtig war und mit MP bewaffnete Straßensperren Angst machten.

Aus diesem Tiefpunkt wuchs in den siebziger Jahren gleichzeitig ein grünes Pflänzchen.

Kapitel 9

Die ökologische Bewegung in den siebziger Jahren und die Bewegung gegen die Atomkraftwerke

1970 sollte im Dreiecksland (Frankreich, Schweiz, Deutschland) um Basel im französischen Fessenheim ein neues AKW gebaut werden. Die Ursache war Frankreichs gestiegener Energieverbrauch durch Industrialisierung und damit einhergehenden Kosten, denn Öl und Kohle mussten importiert werden, wohingegen der Rohstoff für Atomkraft durch die Atomwaffenproduktion vorhanden war: das Uran. Es wurde in den französischen Kolonien abgebaut. Die Umweltzerstörung durch den Abbau des fossilen Brennstoffs Uran und die damit verbundenen Umweltschäden und Krankheiten der Arbeitskräfte wurden und werden verschwiegen. Die Regierung beschloss 1970 den beschleunigten Ausbau von AKWs, beginnend mit Fessenheim, obwohl dort – 25 km von Freiburg/Breisgau entfernt – das aktivste Erdbebengebiet Europas besteht[1]. Es war ein Gemeinschaftsprojekt deutscher, schweizerischer, französischer und sowjetischer Unternehmen. Letztere waren für die Urananreicherung zuständig.

Die Elsässerin Esther Peter-Davis hatte sich bei ihrer Schwägerin Virginia Davis in den USA informiert. Sie war entsetzt über das AKW Three Miles Island mit seinen vier Türmen (dessen Havarie 1979 die erste große Katastrophe brachte) und überrascht, auf wie viel Kritik sie dort traf. Sie machte sich kundig und informierte ihre beiden Freundinnen Françoise Bucher und Annick Albrecht. 1970 starteten die drei Frauen als ‚Wespen von Fessenheim' einen Kampf gegen das Atomkraftwerk und organisierten Konferenzen, gaben Interviews und pro-

1   https://de.wikipedia.org/wiki/Kernenergie_nach_
Ländern#Frankreich

duzierten eine Broschüre mit dem Titel „Fessenheim: Leben oder Tod des Elsass" und im selben Jahr gründeten der französische Dorfschul-Lehrer Jean-Jacques Rettig und seine Frau aus den Vogesen das „Komitee zur Rettung Fessenheims und der Rheinebene".[1] Rettig beschreibt, warum der Kampf dort scheiterte: Das staatliche französische Energieunternehmen ‚Electricité de France EDF' war Eigentümer des Geländes, hatte einen Zaun gezogen und bei Baubeginn einen zweiten Zaun. Im Zwischenraum herrschten seine Hunde.

Es bleibt, dass am Anfang der Bewegung gegen Atomkraft drei Frauen standen. Esther hat auf Grund von Drohungen (auch gegen ihre vier Kinder) den militanten Kampf aufgegeben, aber nicht ihre Überzeugungen, was ein Interview von Guillaume Kempp am 30.3.2018 in Rue89 Strasbourg zeigte.

Es fällt auf, dass die mächtigste deutsche Umweltbewegung von einer Handvoll Menschen initiiert wurde – ähnlich wie ‚Empört Euch' von Stéphane Hessel oder ‚Fridays for Future' von Greta Thunberg. Hessels Büchlein führte zu einer Welle von Aufständen. 50 Jahre nach Fessenheim demonstrierten Millionen Menschen mit „FFF" gegen den Klimawandel.

Im April 1971 organisierte das Elsässer ‚Komitee zum Schutz der Rheinebene' eine Demonstration gegen das Bauvorhaben am Standort, wo sich immerhin 15.000 Menschen versammelten.

Der Standort lag am Canal d'Alsace, der vom Rhein gespeist wird. Eines der wichtigsten Kriterien und damit auch die Schwachstelle der AKWs ist die notwendige Kühlung durch Wasser. Der Rhein ist nicht nur für die Schifffahrt nutzbar, sondern prädestiniert für industrielle Anlagen und ganz besonders für AKWs. Auf die mit der Spaltung des Atomkerns verbundene Gefahr einer Explosion oder Kernschmelze ist von Anfang an hingewiesen worden, aber sie wurde mit Hilfe der Mathematik (Wahrscheinlichkeitsrechnung) entfernt. Trotzdem konnte die Unwahrscheinlichkeit nicht verhindert

1   aaO#cite_note-134,135,136

werden. In Friedenszeiten wurde auch die Möglichkeit eines Flugzeugabsturzes von der Hand gewiesen, so dass bis heute kein einziges französisches AKW davor geschützt ist.

Die erste Bauplatzbesetzung richtete sich jedoch nicht gegen ein geplantes AKW, denn großindustrielle Dreckschleudern gab es auch in anderen Branchen: Am 20. September 1974 wurde der Bauplatz eines geplanten, extrem luftverschmutzenden Bleiwerks im elsässischen Marckolsheim von Umweltschützern beidseits des Rheins besetzt.

Ein deutscher Konzern, die CWM (Chemische Werke München), machte sich die Grenzlage zunutze und wollte in Frankreich, direkt am Rhein sein Chemiewerk bauen. Vom Bleistaub betroffen wäre die Bevölkerung auf beiden Rheinseiten gewesen. Mehr als 9 Tonnen Blei hätte die Fabrik jährlich über den Schornstein abgegeben und das in einer Weinbauregion. Es wurde bekannt, dass in der Umgebung vergleichbarer Werke (Nordenham an der Weser) Kühe auf der Weide gelegentlich tot umgefallen waren. Ursache: Bleivergiftung.

Gegen Bleichemie und Atomindustrie schlossen sich im August 1974 deutsche und französische Umweltschützer zusammen und gründeten das Internationale Komitee der 21 badisch-elsässischen Bürgerinitiativen.

Am 25. Februar 1975 kam dann der Erfolg. Die französische Regierung untersagte der Firma CWM die Errichtung der Bleifabrik in Marckolsheim und der Protest richtete sich nun gegen das wenige Kilometer entfernte AKW Bauprojekt im Wyhler Wald.

Am 17. Februar 1975 wurde mit der Einrichtung der Baustelle begonnen. Die Entscheidung des Freiburger Verwaltungsgerichts im Eilverfahren stand noch aus. Die Baustelle wurde am Tag darauf von Protestierenden besetzt und von der Polizei geräumt. Nach einer Kundgebung besetzte die Bevölkerung das Gelände. Erst im November 1975 verließen die Bürgerinitiativen den Platz, weil ihr Einspruch abgelehnt wurde.

Bauplatzbesetzungen wurden die Regel. Im Zuge der weiteren Widerstandsbewegung entstand 1977 das Radio Verte Fessenheim (RVF), das sich gegen die AKWs Fessenheim und Wyhl engagierte. Später nannte sich RVF in Radio Dreyeckland (RDL) um und existiert bis heute. Zur Zeit (während ich an diesem Text schreibe) wird wieder einmal alles versucht, den Sender zu kriminalisieren und zu zerschlagen.

Aber zurück zum Anfang: Am Sonntag, den 23. Februar 1975 besetzten 28.000 Menschen den Wyhler Wald, das Gelände, auf dem die Badenwerk AG zwei Atomkraftwerke bauen wollte. Das Gelände war jetzt dauerhaft besetzt. Nun galt es Menschen zu informieren und noch mehr Menschen dazu zu bewegen immer wieder auf den besetzten Bauplatz zu kommen. Einige Aktive gründeten aus diesem Grund die Volkshochschule Wyhler Wald, eine alternative Bildungseinrichtung.

Axel Mayer, Bauplatzbesetzer, Mitwelt Stiftung Oberrhein, (Alt-) BUND-Geschäftsführer erinnerte sich 1982 in seiner Diplomarbeit an Vorträge, Konzerte, Lesungen, Diskussionsrunden und Veranstaltungen. Ich will ihn ausführlich zu Worte kommen lassen, weil Wyhl die Initialzündung für viele ähnliche Protestbewegungen war, die eine breite Basis hatten. Zur gleichen Zeit kämpften Bauern, Studenten und Städter in Süd-Frankreich auf dem Hochplateau des Larzac gegen eine Ausweitung des Militärgeländes, und zu den Sommercamps kamen Zehntausende aus dem In- und Ausland. Beide Kämpfe, Wyhl und Larzac, waren erfolgreich, denn die Bauvorhaben wurden Anfang der 80er Jahre aufgegeben.

Entstehung der VHS Wyhler Wald

„Die ganze Bewegung gegen das KKW Wyhl ist immer mehr und mehr in die Breite gegangen und wir hatten schnell gemerkt, dass wir nicht nur stark sind, wenn wir zusammenhalten, sondern auch wenn wir genau Bescheid wissen. Und um dieses Wissen über KKW nicht einzelnen Experten zu überlassen, haben wir die VHS Wyhler Wald gegründet." So beschreibt ein Bauer in einem Gespräch die Hintergründe für das Entstehen der VHS. Entstanden ist die Idee in den ersten Monaten der zweiten Bauplatzbesetzung im Frühjahr 1975 auf dem besetzten Gelände in Wyhl. Vorbilder für die Einrichtung gab es keine, Ideen und Gründe aber genug. Es galt, (…) Wissen über Atom-Kernkraftwerke zu vermitteln. Das Bedürfnis nach diesem Fachwissen war in der Bewegung der AKW-Gegner sehr groß und es gab auch Fachleute, die dieses Wissen vermitteln konnten. Ein anderer Grund war, durch interessante Veranstaltungen, anderen Menschen einen Anreiz zu bieten, in den Wyhler Wald zu kommen und durch diesen Anreiz, die Hemmschwelle, ein besetztes Gelände zu betreten, abzubauen. Es ging also auch darum, einen zusätzlichen Grund zu bieten, um an den Besetzungen teilzunehmen. Und manch einer, der an einer der Veranstaltungen teilnahm, blieb dann auch die ganze Nacht. Die Entstehungsgründe waren also rein pragmatischer Art. Mitglieder der Aktion Umweltschutz diskutierten die verschiedenen Ideen und Vorschläge, druckten das erste Vierwochenprogramm und am 15. April 1975 fand die erste Veranstaltung zum Thema: „Wie funktioniert ein AKW?", auf dem Wyhler Platz statt. Der Veranstaltungsraum war das Freundschaftshaus. Ein nach dem Vorbild eines Indianerzeltes gebautes Holzrundhaus mit 25 Metern Durchmesser und einem Feuer in der Mitte. Der Raum bot Platz für ca. 500 Personen. Die Einrichtung bestand aus einfachen Holzbänken, sodass im ersten Programm noch stand. „Bringen Sie eventuell eine Sitzgelegenheit mit." Bei den späteren Veranstaltungen, insbesondere bei Theateraufführungen und Diskussionsveranstaltungen, waren häufig mehr als 500 Personen anwesend, sodass der Platz nicht ausreichte.

Das Programm der ersten Monate auf dem Baugelände in Wyhl

„Das erste Vierwochenprogramm ließ vier zentrale inhaltliche Blöcke erkennen. Jedes dieser vier Schwerpunktthemen wurde einem Wochentag zugeordnet. Dienstag: Kernkraftwerke und Alternativen, Mittwoch: Reisen, Fahrten, fremde Länder, Donnerstag: Fragen der modernen Landwirtschaft, Freitag: Natur- und Umweltschutz Die Zuordnung einzelner Themenschwerpunkte zu bestimmten Wochentagen sollte das Programm strukturieren und den Besuchern der Veranstaltungen die Auswahl erleichtern. Bereits das erste VHS-Programm zeigte die inhaltliche Breite der Veranstaltungen. Im Dienstags-Block, zur Kernkraftproblematik, wurde die Funktionsweise eines AKW erklärt. Es wurde auf die weitergehenden Probleme des Brennstoffzyklus hingewiesen und damit auch die überregionale Problematik aufgezeigt. Dieses Aufzeigen überregionaler Zusammenhänge bereits in der zweiten AKW-Veranstaltung, war typisch für das VHS-Programm. Dass die vielzitierte St. Florianspolitik (Anmerkung: Der heilige Florian soll mein Haus verschonen und ein anderes anzünden.) bei den Bürgerinitiativen (BI) nicht aufkam, ist u.a. der VHS Wyhler Wald zuzuschreiben. Die Bevölkerung und die BI haben diesen überregionalen Zusammenhang früh erkannt. Als Beispiel für diesen Lernprozess kann die größte deutsche Traktor-Solidaritäts-Demonstration am 24.03.1979 am Kaiserstuhl, später für Gorleben gelten.

In der dritten AKW Veranstaltung des Dienstagsblocks wurden bereits Alternativen zur Stromerzeugung von AKWs aufgezeigt. Auch diese Veranstaltung kann stellvertretend für viele Veranstaltungen in den darauffolgenden 7 Jahren stehen. Auch das Aufzeigen von Energiealternativen hat zu Bewusstseinsänderungen geführt.

Der Mittwochsblock, „Reisen, Fahrten, fremde Länder", sollte das Programm auflockern und der Unterhaltung dienen. Aber auch diese mehr unterhaltenden Abende dienten der Wissensvermittlung, wie die Aufzählung einiger Themen der Mittwochsreihe zeigte.

So gab es Beiträge wie: „Sind soziale Probleme und Arbeitslosigkeit in Indien durch Entwicklungshilfe lösbar?" „Die Rolle der Landwirtschaft im heutigen Albanien", „Brasilien - entwickeltes Entwicklungsland." Insbesondere die Dritte-Welt-Problematik stand im Mittelpunkt dieser Reihe, die ihren inhaltlichen Schwerpunkt aber nach kurzer Zeit auch auf mehr heimatbezogene, regionale Themen lenkte.

Der Donnerstagsblock, „Fragen der modernen Landwirtschaft", bot den Rahmen für eine fachliche Diskussion zu Problemen der modernen Landwirtschaft. Die Themen des ersten Programmes zeigten bereits die Schwerpunkte dieser Diskussion auf: „Schädlingsbekämpfungsmittel - Für und Wider", „Methoden der biologischen Wirtschaftsweise", „Rebumlegungen am Kaiserstuhl." Diese Themen, die ansonsten häufig nur akademisch, von der bäuerlichen Realität weit entfernt diskutiert wurden, wurden im Freundschaftshaus in einem bunt gemischten Kreis aus Landwirten, Nebenerwerbslandwirten, Arbeitern und Akademikern oft sehr kontrovers diskutiert.

Der Freitagsblock beschäftigte sich mit Fragen des Natur- und Umweltschutzes, wie die Themen zeigen. „Die Grenzen des Wachstums - ein weltweites Problem", „Die Rheinauewälder und ihre Bedeutung für Natur- und Umweltschutz", „Industrieansiedlung und Umweltschutz im Elsass", „Zur Frage der Schwarzwaldautobahn." Mit diesen Veranstaltungen gelang es, auch Umweltschutzthemen, die über den AKW-Themenbereich hinausgingen, darzustellen und Teile der Zuhörer auch für diese Fragen zu sensibilisieren.

Ich habe mich mit diesem ersten Programm der VHS Wyhler Wald ein wenig intensiver auseinandergesetzt, weil es die grundlegende Richtung der folgenden Programme bestimmte und deshalb auch viele Parallelen zu den vielen folgenden Veranstaltungen bot. Dennoch gab es auch bald Veränderungen. So wurde die Anzahl der wöchentlichen Veranstaltungen von 4 auf 3 reduziert und Themen mit heimatbezogenen Veranstaltungen kamen häufiger ins Programm.

Die Referenten dieser Veranstaltungen waren Leute aus den BI's am Kaiserstuhl, Winzer, Bauern und Fischer. Themen der Abende waren zum Beispiel: „Vom Kaiserstuhl, Lieder vom Kaiserstuhl, Fischerei am Rhein, Die Revolution von 1848 in Baden, badisch-elsässischer Heimatabend." Dadurch, dass die Winzer und Bauern, die in sonstigen Volkshochschulen selbst als passive Zuhörer selten genug anzutreffen waren, in der VHS Wyhler Wald oft auch die Rolle des Referenten hatten, ließ sich der große Solidarisierungseffekt mit dieser VHS erklären. Bei diesen Veranstaltungen wurden z.T. alte, verschüttete Traditionen, wiederbelebt.

Die VHS Wyhler Wald als mobiles Informations- und Kommunikationszentrum in den Dörfern
Nachdem die BI im November 1975, nach Verhandlungen mit der Landesregierung, den Bauplatz in Wyhl verlassen hatte, galt es für das geistige Zentrum der Bewegung, einen neuen Rahmen, ein neues Konzept, zu schaffen. Aus der VHS im Freundschaftshaus wurde die mobile VHS Wyhler Wald. Die Inhalte blieben die alten, lediglich der äußere Rahmen veränderte sich. Die VHS setzte ihr Programm in den Gasthöfen der umliegenden Ortschaften fort. Anfänglich fand jeweils ein ganzes Vierwochenprogramm an einem Ort statt, später wurden die einzelnen Programmpunkte auch auf verschiedene Ortschaften verteilt. Mit dem 18. Programm im September 1976 trat die VHS auch aus der engen Kaiserstühler Region heraus und bot Veranstaltungen in Freiburg an. In den Zeiten, in denen es in der Auseinandersetzung um Wyhl ruhiger wurde, fanden auch viele Veranstaltungen im Markgräflerland statt. In diesen Veranstaltungen wurde insbesondere häufig über die Gefahren des AKW Fessenheim informiert. Es gab auch Veranstaltungen in der Schweiz und dem Elsass, die den grenzüberschreitenden Charakter dieser Einrichtung der BI zeigten. In den Dörfern gab es nicht nur Informations-, sondern auch viele große Kulturveranstaltungen, wie Liederabende, Konzerte und Theateraufführungen, die oft von mehreren hundert Menschen besucht wurden. Wenn irgend

möglich, wurden die Veranstaltungen als Gemeinschaftsveranstaltungen mit den örtlichen BI oder Vereinen, wie zum Beispiel der Landjugend, organisiert. Durch diese Kontakte und Absprachen und durch die gemeinsame Organisation mit Gruppen in den Dörfern und Städten, wurde die VHS nicht als etwas Fremdes, Aufgesetztes empfunden, sondern akzeptiert. Die Absprache mit den Dörfern ging so weit, dass bei den Veranstaltungen nicht einmal Vertreter des kleinen Organisationsteams anwesend sein mussten. Ein BI-Mitglied des Dorfes eröffnete und beschloss den Abend. Die Veranstaltungen waren gut organisiert und liefen dann auch ohne die konkrete Beteiligung der eigentlichen Organisatoren der VHS ab. Diese Erfahrung, das Vertrauen und die Sicherheit, die hinter dieser Organisationsform steckten, erstaunten die Fachleute der herkömmlichen VHS. Durch die Mobilität erreichte die VHS Wyhler Wald auch Menschen, die nicht auf den Wyhler Platz gekommen waren. Dadurch und durch die Berichterstattung der Medien, hatte die VHS eine enorme Breitenwirkung. Aber neben der Weitergabe von Sach- und Handlungsinformationen durch Veranstaltungen und Büchertische, neben diesem kulturellen Auftrag, hatte die VHS Wyhler Wald auch eine wichtige Aufgabe als Kommunikationszentrum der BI."

Besucher und Dozenten der VHS Wyhler Wald

„Der politische Sozialisationswert von BI als Organisationsform von Partizipationslernen im Reproduktionsbereich beschränkte sich weitgehend auf die sozialen Mittelschichten", schrieb Kißler in seinem Buch ,Politische Sozialisation' und fasste zusammen. „BI sind soziale Übungsfelder für Mittelschichtsangehörige." Diese Meinung und die, dass „sowohl bei der Initiierung wie bei der Durchführung der BI Mitglieder der bürgerlichen Mittelschicht die führende Rolle einnahmen", findet sich durchgängig in der Literatur zum Thema BI und Sozialisation. Für die Badisch-Elsässische-Bürgerinitiative wurde diese Aussage bereits durch die Thesen des Battelle-Instituts widerlegt. Es wurde festgestellt, dass „BI im Bereich von AKW nach Angabe ihrer Leiter *die Meinungs- und Sozialstruktur der Bevölkerung, auf die sie sich beziehen, widerspiegeln" und die These, dass Angehörige der Mittelschicht überall die führende Rolle einnahmen, sich nicht bestätigte. Dasselbe ließ sich auch aus der Besucherstruktur der VHS Wyhler Wald feststellen. Zu den Veranstaltungen der VHS kamen je nach Thema und Veranstaltungsort zwischen 30 und 600 Personen. Die Mehrzahl der Veranstaltungen war von 50 - 100 Personen besucht. Bei 59 Programmen, mit jeweils 6 - 15 Einzelprogrammpunkten, Sonderveranstaltungen außerhalb des Programms und großen Gemeinschaftsveranstaltungen mit anderen Veranstaltern, wie Dreyecklandfest 1981 auf der Hochburg, mit mehreren tausend Besuchern, ließ sich die Anzahl der erreichten Veranstaltungsbesucher ungefähr abschätzen. Einer Fragebogenaktion von 1975 zufolge bestand etwa die Hälfte der Besucher aus Schülern, Studenten und Akademikern, die andere Hälfte aus Handwerkern, Arbeitern, Landwirten und Angestellten. „Man konnte aber davon ausgehen, dass der Anteil der Nichtakademiker sehr viel höher lag, als sich aus den beantworteten Fragebögen darstellen ließ, da anzunehmen war, dass die Beantwortung eines dreiseitigen Fragebogens an Schreibtischarbeit gewohnte Akademiker sehr viel weniger Überwindung kostete als Handwerker, Winzer oder Arbeiter." Für diese Annahme sprach auch, dass nur 15 bis 20 Prozent der ausgeteilten Fragebögen zurückgeschickt wurden. Der Anteil der Arbeitnehmer und Bauern an den Besuchern der VHS Wyhler Wald war auf jeden Fall wesentlich höher als der herkömmlicher VHS und Kulturinstitute. Auch dieser Erfolg spricht dafür, dass sich Pädagogen und Sozialarbeiter herkömmlicher Einrichtungen, intensiver als bisher, mit der VHS Wyhler Wald auseinandersetzen sollten.*

Unabhängig von der Sozial- und Berufsstruktur ließ sich auch noch eine Einteilung der Besucher vornehmen: a) Stammbesucher, die an vielen Veranstaltungen auch an wechselnden Orten teilnahmen, b) Stammbesucher, die an allen Veranstaltungen, die in ihrem Ort stattfanden, teilnahmen, c) Besucher, die einmal oder selten eine Veranstaltung besuchten. Für die Besucher der

Gruppe (c) zählte insbesondere der Informationswert der einzelnen Veranstaltung. Für die Besucher der Gruppe (a) und (b) war außer dem Informationswert der Veranstaltungen auch die Funktion der VHS als Kommunikationszentrum der Bewegung wichtig. In beiden Gruppen fanden sich die Multiplikatoren und Organisatoren der BI, die ihre Informationen zusätzlich aus den anderen BI-Medien bezogen. Für sie war das Gespräch vor und nach der Veranstaltung mit den anderen Multiplikatoren wichtig. Hier wurden wichtige Ideen und Informationen diskutiert und ausgetauscht.

Für die Kommunikation der BI hatte die VHS Wyhler Wald eine ähnlich wichtige Funktion wie die gewählten BI-Gremien. Einen ähnlich breiten, wenn auch anzahlmäßig nicht so repräsentativen Querschnitt der Bevölkerung, repräsentierten die Dozenten der VHS. Die Referenten, Dozenten, Künstler und Liedermacher, die sich am VHS-Programm beteiligten, bekamen meist kein Honorar, wenn man von einigen wenigen Ausnahmen absah, bei denen die Vortragenden auf ein Honorar unbedingt angewiesen waren. Häufig wurden allerdings die Fahrtkosten erstattet. Diese Unkosten wurden, wie die ganzen Unkosten der VHS, nicht durch Eintrittsgelder, sondern durch Spenden finanziert. Häufig wanderte bei Veranstaltungen ein Spendenkorb, der den weniger Verdienenden die Möglichkeit gab, weniger zu spenden, und den Mehrverdienenden die Möglichkeit bot, mehr zu spenden. Der die unterschiedlichen Einkommensverhältnisse nivellierende, ungerechte Eintrittspreis fiel dadurch weg. Dadurch kam die VHS zwar nicht zu Reichtümern, diese Methode war aber ein Stück gelebter Zukunftstraum, der auch partiell unter den heutigen gesellschaftlichen Verhältnissen realisierbar wäre. Die meisten Referenten wollten mit ihrer Arbeit die VHS und die BI unterstützen. Von ihrer Herkunft und politischen Auffassung spiegelten sie auch die ganze politische Breite der BI wider. Eine Auswertung der ersten 28 Vierwochenprogramme ergab folgende Berufsstruktur der Referenten: 18 Physiker, 14 Landwirte, 14 Politiker, 12 Biologen, je 9 Winzer, Pfarrer, je 7 Mediziner, Politologen und Schriftsteller, 6 Juristen, 5 Lehrer, je 4 Liedermacher und Ingenieure, je 3 Gärtner und Geologen, je 2 Psychologen, Forstmänner und Soziologen sowie je ein Diakon, Journalist, Gemeindeangestellter, Landschaftsarchitekt, Naturschutzbeauftragter, Fischermeister, Volkswirt, Dozent, Meteorologe, Verleger, Museumsleiter, Gewerkschaftssekretär, Regionalverbandsdirektor, Erziehungswissenschaftler, Diplomkaufmann, Fotograf, Pharmazeut, Naturschutzwart und Bäcker. In 36 Fällen waren Gruppen, wie BI, Musik- und Jugendgruppen, als Veranstalter genannt. Bei 61 Referenten, überwiegend bei Veranstaltungen mit unterhaltendem Charakter, war keine Berufsbezeichnung vorhanden. (…) Gerade bei diesen Veranstaltungen war der Anteil der Arbeitnehmer und Bauern als Vortragende besonders groß."

Organisation

„Das Organisationsteam der VHS bestand aus ca. 10 Personen und war ein ständiger Arbeitskreis der BI.

Ohne den Rückhalt, die Rückkopplung und die gemeinsame Organisation und Durchführung der Veranstaltungen mit den örtlichen BI, wäre die Arbeit der VHS nicht möglich gewesen. Für die örtliche BI stellte das Organisationsteam eine wesentliche Erleichterung der eigenen Öffentlichkeitsarbeit dar, denn die Erfahrungen, Kontakte zu Presse und Referenten, erleichterte den örtlichen BI die Durchführung von Veranstaltungen. Durch die guten Kontakte der VHS und der BI kamen viele Referenten auf die VHS zu oder wurden angesprochen. Bei der Auswahl der Veranstaltungen spielten insbesondere die Bedürfnisse der Besucher und die jeweilige politische Lage eine Rolle. Das heißt, wenn es um Wyhl ruhiger wurde, fanden mehr Veranstaltungen in der Gegend von Fessenheim statt, beim VG-Prozess in Herbolzheim waren Veranstaltungen in der Herbolzheimer Gegend und so war die ganze Arbeit der VHS mehr pragmatisch als methodisch didaktisch aufgebaut.

Die Werbung für die Veranstaltungen lief insbesondere über die große Anzahl gedruckter Programme. Diese wurden an Interessierte, BI, Medien und Multiplikatoren verschickt.

Bei Veranstaltungen und in Buchläden lagen diese Programme aus und am Kaiserstuhl hingen in beinahe jedem Ort spezielle Holztafeln, an denen die VHS-Programme aushingen. Für einzelne wichtige Großveranstaltungen wurde auch mit Plakaten geworben. Daneben wurden die BI-Medien „Was Wir Wollen" oder Radio Dreyeckland genutzt, aber auch die Badische Zeitung und der Kaiserstühler Wochenbericht wiesen regelmäßig auf Veranstaltungen hin. Neben dieser offiziellen Werbung durfte aber auch der Aspekt der Mund zu Mund Propaganda, insbesondere bei Gemeinschaftsveranstaltungen mit BI oder Vereinen in den Dörfern, nicht außer Acht gelassen werden. In der Badischen Zeitung BZ, insbesondere im Regionalteil, wurde häufig über Veranstaltungen der VHS berichtet, denn die VHS Wyhler Wald zählte zu den wichtigsten kulturellen und politischen Einrichtungen des Landkreis Emmendingen.

Welche andere VHS in der Provinz hatte in kurzer Zeit Künstler und Referenten wie Eppler, Gruhl, H.H. Wüstenhagen, Ivan Illich, Walter Moßmann, A. Weckmann, Petra Kelly, Robert Jungk, Carl Amery, Freimut Duve, Roger Siffer, H. Strohm, um nur die Bekanntesten zu nennen, in ihrem Programm.

Die Aufgabe des Organisationsteams war es, diese Veranstaltungen zu planen, mit Referenten und lokalen Veranstaltern zu koordinieren, Räumlichkeiten in Gasthäusern, Sälen, Winzergenossenschaften oder Jugendzentren zu finden, das Programm zu entwerfen, zu drucken und zu verteilen, für die Finanzierung zu sorgen und manchmal auch für die konkrete Durchführung. Betrachtet man nachträglich Umfang, Erfolg und Qualität, sowie Kontinuität der damaligen Arbeit, so muss es trotz idealer Bedingungen erstaunen, dass die ganze Arbeit von BI Mitarbeitern neben ihrer üblichen Arbeit her geleistet wurde."[1]

---

1   https://www.mitwelt.org/volkshochschule-wyhler-wald.html
Volkshochschule Wyhler Wald & das Atomkraftwerk Wyhl: Lernen im AKW - Widerstand (1975 - 2025 / 50 Jahre ...) Veröffentlicht am 02.11.2023 in der Kategorie Umweltgeschichte von Axel Mayer

Der Widerstand in Wyhl war erfolgreich, weil eine Region mit ihrer Landschaft und ihrer Kultur für den technischen Fortschritt geopfert werden sollte. Dasselbe Thema stellte sich für die Unterelbe zwischen Hamburg und Cuxhaven. In einem Bundesland, in dem die CDU mit absoluter Mehrheit regierte, dachte der Ministerpräsident Filbinger, leichtes Spiel zu haben. Er drohte, dass sonst „die Lichter ausgehen" würden. Im Konservativen steckt jedoch das Bewahren von Bewährtem. Viele wendeten sich von der CDU ab. Filbingers Todesurteil als Nazi-Richter wurde von dem Schriftsteller und Dramatiker Rolf Hochhuth (1931-2020) bekannt gemacht.

Das Freiburger Gericht verhängte 1977 einen Baustopp, der allerdings 1982 wieder aufgehoben wurde. Ein Versagen des AKW's wurde so gut wie ausgeschlossen, das Restrisiko hätten die klagenden Kritiker zu tragen. Mehr als 30.000 Demonstranten kamen zum Protest. Vier Monate vor der Katastrophe von Tschernobyl am 26. April 1986 bestätigte das oberste Gericht die Baugenehmigung, aber Filbingers Nachfolger Späth verschob 1983 den Baubeginn und verzichtete 1994 ganz.

Die Anti-AKW-Bewegung in Brokdorf an der Unterelbe schloss sich nahtlos an. Ähnlich wie der Rhein im Dreiländer-Eck sollte die Unterelbe zu einem Industrierevier umgerüstet werden. Hamburg hatte im Hafen schon neben den Werften verschiedene chemische Werke (Kupfer, Aluminium), Stade ein AKW und ein Chemiewerk, aber für die Industrialisierung der Unterelbe wollte Senator Helmuth Kern unter anderem ein weiteres AKW in Brokdorf durchsetzen. Wie immer war die örtliche Bevölkerung in Brokdorf durch Bestechung zu gewinnen, aber der Unterschied zum Dreiländereck am Rhein waren zwei Großstädte in der Umgebung des Projektes. Das Geschehen in Stade hatte ohne Öffentlichkeit stattgefunden, das AKW war schon 1972 ans Netz gegangen, aber des Senators Megaprojekt rief Widerstand hervor.

Bürgerinitiativen in Hamburg und Bremen entstanden und die linken Organisationen ‚Kommunistischer Bund' Nord und West organisierten Busse, in denen auch Trotzkisten, Anarchisten, Sozialisten (Sozialistisches Büro …) und Christen (Pastoren im Talar) zur Demonstration gegen das Bauvorhaben kamen. Bei der ersten Demonstration im Herbst 1976, die völlig friedlich und harmlos war, schockierten Hubschraubereinsätze zur Einschüchterung, so dass eine sehr viel größere Demonstration folgte, in der es gelang, Bauzäune einzureißen, aber eine längere Bauplatzbesetzung erreichten wir nicht.

Der Staat ging mit paramilitärischer Gewalt (Hubschrauberluftangriffe) gegen den Protest vor und setzte schließlich ein Demonstrationsverbot durch, das zwar Jahre später als verfassungswidrig verurteilt wurde, aber die Demonstranten einschüchterte und spaltete. Die Hälfte protestierte abseits von Brokdorf in Itzehoe, die andere Hälfte versuchte vergeblich, zum Bauplatz vorzudringen, der jedoch weiträumig abgesperrt war, so dass wir nach stundenlangem Herumirren in der Marsch buchstäblich ‚die Nase voll‘ hatten. Diese Strategie des Hamburger Staates, auch über die Grenzen der Verfassung hinaus Gewalt anzuwenden, um Widerstand zu brechen, ist eine Konstante, für die die SPD bürgt. Das galt damals für Demonstrationen gegen den Springer-Verlag und gilt heute für internationale Gipfel-Treffen.

Kapitel 10

Anders arbeiten und anders leben: Die Entstehung von autonomen Basisbewegungen als Alternativbewegung zur herrschenden Gesellschaft

Mai 1968 mit den zahlreichen Besetzungen von Betrieben und Hochschulen in Frankreich war gescheitert, weil Moskau die KP beauftragt hatte, ihre Aufständischen wieder an den Arbeitsplatz zu beordern. Nach Hitler, Lenin, Trotzki, Stalin, Mao, Castro, Pol Pot ... hatten wir genug der Ver-Führer erlebt. Nach dem Deutschen Herbst 1977, dem Höhepunkt der staatlichen Repression gesellschaftskritischer Bewegungen, mehrten sich gegen Ende der siebziger Jahre die Gruppen, die nicht auf den Tag nach der Revolution warten, sondern kollektiv, selbstbestimmt, ohne Hierarchie leben und arbeiten wollten.

Wir suchten nach Alternativen zur kapitalistischen Gesellschaft auf den unterschiedlichsten Gebieten von der Arbeiterselbstverwaltung über gemeinnützige Medien und Bildungsvereine bis zu Kommunen gemeinschaftlichen Lebens und Arbeitens und zur energetischen Selbstversorgung.

Alternativprojekte

In eben diesem Herbst 1977 beschlossen wir zu dritt ein autonomes Zentrum für Jugend- und Erwachsenenbildung ohne Einbindung in hierarchische Strukturen: Herbert war Teamer von der Industriegewerkschaft Metall, Manfred Bildungssekretär der Deutschen Angestelltengewerkschaft, ich selbst Hochschullehrer an der Hamburger Universität. Für Herbert und Manfred sollte das Ziel nicht mehr die Werbung von Mitgliedern einer Gewerkschaft sein. Und ich war nicht bereit, den Beamteneid zu schwören und systemkonforme Lehrkräfte auszubilden.

Wir wollten anders leben und anders arbeiten, gemeinsam, gleichberechtigt, sinnvoll und zukunftsweisend.

Unsere Prinzipien waren:

- Selbstbestimmung und hierarchie-freie Kooperation.
- Alle machen alles, also Hand- und Kopfarbeit. Nicht nur planen und essen, sondern auch bauen und Klo putzen. Die Aufgabengebiete wurden verteilt und konnten rotieren.
- Viele Projekte hatten gleichen Lohn, wir hatten Bedürfnislohn: JedeR sagte, wieviel Geld er oder sie brauchte. Für Extras war ein gemeinsames Sparbuch da, größere Beträge mussten beantragt werden. Andere Projekte hatten gleichen Lohn, was wir ungerecht fanden.
- Konsensprinzip in allen Entscheidungen.
- Alle haben die gleichen Rechte, aber bei fundamentalen Entscheidungen gab es ein Vetorecht. Das betraf vor allem die Aufnahme neuer Gruppenmitglieder.
- Probezeit ein Jahr.

Der Schweizer Theo Pinkus (1909-1991) hatte in Salecina eine internationale Begegnungsstätte aufgebaut und in Zürich einen Buchladen gegründet, wir luden ihn zu einem Vortrag ein. Sein wichtigster Ratschlag lautete: „Ihr müsst das Kapital neutralisieren, damit es keinen Schaden anrichten kann." Denn eine Rechtsstruktur ist unvermeidbar, und die muss so sein, dass der Ort dauerhaft gemeinnützigen Zwecken dient. Also kam nur ein Verein in Frage, denn mit 130.000 DM Eigengeld konnten wir keine Stiftung gründen. Der Förderverein hatte schnell über hundert Mitglieder, aber die inhaltliche Struktur bestand aus der Projektgruppe (zwischen fünf und neun Männern und Frauen), die kontinuierlich vor Ort lebten und arbeiteten, und dem Mitarbeiterplenum (zwischen zwanzig und dreißig Personen), die sich regelmäßig in Hamburg versammelten, mitentschieden und in ihrer freien Zeit mitarbeiteten.

Wir fuhren in die ASH-Arbeiterselbsthilfe in der Krebsmühle in Oberursel bei Frankfurt.

Sie hatte einen gemeinnützigen Verein HSH-Hilfe zur Selbsthilfe gegründet, damit der Gebäudekomplex dieser ehemaligen Mühle geschützt bleibt. Dort begegneten wir reisenden Gesellen von den Freien Voigtländern, die später eine eigene Handwerkerzunft, einen sogenannten ‚Schacht' gründeten (Axt & Kelle), in dem auch Frauen aufgenommen werden.

Wir kauften 1979 einen Resthof mit vier Gebäuden in Hüll (Landkreis Stade), den wir mit zusätzlicher Unterstützung von anderen Projekten (vor allem Gesellen und Gesellinnen von Axt & Kelle, aber auch einem Ingenieur und einem Tischler vom Energie- und Umweltzentrum in Eldagsen) zu einer politischen Bildungsstätte für Jugendliche und Erwachsene ausbauten. 1982 fand unser erster Bildungsurlaub statt: „Anders leben und anders arbeiten". Teilnehmer waren auch Arbeiter von VW und MAN, die sich im Streik befanden und so überzeugt von unserem Haus waren, dass sie nach dem Seminar am Wochenende kamen, um uns zu helfen. Das ABC besteht 2024 noch und macht eine hervorragende Jugendbildungsarbeit auch mit Migranten. Sogar mit dem ‚Finkhof' im Allgäu tauschten wir uns aus. Mit dem Internet- und Computer-Beratungsprojekt FORBIR haben wir gemeinsam Seminare gegen Personal Computer PC veranstaltet. FORBIT berät Betriebs- und Personalräte zu Fragen von Informationstechnologie, Mitbestimmung und Datenschutz.

All diese Projekte bestehen bis heute:
Axt und Kelle – Verein zur Förderung und Erhaltung von Kultur und Bauhandwerk
Krebsmühle https://www.krebsmuehle.de/hsh-verein/ und https://www.krebsmuehle.de/
Energie- und Umweltzentrum am Deister https://www.e-u-z.de/
Schäfereigenossenschaft Finkhof https://finkhof.de/
Forbit - https://www.forbit.de/

Eines der ältesten Alternativ-Projekte mit Höhen und Tiefen (wie bei den meisten anderen auch) ist aber immer noch die

Internationale Kooperative ‚Longo maï' (Deutschland, Schweiz, Frankreich, Nicaragua…).
Erfolgreiche neue Projekte sind seitdem hinzugekommen wie die Kommune Niederkaufungen (1986).

Bürgerinitiativen

Die Bürgerinitiative Umweltschutz Lüchow-Dannenberg wurde 1972 gegründet, um ein AKW in Langendorf an der Elbe zu verhindern.

Dann kam am 22. Februar 1977 die Standortbenennung Gorlebens als ‚Nukleares Entsorgungszentrum und Wiederaufarbeitungsanlage'.

Zeitgleich entstand die ‚Bäuerliche Notgemeinschaft', die mit ihren Trecker-Demonstrationen bis nach Hannover und Bonn Druck machte. Der Widerstand ist ungebrochen, weil die Endlagerung weiter ungeklärt ist. Die BI hat etwa tausend Mitglieder, zum Teil in dritter Generation, aber ihr Pressesprecher Wolfgang Ehmke ist seit Anbeginn dabei.

Es entstand auch das selbstorganisierte Projekt ‚Gasthof Meuchefitz', das den Widerstand mittrug und deshalb damals und immer wieder unliebsamen Polizeibesuch bekam.

Starke Unterstützung erhält die BI vom alten Adel, Graf Bernstorff Vater und Sohn, denen ein Teil des Salzstocks gehört.

Dazu schrieb die TAZ am 29.10. 2010[1]:

„Die 87-jährige Ehrenpräsidentin der Anti-Endlager-Bewegung, Marianne Fritzen, gerät spontan ins Schwärmen, wenn das Gespräch auf die Grafen kommt: „Ich liebe sie einfach!", ruft sie ins Telefon. Die Familie sei unersetzlich für den Widerstand im Wendland, nicht zuletzt wegen ihrer Eigentumsrechte. „Die waren zwar nie links, aber immer unglaublich sozial eingestellt", sagt sie. „Und völlig ohne Standesdünkel."

Den hätten Leute wie die Bernstorffs gar nicht nötig, glaubt der Greenpeace-Atomfachmann Edler. Die Familie lege zwar großen Wert darauf, ihren Widerstand gegen das Endlager

----

1   https://taz.de/Protest-gegen-Atomendlager-Gorleben/!5133157/

unabhängig von politischen Organisationen zu betreiben, die Zusammenarbeit sei aber trotzdem überhaupt nicht schwierig. ‚Im Gegenteil‘, sagt Edler. Er schätze den Stil der Bernstorffs. ‚Das sind tolle Menschen, die jedem mit Respekt begegnen - unabhängig von seiner Herkunft oder seinem Aussehen.‘ Was ja leider gerade im Streit über den Atomstandort Gorleben nicht selbstverständlich sei. Und wenn eine Demo stattfinde, treffe man die Bernstorffs auch nachts um halb zwei bei strömendem Regen auf der Castorstrecke.

Nur einmal, beim Castortransport im Herbst 1996, habe die Familie für den Widerstand ‚bewusst das Klischee bedient, das ihr entgegenschlägt‘, erzählt Edler.

Der Greenpeace-Mann wurde zufällig Zeuge der bizarren Aktion. Bis heute hat er vor Augen, wie Andreas Graf von Bernstorff eigenhändig eine Kiefer in seinem Wald fällte, der Baum fiel direkt auf die Castorstrecke, mitten zwischen die Polizeiautos.

Dann setzte sich die gesamte Grafenfamilie mit ihren Labradorhunden davor auf die Straße. Für Minuten sei die Einsatzhundertschaft der Polizei in eine ‚ungläubige Starre‘ gefallen, erinnert sich Edler. ‚So eine Demonstration hatten die Polizisten offenbar noch nie erlebt!‘“

Die Kinder der Bernstorffs kennen kein Leben ohne Anti-Atom-Protest. Als Fried von Bernstorff zur Welt kam, hatte sich die Regierung bereits für Gorleben als möglichen Standort entschieden - und damit seine Eltern auf den Plan gebracht. Seine Mutter, Anna Gräfin von Bernstorff, trat der Bürgerinitiative Lüchow-Dannenberg bei, sie engagierte sich im Vorstand der Gartower Kirchengemeinde, später auch im Umweltausschuss der EKD-Synode.“

Bürgerinitiativen sind ein Ausweg aus dem eindimensionalen und irreführenden Links-Rechts-Schema der Parteien. Die ökologische Bewegung hatte bei der Gründung der grünen Partei noch ein breites, parteiübergreifendes Spektrum.

Thematisch bezogene Projektgruppen

Ein Beispiel für Projektgruppen zu speziellen Problemfeldern ist die Hamburger Umweltschutzgruppe Physik-Geowissenschaften. Sie wurde 1975 von Studenten gegründet.

Ihr erstes Thema war die Industrialisierung der Unterelberegion, die SPD-Senator Kern vorgeschlagen hatte. Ab 1979 begann die Gruppe, eigene Messungen zur Überprüfung der Luft- und Wasserqualität in Hamburg vorzunehmen. Schon damals konnte sie Schwermetalle, hauptsächlich Cadmium, Arsen und Blei, in der Luft der östlichen Hamburger Stadtteile nachgewiesen. Einen Hauptkritikpunkt fand die Gruppe in den ungenügenden Handlungen der Behörden, die in der Gesetzgebung und mit schwachen Kontrollen den einleitenden Firmen allzu oft in die Hände spielten.

Anfang der 1980er Jahre war die Mitgliederzahl auf über 40 Personen angewachsen. Um besser die Kontrollfahrten zu den Abwassereinläufen im Hafen organisieren zu können, kaufte die Gruppe 1982 eine Barkasse ‚Elise‘. Der Filmemacher Wolfgang Morell dokumentierte den Kauf und die Restaurierung der Elise in seinem Film „Wasserzeichen".

1981 deckte die Gruppe auf, dass die Norddeutsche Affinerie (Affi) Abwässer mit stark überhöhten Schwermetallkonzentrationen (vor allem Cadmium, Arsen, Kupfer, Zink und Blei) in die umliegenden Hafenbecken leitete.

Mit der Hauptwindrichtung lagerten sich die Stäube der Abluft vornehmlich im Osten Hamburgs ab. Dort, in den Vier- und Marschlanden, befinden sich viele gemüseanbauende Betriebe. Die Hamburger Umweltbehörde hatte 1981 eine Studie bei der Professur für Bodenkunde der Universität Hamburg zur Schwermetallablagerung in den östlichen Stadtteilen in Auftrag gegeben. Die Ergebnisse waren so hoch, dass sie erst einmal nicht veröffentlicht wurden.

1983 präsentierte sie ein großflächig über das Hamburger Hafengebiet gelegtes Untersuchungsprogramm, bei dem Hafenschlick auf Schwermetalle untersucht wurde.

Dabei wurden mehrere Hafenteile als stark belastet erkannt. Wiederum waren die Kanäle vor der Norddeutschen Affinerie die am stärksten belasteten Hafengebiete.

Erst im Februar 1985 gelangte ein internes Besprechungsprotokoll zur Hamburger Redaktion der Tageszeitung (taz). Die Vertuschung der Messungen weitete sich dadurch zum Arsenskandal aus. In den folgenden Jahren wurden durch Auflagen der Hamburger Umweltbehörde umfangreiche Sanierungsarbeiten bei der Norddeutschen Affinerie durchgeführt.

1985 veröffentlichte die Umweltschutz-Gruppe ihr Buch „Glänzende Geschäfte" über die Norddeutsche Affinerie.

Medien der Gegenöffentlichkeit

Die Tageszeitung TAZ gehört ebenso zur Gegenöffentlichkeit wie die Medienwerkstatt Freiburg oder das Medienpädagogische Zentrum MPZ in Hamburg.

Der Traum einiger kritischer Wissenschaftler von einer proletarischen Gegenöffentlichkeit hat sich mit der Auflösung des Proletariats verflüchtigt. Nicht nur verringerte sich die Anzahl von ArbeiterInnen, sondern auch ihre Wohn- und Lebenssituation verlor ihre Homogenität. Die KPD war verboten, die SPD wurde zur Volkspartei, eine politische Gegenöffentlichkeit zur bürgerlichen gab es Mitte der sechziger Jahre nicht. Im Gegenteil: Die BILD-Zeitung war bei den Arbeitern besonders verankert. Vor vier Jahrzehnten schon konstatierte André Gorz den ‚Abschied vom Proletariat'.

Seit ihrem Höhepunkt von fünf Millionen ist die verkaufte Auflage der BILD unter eine Million gefallen. Sie ist aber immer noch das Zwanzigfache der TAZ (die Internet-Ausgabe der BILD nicht berechnet) und kann Hass schüren. Sie ist ein willkommener Gehilfe staatlicher Willkür und Gewalt und versteht es, den Mob auf die Straße zu treiben. Dagegen schrieben damals Schriftsteller wie Heinrich Böll, Hans Magnus Enzensberger, Karl-Markus Michel oder Klaus Wagenbach, machten Regisseure wie Werner Fassbinder, Alexander Kluge oder Volker Schlöndorff und Margarete von Trotta Filme.

Gesundheitszentren

Die Idee einer Zusammenfassung psychischer und physischer Gesundheitspflege an einem Ort war so revolutionär, dass sie sich nicht durchsetzen konnte. Die Poliklinik der DDR als Ärztehaus konnte sich erhalten, aber jedes Fach arbeitet für sich und die Hierarchie (vor allem der Gehälter) blieb gewahrt. Mit Hilfe der Zugangssperre für schlechte Schüler (Numerus Clausus) wurde die Arbeit der Mediziner beruflich aufgewertet, obwohl sie stark handwerklich und instrumentell belastet ist. Immerhin wurde erreicht, dass Psychotherapie gesellschaftliche Anerkennung erlangte. Aber sie kommt ohne Instrumente und Technik aus. Für die Industrie ist sie deshalb uninteressant. Mit Sicherheit wird die künstliche Intelligenz sich in diesen Markt drängen.

Der Verzicht auf technische und medikamentöse Behandlung ist der große Unterschied zum Psychiater, der Arzt ist und Medikamente verschreibt. Er ist eine Säule von BASF und Kumpanei.

Druckereien

Als selbstverwaltete egalitäre Projekte entstanden Druckereikollektive wie die ‚Hinterhofdruckerei‘ in Hamburg. Damals war es für politische Gruppen möglich, sich für wenig Geld eine alte Heidelberger Druckmaschine auf schwarzem Rohrgestell zu kaufen und Flugblätter zu drucken. Heute geht das zuhause am Personal Computer.

Buchläden und Verlage

Schon Ende der Sechziger entstanden Verlagskollektive wie der Nautilus-Verlag in Hamburg mit seiner situationistisch-anarchistischen Orientierung. Sie waren ohne Hierarchie und Arbeitsteilung, selbst die reisenden Verlagsvertreter nahmen an den Verlagssitzungen teil, in denen die Buchprojekte diskutiert wurden. Es gibt sie immer noch, aber das Überleben ist durch die Buchhandelsketten und Amazon schwieriger geworden. Auch hat die Bereitschaft, Bücher zu lesen, abgenommen. Aber manchmal gelingen sensationelle Erfolge wie:

‚Empört Euch!' von Stephane Hessel oder ‚Der kommende Aufstand' vom Unsichtbaren Komitee. Die Sensation besteht darin, dass der Erfolg nicht kommerziell durch Spektakel oder Influencer gemacht ist.

Basisgruppen

Diese politischen Gruppen an der Basis von Universitäten haben sich in Fachbereichen für die studentische Mitbestimmung etabliert. Sie nehmen an den Versammlungen des Fachbereichs teil, schlagen Buchanschaffungen oder Themenstellungen vor, sind an Personalentscheidungen beteiligt, machen Erstsemester-Beratung. Die Zeit im Fachschaftsrat Romanistik an der Hamburger Universität war auch deshalb für uns wichtig, weil wir unsere unterschiedlichen politischen Ansichten und Überzeugungen gleichberechtigt diskutiert haben.

Es gibt Basisgruppen auch in Parteien oder Wohnvierteln, Augusto Boal (1931-2009) hat auf ihrer Grundlage das ‚Theater der Unterdrückten' entwickelt und als Stadtrat in Rio de Janeiro (Brasilien) Gesetzes-Initiativen ermöglicht. Aber die Mitbestimmung geht selten über die Anhörung der Basis hinaus. Mit Selbstbestimmung hat sie nichts zu tun, denn die Entscheidungsprozesse laufen vertikal von oben nach unten.

Wohn- und Hausgemeinschaften

Bis zur Studentenbewegung waren Familie, Schule, Universität, Politik, Firma autoritär organisiert, also das gesamte gesellschaftliche Zusammenleben. Die Nazis hatten das Patriarchat ohne Abstriche überall durchgesetzt. Nicht einmal die Beziehung der Eltern war ohne Hierarchie. Die Frau war drinnen wie draußen das andere, das zweite Geschlecht, wie Simone de Beauvoir 1949 geschrieben hatte. Verheiratete Frauen durften nur mit Zustimmung des Mannes arbeiten gehen.

Bis in die Sexualität ging die Unterordnung. Dagegen setzten die Kommunarden der Berliner Kommune Eins „Das Private ist politisch" und „Die Kleinfamilie ist faschistisch", sie propagierten die freie Liebe und Sexualität mit einem spektakulären

Nacktfoto ihrer Gruppe (Rückansicht). Das Wohnen in Gemeinschaft war nicht nur lustvoller und billiger, sondern auch eine Befreiung aus familiärer Enge und bürgerlicher Dogmatik.

Freie Schulen

Der Kampf gegen die autoritäre Trichterschule, bei der von oben Wissen in den Kopf gefüllt wird, war in den staatlichen Bildungseinrichtungen mühsam und wurde durch die Richtlinien der OECD (Organisation für wirtschaftliche Zusammenarbeit und Entwicklung) noch schwieriger, weil im internationalen Vergleich nur Wissen und Fertigkeiten messbar sind. Die Ansätze zu einer Persönlichkeitsbildung, wie sie mit dem Begriff ‚Reife‘ für das Gymnasium galten, wurden mit der Oberstufenreform gekippt. Die neue Generation von Studenten, die 1977 ff nach der Oberstufenreform an die Uni kamen, war ergebnisorientiert und nur an verwertbarem Wissen für das Examen orientiert. Es war der Beginn der PISA-Kontrollen, die von der OECD weltweit durchgesetzt wurden.

Gleichzeitig entwickelten Pädagogikprofessoren an verschiedenen Orten Konzepte für freie Schulen. In Niedersachsen waren die Pädagogen Albert Ilien und Thomas Ziehe und der Soziologe Oskar Negt erfolgreich mit der Glocksee-Schule, weil im zuständigen Ministerium der Ex-Trotzkist Peter von Oertzen das Sagen hatte. Sie wurde staatlich anerkannt, anders als die privaten reformpädagogischen Einrichtungen. Von Oertzen unterstützte jedoch die Berufsverbote-Politik von Willy Brandt.

Freie Schulen haben sich heute etabliert, weil sie Persönlichkeitsbildung und ganzheitliches Lernen gegen die Vermittlung von Wissensstoff und das Trainieren von Fertigkeiten setzen.

Hausbesetzungen

In den sechziger Jahren gab es nur vereinzelt Hausbesetzungen. Mit der Bewegung zu gleichberechtigten Kollektiven wuchs der Bedarf an geeigneten Räumlichkeiten für Wohngemeinschaften. Während in den Sechzigern noch viele große Wohnungen gern an ‚Kommunen' gegeben wurden, weil sich so eine beachtliche Miethöhe erreichen ließ, wurde in den siebziger Jahren der Wohnraum knapper und teurer, und dadurch kam es vermehrt zu Hausbesetzungen, die mit Gewalt bekämpft wurden. Das hatte oft einen ungewünschten Solidarisierungseffekt.

Insbesondere in Frankfurt-Westend, Berlin-Kreuzberg und Hamburg-Hohenfelde sollte auf Befehl der SPD-Planer wertvolle alte Bausubstanz und preiswerter Wohnraum zerstört und Bauspekulation bedient werden. Die Solidarität mit den Hausbesetzern war in der Bevölkerung groß, zumal in Frankfurt nicht viele alte Häuser stehengeblieben waren. Die Gruppe ‚Revolutionärer Kampf' mit Daniel Cohn-Bendit und Joschka Fischer wurde bekannt, aber auch einer der Bauspekulanten, Ignatz Bubis von der FDP und Vorsitzender des Zentralrats der Juden in Deutschland. Das Theaterstück „Der Müll, die Stadt und der Tod" von Rainer Werner Fassbinder nach einem Roman von Gerhard Zwerenz konnte nicht aufgeführt werden, weil der Spekulant ein Jude war. Ein Teil der alten Häuser konnte gerettet werden, wurde saniert und teuer wieder vermietet. Die arme Bevölkerung zog an den Rand. Aus 40.000 Bewohnern wurden 16.000.

Die Abrisswut der SPD in Hamburgs oder Berlins Zentrum war nicht geringer. Sie verdankte sich einem Filz aus Partei, Gewerkschaften und der „Neuen Heimat". Das war nach dem Krieg einer der größten Bauträger Deutschlands. Er gehörte den Gewerkschaften und war ursprünglich ein genossenschaftliches, gemeinnütziges Unternehmen, das aktiv gegen die Wohnungsnot agiert hatte. Es engagierte sich zunehmend auch im Städtebau und dann sogar im Ausland als ganz normaler kapitalistischer Bauträger jenseits von Gemeinnützigkeit. Der zuständige Bausenator im Städtebau in Hamburg wie in Berlin war in der SPD, die Gewerkschaften waren SPD-geführt und die „Neue Heimat" war SPD.

Der erste Skandal war 1969 der Bremer Baulandskandal um

Richard Boljahn, Fraktionsvorsitzender der SPD in der Bremischen Bürgerschaft und Vorsitzender des DGB-Ortsvereins Bremen. Er regte 1966 bei der gemeinnützigen Wohnungsbaugesellschaft Gewoba (Bremer Tochter der Neuen Heimat) den Bau einer Großwohnsiedlung (Trabantenstadt) mit 15.000 Wohnungen für 50.000 Menschen im Norden Bremens auf den Wiesen des Hollerlandes im Stadtteil Horn-Lehe an.

Die halbstaatliche Grundstücksgesellschaft Weser erwarb zu diesem Zweck im Hollerland landwirtschaftliche Flächen. Aufsichtsratsvorsitzender dieser Gesellschaft war Boljahn selbst. Sie schaltete jedoch den Makler Wilhelm Lohmann ein, der mit Boljahn befreundet war. Lohmann erwarb auf eigene Rechnung weitere Flächen. Wenig später wurden alle Flächen an die Neue Heimat weiterverkauft.[1]

Alte Wohngebäude wurden häufig auch von Studenten bewohnt, deren Universitätsgebäude in der Innenstadt lagen, wo man folglich nach günstigen Mietwohnungen suchte. Aber auch die alteingesessenen Mieter wehrten sich, dass sie aus ihrem angestammten Wohngebiet fortziehen sollten.

Die erste Besetzung eines Wohnhauses in Hamburg-Hohenfelde (Ekhofstraße 39) geschah im April 1973. Es lag in der Nachbarschaft der „Neuen-Heimat"-Zentrale. Die ‚Bewobau' (eine Tochtergesellschaft der „Neuen Heimat") hatte in diesem Quartier mehr als 100 Wohnungen erworben, um sie abzureißen und hochwertige Eigentumswohnungen zu errichten. Mit den Anwohnerprotesten verbanden sich die Hausbesetzer. Albert Vietor, der Vorsitzende der „Neuen Heimat" war darüber empört. Er erreichte, dass die Hausbesetzung nach fünf Wochen durch einen Polizeieinsatz beendet wurde. Die anfangs geplante Hochhausbebauung wurde zugunsten einer vier- bis sechsgeschossigen Backsteinarchitektur mit Sozialwohnungen aufgegeben.

---

1   https://de.wikipedia.org/wiki/Neue_Heimat#Abwicklung_des_
gemeinnützigen_Konzernteils

Die Rolle der SPD im Häuserkampf ist zwielichtig: Erstens agiert sie als politisch verantwortliche Partei brutal mit Polizeieinsätzen und Verbote, zweitens vertreibt sie als gemeinnütziger Bauherr ärmere Menschen, um lukrative Gebäude zu erstellen. Ein Hochhaus erzielt deutlich mehr Einnahmen, pro m^2, ebenso wie die Eigentumswohnungen. Beides ist kapitalistisches Profitdenken. Aber das eigentlich Erschütternde ist der Verrat an den eigenen Idealen. Das betrifft nicht nur die Idee des Sozialen. Das Ziel, den Kapitalismus durch die Perspektive der Gemeinnützigkeit zu überwinden, wurde mit der korrupten „Neuen Heimat" in Misskredit gebracht. Und wieder sind es sozialdemokratische Politiker, die den berechtigten Protest mit Polizeigewalt niederschlagen. Der linke Terrorismus ist nicht voraussetzungslos. Es beginnt mit der Wohnungsmisere, die von Profithaien ausgenutzt wird. Der staatliche Terror spaltet die politisch Protestierenden.

In den Städten Hamburg und Berlin wurde Anfang der achtziger Jahre der Sanierungsträger „Stattbau" gegründet, der die Konflikte entschärfte. Initiator war das Berliner „Netzwerk Selbsthilfe".[1]

Das Netzwerk Selbsthilfe

Für die Opfer der Berufsverbote bildete sich in Berlin ein ‚Selbsthilfenetzwerk für Betroffene auf der Basis der Prinzipien Subsidiarität (Hilfe zur Selbsthilfe), Selbstverwaltung und genossenschaftliche Arbeitsweise'. Nach dem großen Tunix-Kongress der Alternativbewegung 1978 in Berlin wurde das ‚Netzwerk Selbsthilfe' gegründet zur Unterstützung von Initiativen und Projekten und ganz besonders auch zur Förderung von Gegenöffentlichkeit. Gründungsmitglieder waren zum Beispiel Rudi Dutschke, Otto Schily, Hans Magnus Enzensberger und Günter Wallraff. Schon 1979 hatte der Förderverein etwa 4.000 Mitglieder.

---

1   R. Papenfuß: Kurze Darstellung in Stattbau informiert 2, S. 23 f.
httpde.wikipedia.org/wiki/Netzwerk_Selbsthilfe#Gründung_von_Stattbau

Gefördert wurden zum Beispiel in Berlin die Taz, die Berliner Kabarett Anstalt BKA, die UFA-Fabrik, in Hamburg die Hinterhofdruckerei und das Autonome Bildungs-Centrum ABC.

Heute gibt es drei Netzwerke: Berlin, Bremen, München zur Unterstützung politischer Initiativen und basisdemokratischer Projekte.

1980 wurde der Mehringhof gekauft, in dem das Netzwerk Selbsthilfe ein alternatives Zentrum ansiedelte. In Kreuzberg wurden damals 170 Häuser besetzt. Nach dem Tod eines Demonstranten ließ sich der CDU-Senat auf eine Vermittlung mit kirchlicher Unterstützung ein. Daraus entstand das Vorhaben einer ‚behutsamen Stadterneuerung‘, bei der etliche Hausbesetzungen legalisiert wurden. Der Sanierungsträger dafür war Stattbau.

„Als unterstützenswert gelten Projekte, die eine demokratische Selbstverwaltung praktizieren, modellhaft alternative Lebens- und Arbeitsformen entwickeln, nicht auf individuellen Profit ausgerichtet sind, die bereit sind, mit gleichgerichteten Projekten zu kooperieren, personelle Kontinuität und organisatorische Funktionsfähigkeit versprechen, und in der Regel längerfristig die Chance bieten, sich selbst zu tragen.“

Von der APO zu den revolutionären politischen Gruppen
Vielleicht der einflussreichste Theoretiker für die Studentenbewegung war **Herbert Marcuse** (1898-1979).

Sein Text ‚Der eindimensionale Mensch‘ (1964) kritisierte nicht nur den Pseudo-Sozialismus im Ostblock, sondern auch die aussichtlose Einbindung in den westlichen Kapitalismus. Er proklamierte die zielgerichtete Negation, das **Aussteigen**.

Daraus wurde die **Randgruppenstrategie** entwickelt, die in den Ausgestoßenen der Gesellschaft das revolutionäre Subjekt entdeckte.

Wichtiger aber war der Begriff der **konkreten Utopie** einer sozialistischen Gesellschaft, den er mit **Ernst Bloch** (1885-1977) teilte. Bloch hatte schon 1918 ein Werk mit dem Titel ‚Geist der Utopie' verfasst. Er war vor den Nazis ins Exil in den USA geflohen und hatte dort sein Werk ,Das Prinzip Hoffnung' geschrieben. Er war Vertreter eines freiheitlichen Sozialismus und zog in die DDR, wo er als angesehener Professor bis zum Ungarnaufstand 1956 lehrte, danach aber in die Opposition ging und 1961 nach dem Mauerbau in die BRD flüchtete. Für die Studentenbewegung war er ein wichtiger Unterstützer und Inspirator. Die Utopie, also die Realisierung einer sozialistischen Gesellschaft mit freier Entfaltung der Individuen und ohne Armut und Elend, hielten er und Marcuse objektiv für möglich und konkret vorstellbar, also gar nicht utopisch. Aber die gesellschaftliche Repression schafft Bedürfnisse, die eine Befreiung verhindern und die Menschen gegen ihre Interessen handeln lässt. Ein eintöniges, langweiliges, anstrengendes Berufsleben befördert den Wunsch nach Ablenkung, Abschaffen des Kopfes, Ausruhen des Körpers. Serien und Krimis ersetzen auf dem Sofa das Bedürfnis nach Leben, Gefühlen im menschlichen Kontakt.

In der Kunst sah Marcuse eine Zeitlang den Ausweg aus dem Dilemma, dass subjektiv nicht realisierbar schien, was objektiv möglich war, aber vom Patriarchat verhindert wird.

Die **Frauenbewegung** der siebziger Jahre gab Marcuse neue Hoffnung auf ,Erlösung' aus der Ausweglosigkeit durch das Prinzip ,Weiblichkeit' der Frauenbewegung.

Der Slogan der Außerparlamentarischen Opposition APO war noch: „Wir sind eine kleine radikale Minderheit."

Aber die Studentenbewegung hatte Anfang der siebziger Jahre auch Schüler und Lehrlinge erfasst und begann, in Betriebe zu wirken. Ausgangspunkt waren meist lokale Kämpfe, die wenig vernetzt wurden und (meist männliche) Lokalmatadoren hervorgebracht hatten. So entwickelten sich die unterschiedlichsten politischen Gruppierungen, die sich auf ausländische oder historische Vorbilder bezogen.

In Frankfurt am Main setzte man sich an der Universität mit den Autoren der Frankfurter Schule (Adorno, Horkheimer,

Fromm …) auseinander in Berlin eher mit Marcuse, Marx und Rosa Luxemburg, in Hamburg mit Lenin und Stalin. So kam es zu einem Rückgriff auf frühere Spaltungsprozesse in der kommunistischen Parteienlandschaft.

Der theoretische und politische Unterschied zwischen dem Rätemodell Berlins, das Rudi Dutschke entwarf, und der maoistischen Vision von Ernst Aust, der die KPD/ML gründete und Anhänger des Albaners Enver Hoxha wurde, ist gewaltig, die Zersplitterung der Opposition war unvermeidlich.

Anstelle einer konkreten Utopie, wie Dutschke sie versucht hatte, wurde ein gescheitertes oder bestehendes System zum Vorbild genommen.

Aust ist dafür ein gutes Beispiel, weil er auf Mao reingefallen und von China enttäuscht war und dann in Albanien einen Notanker suchte, den Hoxha ihm persönlich überreichte.

Die politische Bewegung nach 1968 spaltete sich, weil die Revolte auch in Frankreich trotz des Bündnisses der Arbeiterbewegung mit den demonstrierenden Studenten und zahlreicher besetzter Betriebe nicht die Macht erschütterte. Präsident und General De Gaulle war zwar zu seinen Elitetruppen geflohen, aber Moskau befahl der dominierenden Kommunistischen Partei den Rückzug, so dass die jugendliche und studentische Minderheit keine Chance hatte und der Anführer Daniel Cohn-Bendit des Landes verwiesen wurde.

Drei große Richtungen entstanden aus der APO:
Guerilla, Parteiaufbauorganisationen und basisdemokratische neue soziale Bewegungen.

Guerilla:

Die **Rote Armee Fraktion RAF** orientierte sich an der südamerikanischen Stadtguerilla, die den Befreiungskampf auf dem Lande durch Attentate unterstützte. Die RAF ging in den Untergrund und beging etliche Attentate. Lediglich der Tod des Arbeitgeberpräsidenten Schleyer wurde auf Grund seiner Nazi-Vergangenheit von einigen Arbeitern begrüßt.

Die **Revolutionären Zellen RZ** bezogen sich auf den Operaismus der Italiener. Sie bauten soziale Zentren auf, organisierten Streiks, aber kämpften auch mit Entführungen und begingen Morde. Der gewaltsame Kampf gegen die Fabrikarbeit war Schwerpunkt der RZ-Aktivitäten.

Die Spontaneisten (Spontis) waren Anhänger des Kampfes für Autonomie, was bedeutete: für die Arbeitermacht und gegen die Fabrikarbeit. Antonio Negri (1933-1923) war ihr wichtigster Theoretiker.

Linke Parteiaufbauorganisationen (K-Gruppen):
Viele Gruppen versuchten, an die kommunistische Arbeiterbewegung zu Beginn des Jahrhunderts anzuknüpfen und spalteten sich in

‚**Revolutionäre**' (KB/Kommunistischer Bund West/Nord, KPD/Marxisten-Leninisten, KPD/Aufbauorganisation, Kommunistischer Arbeiterbund Deutschlands, Trotzkisten) und ‚**Revisionisten**' der DKP und SPD.

Aber allen gemeinsam war die hierarchische Struktur der Kaderpartei (die Kämpfer selbst waren die ‚Avantgarde'), die Glorifizierung der Arbeiterklasse, der Glaube an den technischen Fortschritt und damit die Überzeugung, dass Atomkraftwerke in proletarischer Hand kein Problem seien. Der Kampf gegen Großindustrie (Chemie, Atom…), den sie mittrugen, war politisch motiviert, nicht ökologisch. Der Kampf um politische Macht zielte frei nach Lenin auf den bürgerlichen Staat.

Neue soziale Bewegungen:
Aus der ‚Undogmatischen Linken' entwickelten sich neue soziale Bewegungen, die nach konkreten Alternativen im Kapitalismus suchten, die zugleich ein befreiender Schritt aus seinen Fesseln hinaus sein sollten. Zu diesem Kampf gegen kapitalistische Strukturen und Verhältnisse in uns selbst und in den gesellschaftlichen Strukturen gehörte der Kampf gegen die kapitalistische Zerstörungswut in Form von industriellen

Großprojekten wie: Atomkraftwerke (Brokdorf, Grohnde), Atommülllagerung (Gorleben), Atomwiederaufarbeitungsanlage (Wackersdorf), Flughafenerweiterung (Frankfurt/Main). Zu ihnen gehörten die Frauenbewegung, das Sozialistische Büro SB (Rudi Dutschke, Oskar Negt, Elmar Altvater …), die Autonomen, die Anarchosyndikalisten …

Die staatliche Gewalt begann sich zu fürchten. Wieder war es wie 1967 beim Schah-Besuch die SPD, die sich federführend für Repression engagierte und die Berufsverbote beschloss. Da staatliche Beamte einen Eid auf die Verfassung schwören müssen, wurden Verfassungs"feinde" aus dem Staatsdienst entfernt und linke ,Extremisten' kriminalisiert. Beides sind dehnbare Begriffe und Anlass für Behördenwillkür.

Es gab Momente gemeinsamen Kampfes aller Gruppierungen gegen AKW's und auch gegen Repression, und wir organisierten gemeinsame Großveranstaltungen wie den Pfingstkongress des SB 1976 in Frankfurt/Main oder den Tunix-Kongress für Zukunftsträume der Spontis 1978 in Berlin… Der gemeinsame Gegner verband uns, denn der repressive Staat machte keinen Unterschied. Auch wollten wir nicht auf das notwendige Ende des Kapitalismus warten, unsere Träume von einem besseren Leben auf danach verschieben oder fallen lassen. Im Gegenteil: Wir waren überzeugt, dass die Zukunft im Heute schon enthalten sein muss und nicht nur eine einfache Negation des Bestehenden sein kann, eine **bestimmte Negation** also, die unsere Träume verwirklicht. Unser Wahlspruch war:
Wer keinen Mut zum Träumen hat, hat keine Kraft zum Kämpfen.
Von den K-Gruppen (Kommunisten, Stalinisten, Maoisten …) unterschieden wir uns in den Visionen, die weder rückwärtsgewandt nach Russland oder China blickten noch den Kampf proklamierten, sondern hier und heute verwirklicht werden sollten. So schufen wir Freiräume, in denen wir uns der Zurichtung widersetzen und den normalen Zwängen der Abhängigkeit in der Lohnarbeit entgehen konnten.

Kapitel 11

Die Entstehung der grünen Parteien:
Wer wann beteiligt war und wozu

Die 1972 vom ‚Club of Rome' herausgegebene Studie ‚Grenzen des Wachstums' hatte bei den Revolutionären wenig Aufmerksamkeit erregt, vielleicht ein Kopfnicken bewirkt. Ihr Kampf ging gegen den bürgerlichen Staat um die politische Macht. Antifaschismus, Antirepression, Umverteilung des Reichtums, Befreiung der Arbeiter war und blieb die wesentliche Stoßrichtung. Ökologie war noch ein Fremdwort und ist bis heute ein nebensächliches Spezialthema, ein sogenannter ‚Nebenwiderspruch' wie die Unterdrückung von Frauen, Schwulen …
Dabei hat der ‚Club of Rome' das Ende des Kapitalismus eingeläutet. Die einzige wirkliche Grenze des Kapitalismus ist nämlich die Begrenztheit der Erde. Wenn sie sich nicht mehr ausbeuten lässt und unsere natürlichen Grundlagen (Wasser, Luft, Nahrung) zerstört worden sind, dann hat er sich selbst erledigt – und uns Menschen mit ihm. Als er vor zwei Jahrhunderten mit seinem Aufstieg begann, gab es sofort bewusste Menschen (zu denen Marx gehörte), die voraussahen, was uns bevorsteht und bei dem technischen Fortschritt auch die negativen Seiten und Gefahren der Naturzerstörung beschrieben.
Jetzt sind wir an dem Punkt angelangt, wo der Fortschritt in sein Gegenteil umgeschlagen ist, aber diese Prognose von Marx stand nicht in den Schulungstexten der kommunistischen Kader.

Marx hatte im ‚Kapital' betont, dass menschliche Arbeit und Natur die Voraussetzungen unseres Lebens sind und der Kapitalismus zur Naturzerstörung führt.
„Vom Standpunkt einer höheren ökonomischen Gesellschaftsformation wird das Privateigentum einzelner Individuen am

Erdball ganz so abgeschmackt erscheinen wie das Privateigen-
tum eines Menschen an einem anderen Menschen. Selbst eine
Gesellschaft, eine Nation, ja alle gleichzeitigen Gesellschaften
zusammengenommen, sind nicht Eigentümer der Erde. Sie
sind nur ihre Besitzer, ihre Nutznießer, und haben sie als boni
patres familias *(gute Familienväter) den nachfolgenden Ge-*
nerationen verbessert zu hinterlassen."
(Karl Marx MEW 25, S. 784)

Trotzdem waren es nicht die Revolutionäre der neu entstande-
nen kommunistischen Gruppen, die sich sofort der ökologischen Frage angenommen haben, sondern konservative Politiker der CDU/CSU.

Der Beginn der ‚Grünen Partei' kommt eher nicht aus den sozialen Bewegungen. Dennoch wird es oft so dargestellt:

„In Westdeutschland und West-Berlin entstammt die am
12./13. Januar 1980 in Karlsruhe gegründete Partei Die Grünen der Anti-Atomkraft- und Umweltbewegung, den Neuen
Sozialen Bewegungen, der Friedensbewegung und der Neuen
Linken der 1970er-Jahre."[1]

Die APO und die meisten ihrer politischen Nachfolgegruppen
waren **für** den technischen Fortschritt, weil er die Arbeitsbe-
dingungen verbessert. Also waren sie auch für Atomkraftwerke
(in Arbeiterhand). Der politische Fortschritt der ökologischen
Sichtweise kam von rechts und stellte das simple Koordinaten-
system links-rechts in Frage.

Allerdings war die Situation in den verschiedenen Bundesländern schwer vergleichbar.

Es gibt wichtige einzelne Persönlichkeiten, die Organisationen
aufgebaut oder beeinflusst haben, aus denen der Kreis derer
entstanden ist, die das erste Parteiprogramm der ‚Grünen' verfasst haben.

---

1   https://de.wikipedia.org/wiki/Bündnis_90/Die_Grünen

Aktionsgemeinschaft Unabhängiger Deutscher AUD:
August **Haußleiter** (1905-1989) von der CSU
Wolf-Dieter **Hasenclever** (19.11.1945 geboren) von der SPD

Die AUD vertrat Gewaltfreiheit, kritisierte den Vietnamkrieg, aber auch die Konsumgesellschaft, forderte direkte Demokratie, und verfolgte einen dritten Weg zwischen Kapitalismus und Kommunismus, wie ihn Dubček 1968 in der Tschechoslowakei vertreten hatte. 1969 wurde August Haußleiter Vorsitzender der AUD und setzte neue programmatische Schwerpunkte: Reale Demokratie, Pazifismus und Sozialismus der Zukunft.

Der Begriff des Sozialismus war ja auch den Nationalsozialisten nicht fremd, aber jetzt war die Forderung konkret, allen Wohnbesitz außer Eigenheimen in Genossenschaften zu verwandeln. Neutralität und Unabhängigkeit für eine Friedenspolitik standen ebenso im Maßnahmenkatalog wie Gesundheits- und Umweltschutz (auch Lebensschutz genannt) und Frauenpolitik. Die AUD gründete eine Lebensschutzbewegung. Statt der Wehrpflicht wurde die Schulung in gewaltlosem politischem Widerstand gefordert. Der Einfluss der politischen Parteien im Bundestag wurde angegriffen, sie wurden als die ‚wahren Verfassungsfeinde‘ tituliert. Ursprünglich eher ein konservativer Altherrenclub wurde die Partei – die zu Wahlen antrat (fast die Hälfte der Kandidaten auf der Liste der AUD 1976 waren Frauen) – für junge Leute aus der Umweltbewegung attraktiv. Josef **Beuys** war auch einer ihrer Kandidaten. 1978 schloss sich die AUD mit der Grünen Aktion Zukunft GAZ zusammen und löste sich 1980 auf in den ‚Grünen‘. Haußleiter wurde zunächst deren Sprecher und dann Bundesvorsitzender. Dieter **Burgmann** (gebo-ren 1939) war ebenfalls in der AUD und wurde 1980 in den Vorstand der Partei ‚Die Grünen‘ gewählt. Wolf-Dieter Hasenclever gründete später gemeinsam mit Wilfried **Kretschmann** die ‚Ökolibertären‘ als Gegenbewegung zu den ‚Ökosozialisten‘ in der ‚Grünen Partei‘.

Grüne Aktion Zukunft GAZ:
Herbert **Gruhl** (1921-1993)

Herbert Gruhl war Mitglied der CDU, Sprecher für Umweltfragen in Fraktion und Partei und einer ihrer wenigen Kritiker
von Atomkraftwerken. Er veröffentlichte 1975 das Buch ,Ein
Planet wird geplündert – Die Schreckensbilanz unserer Politik',
das ein Bestseller wurde. Er ging weiter als der ,Club of Rome',
der nur die Begrenztheit festgestellt hatte, und kritisierte das
kapitalistische Wirtschaftssystem. Die Wachstumsideologie
betrachtete er als grundsätzlich falsch, weil sie die Be-grenzt-
heit der Erde nicht akzeptiert und damit unsere Lebensgrundlagen zerstört, zumal das Bevölkerungswachstum ungebremst
sei. Eine Lösung durch technische Entwicklung hielt er für un-
zureichend und forderte stattdessen eine Umorientierung der
Wirtschaftsweise und des Konsumverhaltens. Den herrschenden Begriff von Wachstum, der sich auf Geldwachstum reduzieren lässt, lehnte er ab und forderte ökologische Prinzipien
für die Wirtschaftsweise. Deutlich sah Gruhl auch, dass die
Wirtschaftsweise der sogenannten ,kommunistischen' Gesellschaften sich nicht vom kapitalistischen Wirtschaften unterscheidet. Damit machte er sich nicht nur die bürgerlichen Parteien zu Feinden, sondern auch die kommunistischen Gruppen
russischer oder chinesischer Orientierung. Die Planwirtschaft
aber hatte nichts an den Zielen der Wirtschaft geändert, welche
lauteten: Aufholen, einholen, überholen der kapitalistischen
Wirtschaft. Gerade in der Technik war der schärfste Wettbewerb – von den Atomwaffen bis zur Weltraumerforschung –
obwohl dadurch der Konsum litt und die Grundbedürfnisse
schlecht befriedigt werden konnten. Das heutige China hat
umgeschaltet auf Kapitalismus im Wirtschaften. Interessan-
terweise war Gruhl als Konservativer, dem es um den Erhalt
der Erde ging, revolutionär für eine neue Wirtschaftsordnung
eingetreten, denn Wachstum ist das Schlüsselwort des Kapitalismus. Ohne Wachstum gerät er in eine existenzielle Krise.
Der angebliche Ratgeber von Gruhl, der Schweizer Professor

Hans Christoph **Binswanger** (1929-2018), hat sich für eine Ökosteuer engagiert, die er jedoch begrenzt, damit das Wirtschaftswachstum nicht zum Erliegen kommt. Es müsse weltweit mindestens 1,8 Prozent betragen. Das verträgt sich nicht mit Gruhls Kritik und ändert nichts an dem Wachstumszwang, den Gruhl abschaffen wollte.

Im Jahr 1975 wurde Gruhl Vorsitzender des Bundes für Umwelt- und Naturschutz (BUND). Ein Jahr später bei der Wahl zum Bundestag war er sehr erfolgreich, so dass ihm die CDU seine Sprecherfunktion entzog. Er kritisierte die Wachstumspolitik, die er wirtschaftlich und ökologisch für verkehrt hielt, die Forderung nach der Neutronenwaffe, die Korruption in der Partei und die Unterstützung des Nazis Filbinger. 1978 trat Gruhl aus der CDU wegen Kohls Industriegläubigkeit aus und gründete die ‚Grüne Aktion Zukunft GAZ'. Wenige Monate später schloss Gruhl sich mit der AUD Aktionsgemeinschaft Unabhängiger Deutscher zum Wahlbündnis AUD/Die Grünen zusammen und 1979 für die Europawahl zur ‚Sonstigen politischen Vereinigung Die Grünen'. Mit Petra Kelly hatten sie ein Rotationsprinzip für die Spitzenplätze festgelegt, und der Wahlslogan ‚Weder links, noch rechts, sondern vorn' machte deutlich, dass diese Gruppierung Neuland betrat. Die falsche (weil simplifizierende) Opposition ‚links-rechts' wurde von ihnen für diese neue Thematik der Ökologie abgelehnt.
Die ‚Grüne Aktion Zukunft GAZ' beteiligte sich im Januar 1980 an der Gründung der Partei „Die Grünen".

Dachverband der Umweltschutzinitiativen BBU:
Die Pazifistin und Feministin Petra **Kelly** (1947-1992) und der Jurist und Politiker Roland **Vogt** (1941-2018)
arbeiteten für den Umweltschutz im BBU.

Petra Kelly hatte in den USA studiert und war durch die gewaltfreie Bürgerrechtsbewegung gegen den Vietnamkrieg und den Rassismus inspiriert. Mahatma Gandhi und Martin Luther

King waren Vorbilder, aber auch Rosa Luxemburg, George Sand, Emma Goldman und Helen Keller. So wurde sie nach ihrer Rückkehr nach Deutschland zur gewaltfreien Feministin und Umweltaktivistin gegen Umweltbelastungen, Radioaktivität, Atomindustrie und Kriegsbedrohung ... Im Dachverband der Umweltschutzinitiativen BBU waren etwa 1.000 Initiativen mit einer halben Million Mitgliedern zusammengeschlossen. Petra Kelly war dort Mitarbeiterin seit 1972, insbesondere am Umweltmagazin des BBU, und wurde 1979 in den Vorstand gewählt. Im Jahr 1972 trat sie wegen Brandts Ostpolitik in die SPD ein und 1979 wegen Schmidts Zustimmung zur Stationierung von US-Atomraketen auf deutschem Boden wieder aus.

Roland Vogt kam von den ‚Jungen Europäischen Föderalisten‘, trat 1969 in die SPD ein und 1978 wieder aus, weil er überzeugter Atomenergie-Gegner war und sich seit 1975 aktiv in den Bürgerinitiativen gegen die AKW's in Wyhl, Fessenheim und Kaiseraugst engagierte. 1977 wurde er einer der Vorsitzenden des BBU, gründete sein Umweltmagazin, für das er auch schrieb, und war 1978 Mitbegründer der ‚Alternativen Liste für Demokratie und Umweltschutz‘ in Berlin. Gemeinsam mit Petra Kelly war Roland Vogt 1979 Spitzenkandidat der ‚Sonstigen Politischen Vereinigung‘ Die Grünen für die Europawahlen und koordinierte bis 1981 in Straßburg die Zusammenarbeit von grünen und radikaldemokratischen Parteien. Bis 1982 war er im Bundesvorstand der Grünen.

‚Dritter Weg‘ neben Kapitalismus und Kommunismus
Prager Frühling 1968 mit Alexander **Dubček** (1921-1992) und Ota **Šik** (1919-2004) **Freisoziale Union FSU** und Arbeitskreis Dritter Weg **Ak3W**
Listen dürfen an regionalen Wahlen teilnehmen, während zu Bundestagswahlen nur Parteien zugelassen werden. Sehr früh gibt es deshalb in regionalen Parlamenten VertreterInnen von grünen Listen. Etliche Jahre vor der Gründung der ‚Grünen Partei‘ kommen die unterschiedlichsten Atomkraftgegner gerade auch aus dem sogenannten bürgerlichen Lager.

In dieser Anfangszeit sind die Vertreter eines ‚Dritten Weges‘ (weder Kapitalismus noch Staatskommunismus) in der ‚Frei-sozialen Union‘ wie im ‚Arbeitskreis Dritter Weg‘ einflussreich, weil die politische Theorie des ‚Prager Frühlings‘ 1968 unter dem Tschechoslowaken Alexander **Dubček** nach der blutigen Unterdrückung seines Reformprogrammes im kapitalistischen Westen weit verbreitet wurde.

Die Wirtschaftsreform wurde von Ota **Šik** geleitet, der mehr Freiheit zulassen wollte, um das Wachstum zu fördern, ohne aber die Verstaatlichung zurückzunehmen. Nach dem militä-rischen Eingriff der Sowjetunion konnte Ota Šik in die Schweiz fliehen und sein Projekt theoretisch weiterverfolgen, in dem er den ‚dritten Weg einer humanen Wirtschaftsdemokratie‘ begründete. Die Eurokommunisten Italiens und Spaniens ver-wendeten auch den Begriff ‚Marktkommunismus‘. Šik wollte das Privateigentum an Grund, Boden und Produktionsmitteln nicht antasten, sondern einen Teil der Gewinne der Betriebe neutralisieren. Diese Kapitalneutralisierung, deren Anhänger auch der Schweizer Theo **Pinkus** (siehe oben unter Alterna-tivprojekte) war, sollte das Privateigentum in den Großbetrie-ben abschaffen. Die Probleme der Marktwirtschaft mit ihren zwangsläufigen Krisen sollten durch eine makroökonomische Wirtschaftsplanung behoben werden. Im Betrieb sollte Demo-kratie eingeführt werden: die Belegschaft wählt ihre Gremien.

Frei-Soziale Union FSU
Silvio **Gesell** (1862-1930)
Die FSU entstand am 9. September 1950 als Zusammenschluss der freiwirtschaftlichen Parteien aus den drei Westzonen.
Sie wurde laut Parteiprogramm damals mit dem Ziel gegrün-det, „die Erkenntnisse Silvio Gesells durch eine unabhängige politische Organisation zu verwirklichen“. Gesells Regional-geld als Antwort auf Inflation und Währungskrisen ist auch heute wieder aktuell, und die Kryptowährungen sind eine er-folgreiche Ausflucht vor der verzweifelten Willkür der Zentral-banken. Zugleich sind sie eine Lotterie für Geldbesitzer.

Die FSU erklärte: „Durch die Einführung der ‚Natürlichen Wirtschaftsordnung NWO' mit Freiland und Freigeld sollten die Ursachen für Wirtschaftskrisen, Umweltzerstörung und soziale Ungerechtigkeit beseitigt werden. Die unnatürliche Anwendung des Tauschmittels Geld, welches nichts weiter als der Gegenwert einer bestimmten Menge geleisteter Arbeit ist, das im bestehenden System selbst ohne weiteres Zutun vermehrt oder ohne Wertverlust, im Gegensatz zu Waren wie Nahrungsmittel oder Bekleidung, gehortet werden könne, führe zu Instabilität, zu einer ständigen Umverteilung von unten nach oben. Geld müsse genauso wie alle anderen Waren behandelt werden und demzufolge bei Hortung einem Wertverlust unterliegen. Geschehe dies nicht, würde das Kapital im Falle schlechter Renditeaussichten vom Markt zurückgehalten werden; erzeuge es nach Auffassung der FSU Arbeitslosigkeit. Zudem erleichtere der Landbesitz die Bodenspekulation. Die Freisoziale Union forderte die Umwandlung des Besitz- in ein Nutzungsrecht an Grund und Boden, welches dem Höchstbietenden zur ‚leihweisen'. Bewirtschaftung zur Verfügung gestellt werden solle."

Die FSU nennt sich heute Humanwirtschaftspartei.

Achberg und die Anthroposophie Rudolf Steiners (1861-1925)

Auch die Adepten der anthroposophischen Lehre Rudolf Steiners ließen sich davon beeinflussen und gründeten den ‚**Arbeitskreis Dritter Weg**', der Joseph **Beuys** 1973 zur Gründung der ‚**Freien Internationalen Universität FIU**' anregte.

Wilfried **Heidt** (1941-2012) war Leiter des Achberger ‚**Instituts für Sozialforschung**', wo er sich für die Umsetzung von Steiners Lehre engagierte. Beeinflusst vom Prager Frühling und befreundet mit Joseph Beuys beteiligte er sich an der Gründung der ‚Grünen Partei'.

Steiner kritisierte die Wirtschaftsweise und stellte den Idealen der französischen Revolution neue Begrifflichkeiten an die

Seite: Für Freiheit, Gleichheit und Geschwisterlichkeit setzte er Kultur, Recht und Wirtschaft. Heidt machte in Anlehnung an Prag daraus: Freiheit, Demokratie, Sozialismus.

In Achberg wurde Steiners Konzept der sozialen Dreigliederung, das er 1918 entwickelt hatte, ein Jahrhundert später mit illustren Gästen gefeiert[1]:

„Dass Rudolf Steiner 1919 die Idee der sozialen Dreigliederung formuliert hat, soll in Achberg im kommenden Jahr groß gefeiert werden: Der Verein *Soziale Skulptur* organisiert mit weiteren Mitstreitern ein dreitägiges Symposium, das Ende April im Humboldthaus stattfindet. Begleitet wird das Fest von einem Grußwort des baden-württembergischen Ministerpräsidenten Winfried **Kretschmann**, der Anfang der 80er-Jahre in Achberg über grüne Politik diskutiert hat. Organisator Rainer Rappmann freut sich, dass neben Kretschmanns damaligem Mitstreiter Wolf-Dieter **Hasenclever** auch der jetzige Bundesvorsitzende der Grünen, Robert **Habeck**, nach Achberg kommen will.

Der Achberger Rainer **Rappmann**, Hauptinitiator des Dreigliederungsfestes im April und Vorstandsmitglied des Vereins *Soziale Skulptur*, erinnert sich, dass Anfang der 80er Jahre das Thema Soziale Dreigliederung von vielen politisch Interessierten im Humboldthaus diskutiert worden ist. Darunter sind seinerzeit zwei junge Männer gewesen, die zu den ersten Grünen-Landespolitikern in Baden-Württemberg gehörten: Wolf-Dieter Hasenclever (damals Fraktionssprecher der Grünen im Landtag) und Winfried Kretschmann.

Der Achberger Einladung zum Dreigliederungssymposium kann der heutige Ministerpräsident Kretschmann aus Zeitgründen zwar nicht folgen. Aber Rappmann freut sich, von ihm ein Grußwort zum Treffen erhalten zu haben. Darin geht Kretschmann auf Steiners Idee der Dreigliederung ein: „Er stellte Kultur, Recht und Wirtschaft den Begriffen Freiheit, Gleichheit und Geschwisterlichkeit gegenüber", erinnert

---

1   Veröffentlicht: 09.10.2018, 17:38 Von: Schwäbische.de, Evi Eck-Gedler

Kretschmann, und das „mit dem Ziel, althergebrachte und scheinbar unüberwindliche Grenzen zwischen Staaten und Menschen zu überwinden sowie eine weltumspannende solidarische Wirtschaftsweise zu etablieren".

Kretschmann erläutert nicht, wie diese solidarische Wirtschaftsweise aussehen soll und wie sie aus dem Kapitalismus entstehen kann, zumal er ihn gar nicht abschaffen will. Dass der Achberger Verein *Soziale Skulptur* mit Rainer Rappmann diese Idee nun 100 Jahre später mit einem Fest und Symposium würdigt und sie „vor dem Hintergrund aktueller Entwicklungen neu zu Debatte stellt", findet Kretschmann gut.

Seine Teilnahme am Achberger Fest schon früh zugesagt hat hingegen Kretschmanns damaliger Mitstreiter Wolf-Dieter Hasenclever. Der frühere Landtagsabgeordnete, der zu den Gründungsmitgliedern der Grünen in Baden-Württemberg gehört, ist heute Professor für angewandte Wirtschaftsethik und Nachhaltigkeit. Er wird im Humboldthaus einen Gesprächskreis leiten zur Frage „Partei als Instrument der Gesellschaftsveränderung?".

Im Lindauer Raum politisch aktiv gewesen ist seinerzeit auch Gerald **Häfner**: Der Mitbegründer der Grünen in Bayern und spätere schwäbische und bayerische Landesvorsitzende der Grünen ist lange Jahre Bundestagsabgeordneter gewesen. Zwischen 2009 und 2014 arbeitete Häfner als Europa-Abgeordneter der Grünen in Straßburg, hat sich daneben für die Aktionen „Mehr Demokratie" und „Dritter Weg" engagiert. Heute leitet der 61-Jährige die Sozialwissenschaftliche Sektion am Goetheanum in Dornach in der Schweiz. Wenn Häfner und der Initiator der Bank für Gemeinwohl, Christian **Felber**, am Dreigliederungs-Wochenende an einem Podiumsgespräch teilnehmen, haben sie einen prominenten Politiker an ihrer Seite: den Grünen-Bundesvorsitzenden Robert Habeck. Der kann sicherlich auch auf seine Erfahrungen als Schleswig-Holsteiner Minister für Landwirtschaft, Umwelt und Energiewende zurückgreifen, wenn er mit Felber und Häfner sowie dem

Publikum darüber diskutiert, was die Politik konkret dazu beitragen könne, „dass das heutige Wirtschaftssystem in Richtung
Gemeinwohl und Brüderlichkeit verändert wird?".
Für den Abschlusstag des Symposiums ist außerdem eine Ge-
sprächsrunde geplant, in der sich Habeck und Häfner unter
anderem mit Johannes **Stüttgen**, dem ehemals engsten Mitarbeiter von Joseph Beuys, darüber austauschen wollen, wie sich
die Steinersche Idee der sozialen Dreigliederung in den nächsten 100 Jahren entwickeln könnte."

**Joseph Beuys (1921-1986) und die ‚Freie Internationale
Universität für Kreativität und interdisziplinäre Forschung
FIU‘** gemeinsam mit Klaus **Staeck** (geboren 1938), Rechtsanwalt und Satiriker
Am 22. Juni 1967, wenige Tage nach dem Tod des Studenten
Benno Ohnesorg, gründete Beuys die **Deutsche Studenten-
partei DSP.**
„Die Notwendigkeit der neuen Partei, deren wesentliches An-
liegen die Erziehung aller Menschen zur geistigen Mündigkeit
ist, wurde vor allem angesichts der akuten Bedrohung durch
die am Materialismus orientierte, ideenlosen Politik und der
damit verbundenen Stagnation ausdrücklich herausgestellt."
Um die Beschränkung auf Studenten aufzulösen, benannte
Beuys im März 1970 die „Deutsche Studentenpartei" um in
„Organisation der Nichtwähler, Freie Volksabstimmung".
Am 19. Juni 1971 kam es zur Gründung der **„Organisation für
direkte Demokratie durch Volksabstimmung"** mit dem Ord-
nungssystem von Geistesleben, Rechtsleben und Wirtschafts-
leben in Anlehnung an Steiner, das er im ‚Arbeitskreis Dritter
Weg‘ kennengelernt hatte. Es brachte Joseph Beuys 1973 zur
Gründung der ‚Freien Internationalen Universität FIU‘. Diese
‚Hochschule für Kreativität und interdisziplinäre Forschung‘
sollte das Bildungswesen grundlegend erneuern und Schulen
und Hochschulen von der Bevormundung durch den Staat
befreien. Die FIU bestand als eingetragener Verein zur Erfor-
schung der Zukunft bis 1988. Sie forderte ähnlich wie andere

Beteiligte an ‚Grünen Listen' mehr Demokratie beziehungsweise direkte Demokratie. Beuys engagierte sich als Künstler
für ein anderes Bildungswesen und schimpfte: „Das System ist
kriminell, der Staat zum Feind des Menschen geworden!" Die
Aktionsgemeinschaft Unabhängiger Deutscher (AUD) machte
ihn 1976 zu ihrem Spitzenkandidaten in Nordrhein-Westfalen.
1979 kandidierte Joseph Beuys für das Europaparlament als
Direktkandidat für ‚Die Grünen' und gewann Rudi Dutschke
für gemeinsame Wahlkampfauftritte. Beuys war an der Parteigründung der ‚Grünen' beteiligt.

Rudi Dutschke (1940-1979)

Rudi Dutschke kam aus der DDR nach West- Berlin und in
die Bundesrepublik Deutschland BRD, wo er die Notwendigkeit einer **Außerparlamentarischen Opposition APO** mit
der Trennung zwischen Politikern und Bevölkerung begründete. Das Parlament würde ohne Kontakt zu den Menschen
herrschen. Gegen den Pseudosozialismus der DDR und die
Pseudodemokratie der BRD setzte er das Modell einer wirklich sozialistischen, rätedemokratischen Republik am Beispiel
eines Entwurfs für Berlin. Sie sollte das Vorbild für ein wiedervereinigtes Deutschland sein. Er kritisierte die autoritären
Persönlichkeiten und faschistischen Strukturen in den gesellschaftlichen Verhältnissen und rief zu einem **Marsch durch
die Institutionen** auf, um in allen gesellschaftlichen Bereichen
menschliche, gleichberechtigte Beziehungen herzustellen.
Angesichts der brutalen Gewalt der USA im Vietnamkrieg,
der Gewalt von Kolonialmächten des ‚Westens' in ihren Kolonien, der Gewalt von Diktaturen in Lateinamerika und des
Paktierens West-Deutschlands mit dem Schah von Persien
distanzierte er sich nicht von Gewalt in Befreiungskämpfen,
zumal am 2. Juni 1967 ein demonstrierender Student in Berlin von einem Polizisten erschossen wurde. Er schloss Gewalt
jedoch für sich persönlich aus. Die Medien und Politiker hetz-
ten gegen Rudi Dutschke, so dass ein Fanatiker ihn mit einem
Kopfschuss fast umgebracht hätte. Er blieb auch nach diesem

Attentat, das er überlebte und ihn letztlich doch vor der Zeit ins Grab brachte, ein wichtiger Theoretiker. Insbesondere seine Arbeit über Lenin begründete, warum die sowjetrussischen Bolschewiki scheitern mussten: Sie waren eine Partei-Elite, die von oben ein neues System auf die ‚halbasiatische Produktionsweise' Russlands aufpfropfen wollte.

Dutschke engagierte sich in den siebziger Jahren auch im ‚**Sozialistischen Büro SB**', das mit der Strategie von politischer Veränderung in den verschiedenen gesellschaftlichen Arbeitsfeldern (Betriebe, Schulen, Universitäten, Sozialarbeit, Gesundheitsberufe …) seine Vorstellungen von Basisbewegungen realisierte, und sah den Zeitpunkt gekommen, die außerparlamentarischen Bewegungen im Parlament zu vertreten. Dazu später mehr bei Andreas Buro und Klaus Vack.

So beteiligte Rudi Dutschke sich seit 1976 an dem Aufbau einer ökosozialistischen, grünalternativen Liste, Grünen Liste BGL in Bremen (s.u.), wo er mit Olaf Dinné einen Gleichgesinnten hatte. 1979 bekam die BGL 5,1 % der Stimmen und wurde die erste grüne Partei in einem Landesparlament, aber Dutschke war schon an den Folgen des Schusses gestorben.

Bremer Grüne Liste BGL
Der Bremer Apo-Aktivist Olaf **Dinné** (1937 geboren)
Der Bremer Ostermarschierer Peter **Willers** (1935-2021)
Olaf Dinné gehörte 1964 zum Gründungs-Kollektiv der Diskothek ‚Lila Eule' (Jazz, Rock, Punk, aber auch Kabarett), die zum Zentrum der APO wurde. 1967 holte er Rudi Dutschke für eine Rede ins Lokal.
Als SPD-Mitglied organisierte Dinné den Widerstand gegen ein sogenanntes Sanierungskonzept von SPD-Führung und SPD-nahem Baukonzern ‚Neue Heimat', dem die alte Bausubstanz des Bremer ‚Viertels' zum Opfer fallen sollte, um die Stadt autofreundlicher zu machen (vergleichbar der Ost-West-Straße in Hamburg). Dieses technokratisch-industrielle Fortschrittsdenken war in der Bevölkerung des ‚Viertels' und großen Teilen der SPD nicht durchzusetzen, und auch gegen

das geplante AKW an der Weser in Esenshamm mobilisierten Dinné und sein SPD-Ortsverein Altstadt eine starke Bewegung, die zwar den Ausstoß an Radioaktivität stark reduzieren, aber den Bau nicht verhindern konnte. So trat Dinné mit mehr als 20 Mitstreitern – zu denen auch Peter Willers gehörte – aus der SPD aus.

Sie gründeten die ‚Bremer Grüne Liste‘ BGL, gemeinsam mit der ‚**Partei Freier Bürger**‘, einer Abspaltung von der CDU, die versucht hatte, eine Bremer CSU aufzubauen (Freundeskreis Franz-Josef Strauß). Die BGL war die erste Grüne Liste, die (mit mehr als 5 %) 1979 in ein Landesparlament einzog. Dann aber wurde ein Landesverband der ‚Grünen Partei‘ gebildet, der Peter Willers abwerben und zum Spitzenkandidaten machen konnte und als einzige Liste 1983 in die Bürgerschaft gewählt wurde. Eine dritte Liste hatte die DKP aufgestellt.

Peter Willers engagierte sich seit Ende der 50er Jahre politisch gegen die Atombewaffnung, nahm an Ostermärschen teil, ging in die Internationale der Kriegsdienstgegner IDK und demonstrierte gegen die Notstandsgesetze. Trotzdem trat er 1970 in die SPD ein und war dort auf verschiedenen Posten aktiv, bis er 1978 wegen der Atompolitik wieder austrat. Im Bremer ‚Arbeitskreis gegen radioaktive Verseuchung‘ begann seit 1972 sein Kampf gegen AKWs. 1974 veranstalteten europäi-sche Umweltverbände in Bremen die Aktionskonferenz Nordsee. 1974 wurde er Sprecher der ‚Bürgeraktion Küste BAK‘, in dem sich mehr als hundert Initiativen zusammengeschlossen hatten. 1978 kam er in den Vorstand des Bundesverbandes Bürgerinitiativen Umweltschutz BBU.

1979 im Februar war er Mitbegründer der Bremer Grünen Liste, kam mit Olaf Dinné, Axel Adamietz und Delphine Brox in das Landesparlament und im Herbst sprach er auf der Bonner Kundgebung vor 150.000 Demonstranten. 1980 war Willers Teilnehmer und Mitorganisator der ersten deutschen Greenpeace-Aktion, der Blockade eines Dünnsäuretankers auf der Weser. Im Februar 1982 trat er aus der BGL aus und arbeitete

später politisch-parlamentarisch für die ‚Grüne Partei‘.
Die Ampel-Koalition 1991 war für ihn das Ende seiner Mitarbeit.

Grüne Liste Hessen GLH
Alexander **Schubart** (1931-2016) und die **BI Startbahn West**
Jutta **Ditfurth** (geboren 1951) und der **Ökosozialismus**
Joschka **Fischer** (geboren 1948) und der ‚**Revolutionäre Kampf**‘
Daniel (Dany) **Cohn-Bendit** (geboren 1945) und die **Spontis**
Tom **Koenigs** (geboren 1944) und der **Internationalismus**

Schubart war verbeamteter Jurist und Magistratsdirektor. Von der SPD kommend, die er wegen ihres Wachstumskurses angriff und verließ, wurde er Spitzenkandidat der GLH. Im Frankfurter Nordend bekam die GLH 5,5 Prozent der Stimmen. Schubart wurde Sprecher der BI Startbahn West gegen die Flughafen-Erweiterung in Frankfurt/Main. Da es dort 1981 zu gewaltsamen Auseinandersetzungen kam, wurde er zu einer Gefängnisstrafe verurteilt und vom Dienst suspendiert.

Jutta **Ditfurth**, die ihren Adelstitel schon früh abgelegt hatte, ist diplomierte Soziologin, Autorin und Schriftstellerin. Politisch undogmatisch engagiert sie sich seit den 70er Jahren internationalistisch, feministisch, gegen AKWs und für Frieden. 1978 gründete sie die ‚**Grüne Liste – Wählerinitiative für Demokratie und Umweltschutz**‘ und anschließend die ‚**Grüne Liste Hessen**‘ mit.

Ditfurth vertritt, dass schon bei Marx die Ausbeutung der Natur und des Menschen, die soziale und die ökologische Frage zusammengehörten, dass also die ökologischen Probleme im Kapitalismus nicht zu lösen sind, weil die Umweltzerstörung dem technischen Fortschritt immanent ist. Technik ist nicht wertneutral – wie an der Atomkraft offensichtlich.

Joseph ‚Joschka‘ **Fischer**, brach die Schule früh ab und wollte Fotograf werden. Dann kam die Studentenrevolte 1967. Er arbeitete im SDS-Verlag ‚Neue Kritik‘ und in der Buchhandlung

,Libresso.' An der Frankfurter Universität besuchte er Vorlesungen von Adorno, Habermas, Negt ... und radikalisierte sich
in der Gruppe ,Revolutionärer Kampf RK', die den Kampf in
den Fabriken mit Krankfeiern, Arbeitsniederlegungen, Streiks,
Sabotage ... propagierten und die Arbeitermacht in Westeuropa durch ,spontane' Massenaktionen erobern wollten, weshalb
seine Anhänger eben auch ,Spontis' genannt wurden.

Dieses Attribut täuscht. Sie handelten nicht spontan aus einem
Gefühl heraus, sondern versuchten, Empörung in der Arbeiterschaft für spontane Aufstände zu erzeugen. Die Nähe zur
,Roten Armee Fraktion RAF' war insbesondere in der Frage der Gewalt eindeutig, weil die Gewalt im revolutionären
Kampf gerechtfertigt ist. Dazu gehörte auch das Konzept der
Stadtguerilla von Carlos Marighella. Fischer ging für einige
Zeit in den Betrieb von Opel, besuchte auch die Palästinensische Befreiungsorganisation PLO in Algerien. Er gründete
die Karl-Marx-Buchhandlung mit Dany Cohn-Bendit, Tom
Koenigs und anderen SDS-lerInnen. Sie war ein Kollektiv mit
Einheitslöhnen. Fischer war ein begabter Redner, konnte emotional begeistern. Von der Gewalt distanzierte er sich nicht erst
bei den ,Grünen', sondern 1976 auf dem Pfingstkongress des
Sozialistischen Büros (siehe unten). Später allerdings, als Minister, engagierte er sich für den Krieg.

Daniel **Cohn-Bendit**, Dany le Rouge (wie der gerade erst
23-jährige Sprecher der Studentenbewegung im Mai 68 in Paris bei der Revolte genannt wurde, die darüber hinaus auch ein
massenhafter Aufstand von Arbeitern mit Betriebsbesetzungen
war) ist in Deutschland und Frankreich politisch aktiv. Nach
der Ausweisung 1968 ging er nach Frankfurt, schrieb das Buch
„Linksradikalismus – Gewaltkur gegen die Alterskrankheit
des Kommunismus" und hörte Vorlesungen der linken Philosophen Adorno und Habermas. Er engagierte sich gegen den
Vietnamkrieg, solidarisierte sich mit den Kaufhaus-Brandstiftern der ,RAF', engagierte sich im ,Revolutionären Kampf RK',
freundete sich dort mit Joschka Fischer an und agitierte mit

ihm bei Opel, wo beide nach einem halben Jahr entlassen wurden. Im ‚RK' gab es eine ‚Putzgruppe', die mit Helm, Knüppeln und Molotow-Cocktails den Straßenkampf gegen Polizisten führte, der auf beiden Seiten eskalierte. Fischer gehörte dazu, auch Hans-Joachim Klein, der mit den ‚Revolutionären Zellen' (ähnliche Gruppe wie die RAF) Attentate verübte.

Fischer distanzierte sich 1976 vom bewaffneten Kampf: Bei einem Kongress des Sozialistischen Büros auf dem Frankfurter Römerberg, Pfingsten 1976, hielt er eine Rede. Ich kann mich gut erinnern, wie erleichtert und begeistert wir waren, dass er sich von dem Konzept der ‚Stadtguerilla' distanzierte:
„Je isolierter wir politisch wurden, desto militärischer wurde unser Widerstand ... desto einfacher war es für die Bullen, uns von Polit-Rockern zu Terroristen umzustempeln. Und auf den Landfriedensbruch die kriminelle Vereinigung und Mordanklage folgen zu lassen ... Gerade weil unsere Solidarität den Genossen im Untergrund gehört, weil wir uns mit ihnen so eng verbunden fühlen, fordern wir sie auf, runterzukommen von ihrer ‚bewaffneten Selbstisolation', die Bomben wegzulegen und die Steine ... wieder aufzunehmen."

Als Klein sich 1977 von der Gruppe lossagte, besorgte Cohn-Bendit ihm eine Wohnung (die er auch finanzierte) und versprach anderen Aussteigern in seiner Sponti-Zeitung ‚Pflasterstrand' Solidarität. Er engagierte sich im Häuserkampf für die Hausbesetzungen, um den Abriss zu verhindern. Als Jude verwahrte er sich dagegen, dass die Kritik am Immobilienmakler Ignatz Bubis Antisemitismus sei. 1977 erschien sein Buch ‚Der große Bazar' mit Interviews zu seiner politischen Rolle. In seinem Buch hatte sich Cohn-Bendit auch provozierend zur tabuisierten Sexualität von Kindern und dem verklemmten Umgang der Erwachsenen damit geäußert, was später in der ‚Grünen Partei' zum Skandal wurde.

„Es ist mir mehrmals passiert, dass einige Kinder meinen Hosenlatz geöffnet und angefangen haben, mich zu streicheln. Ich

habe je nach den Umständen unterschiedlich reagiert, aber ihr Wunsch stellte mich vor Probleme. Ich habe sie gefragt: ‚Warum spielt ihr nicht untereinander, warum habt ihr mich ausgewählt und nicht andere Kinder?‘ Wenn sie darauf bestanden, habe ich sie dennoch gestreichelt.

Da hat man mich der ‚Perversion‘ beschuldigt. Unter Bezug auf den Erlass gegen ‚Extremisten im Staatsdienst‘ gab es eine Anfrage an die Stadtverordnetenversammlung, ob ich von der Stadtverwaltung bezahlt würde. Ich hatte glücklicherweise einen direkten Vertrag mit der Elternvereinigung, sonst wäre ich entlassen worden.

Die antiautoritäre Bewegung hat in Deutschland am stärksten in der Kindererziehung eingeschlagen. Die Kommunebewegung war mit der Entstehung der antiautoritären Kinderläden verbunden. Reich und Marx waren die theoretischen Grundpfeiler der Bewegung in Deutschland. Weniger Freud, denn Freud hat die Sexualität objektiv untersucht, während Reich den Kampf für die Sexualität verkörpert, vor allem für die Sexualität der Jugendlichen.

Eines der Probleme im Kindergarten war, dass die Liberalen die Existenz der Sexualität allenfalls anerkannten, während wir versucht haben, sie zu entwickeln und uns so zu verhalten, dass es den Kindern möglich war, ihre Sexualität zu verwirklichen.“[1]

„In den 80er Jahren (…) stießen sich in der Odenwaldschule Lehrer daran, dass Schüler miteinander Sex hatten – und die Schule dies als Normalität hinnahm. Einige Lehrer protestierten, der Pädagoge Salman Ansari forderte damals eine Schulversammlung, um die Grenzen von Körperlichkeit und Sexualität eindeutig zu definieren. Tatsächlich kam es dann zu der Versammlung – aber ganz anders, als Ansari sich das vorgestellt hatte.

Gerold Becker, der damalige Schulleiter, berief kurzerhand eine Versammlung ein, bei der ein berühmter Sohn der Schule den

---

1   Auszug aus: Daniel Cohn-Bendit, „Der große Basar“ (Trikont Verlag, 1975). Zitiert aus der „Emma“ https://www.emma.de/artikel/daniel-cohn-bendit-ich-hatte-lust-264015

Weg in den Odenwald fand: Daniel Cohn-Bendit. Sein Auftritt wurde ein Triumph – für die sogenannten Kinderfreunde. In die Sexualität der Schüler habe sich niemand einzumischen, donnerte Dany. (…) Das promiske und – wie wir heute wissen – pädosexuelle Internat im Odenwald blieb grenzenlos."[1]

Dany Cohn-Bendit war und ist ein Medienstar mit einer langen politischen Geschichte, der die Öffentlichkeit gesucht und gebraucht hat.

Gern hat er provoziert und radikale Positionen eingenommen, zuletzt, als er die Kandidatur von Emanuel Macron zum Präsidenten Frankreichs unterstützte. So hat er auch in prüden Zeiten offen über Sexualität insbesondere von Kindern gesprochen. Als Erzieher war das für ihn ein Thema, zwangsläufig. Wilhelm Reichs Schriften über sexuelle Repression hatten wir ebenso gelesen wie Berichte über Alexander Sutherland Neill und seine 1924 gegründete antiautoritäre „Summerhill-Schule", und auch die Reformideen der Odenwaldschule haben wir begrüßt. Nichts beweist, dass Dany als Erzieher die Grenzen überschritten hat. „In die Sexualität der Schüler habe sich niemand einzumischen" ist keine Aussage eines Pädophilen, im Gegenteil.

In Hessen gab es 1978 zwei Initiativen für die Landtagswahl: Die ‚Grüne Liste Umweltschutz GLU' von Gruhl und die ‚Grüne Liste Hessen GLH' mit Jutta Ditfurth. Die GLU wurde von Cohn-Bendit mit der Forderung provoziert, dass er den Innenministerposten wolle, um Haschisch und Marihuana zu legalisieren. Die GLH kritisierte er als zu angepasst. Das ist deshalb von Interesse, weil er (anders als 1978) zehn Jahre später die Position von Ditfurth als fundamentalistisch bezeichnete. Gruhl lehnte die Aufnahme der Spontis verständlicherweise ab.

Mit der ‚Sponti-Wählerinitiative' wollte Cohn-Bendit sich bei

---

1   taz 14.9.2013 https://taz.de/Cohn-Bendit-und-Kindesmissbrauch/!5069298/

den Grünen engagieren und Verbindung zum linken Flügel der SPD herstellen, obwohl Ökologie für ihn bis dahin kein Thema gewesen war. Erst nach der Landtagswahl 1982, bei der die ,Grünen' 8 Prozent der Stimmen erhielten, traten die Mitglieder der ,Sponti-Wählerinitiative' in die Partei ein. Für das erste Programm waren sie bedeutungslos, aber das sollte sich sehr ändern.

Politischer Kampf – Exkurs zur Gewaltfrage

Es gibt eine Trennlinie zwischen Linken in der Frage der Bewaffnung und der Gewalt gegen Personen. Viele Befreiungskämpfe in der ‚dritten' Welt wurden mit bewaffneter Gewalt gewonnen, ihre Kämpfer wurden als Helden besungen. Die italienische Gruppe ‚Lotta continua' feierte das bewaffnete Volk, Wolf Biermann besang den Kampfhelden ‚Commandante Che Guevara', nicht nur die ‚revolutionären' K-Gruppen und Spontis, sondern auch die ‚revisionistischen' Kommunisten bis hin zur DKP besangen den Klassenkampf mit dem Gewehr: „Auf auf zum Kampf sind wir geboren!" Zweifellos hat die Ohnmacht angesichts der brutalen Gewalt des Staates zur gewaltsamen Revolte oder zum Aufstand geführt und tut es immer wieder. Aber wenn es kein Volksaufstand ist, sondern nur ein neues Regime, das bestenfalls die Macht militärisch erobert, errichtet es darauf seine neue und nur dank dieser Militärmacht doch wieder alte Gesellschaft. Zum Beispiel: Das heutige Kuba ist anders als die von den USA geliebte Diktatur Batista, aber eine Diktatur ist es trotzdem, jetzt auch ohne einen Castro.

Eine Ohnmacht hat auch uns ‚68er' ergriffen, als Benno Ohnesorg am 2. Juni 1967 von der Polizei erschossen und Rudi Dutschke am 11. April 1968 von einem (durch die BILD und andere Medien) aufgehetzten Arbeiter so angeschossen wurde, dass er nie genesen konnte, sondern ein Jahrzehnt später an den Folgen starb. Manch einen hat es in die Selbstzerstörung im Untergrund getrieben, denn zuerst wurden die gewaltbereiten Kämpfer polizeilich und gerichtlich verfolgt. Wir anderen haben Rudi Dutschkes proklamierten ‚Marsch durch die Institutionen', die Veränderung der Bundesrepublik, ihrer Kultur, ihrer politischen Verhältnisse in allen Lebensbereichen gefordert und viele Veränderungen durchgesetzt. Dagegen hat der Staat mit dem Exkommunisten Willy Brandt an der Spitze Berufsverbote ausgesprochen, um auch die unbewaffneten Kritiker auszuschalten.

In diesem Sinne hat Rudi Dutschke bei der Beerdigung von

Holger Meins (aus der Roten Armee Fraktion RAF) am Grab den Satz gesprochen: „Holger, der Kampf geht weiter!", denn die Repression kam von der SPD und richtete sich gegen alle Gesellschaftskritiker. Dutschke hat sich am Aufbau des ‚Sozialistischen Büros SB' und später der ‚Grünen' beteiligt.

Grüne Liste für Umweltschutz in Niedersachsen:
Der **freisoziale Lebensreform**er Georg **Otto** (1928-2021)
Carl **Beddermann** (1942-2020) und die niedersächsische ‚**Umweltschutzpartei USP**'
Martin **Mombaur** (1938-1990) und die **Bürgerinitiative Umweltschutz Lüchow-Dannenberg**
Der Lehrer Helmut **Lippelt** (1932-2018) von der SPD

1973 begann der Kampf gegen den Bau des **AKW Grohnde** in Niedersachsen. Der ‚**Weltbund zum Schutz des Lebens**' rief zum Widerstand auf. Er verstand sich als Dachverband für alle Bewegungen zum Schutz der Natur, der Tiere und der Menschen. Diese 1960 gegründete deutsche Gruppe des Weltbundes wendete sich gegen Industrie und Technik, weil sie die natürlichen Lebensverhältnisse zerstören. Sie knüpften an die ‚**Lebensreformbewegung**' an, die seit Beginn des 20. Jahrhunderts für ein Leben im Einklang mit der Natur eingetreten war. Die Nationalsozialisten haben diese Reformbewegung ebenso wie den Sozialismus pervertiert und den arischen Rassismus gegen Slawen und Juden hinzugefügt. Solche Rassisten fanden sich zum Teil im ‚Weltbund' wieder. Dennoch waren Lebensreformer die ersten, die gegen Atomkraft als Bombe agierten und sich auch gegen ihre ‚friedliche' Variante äußerten.

Der Lehrer Georg Otto (1928-2021) aus dem ‚**Bund freisozialer Lebensreformer**' ging erst in die ‚**Freisoziale Union FSU**', dann in den ‚**Weltbund zum Schutze des Lebens**', den ‚**Arbeitskreis Dritter Weg A3W**', eine ‚**Grüne Umweltschutz-Liste**' und die SPD. 1977 verließ er sie wieder und gründete mit dem Oberregierungsrat Carl Beddermann eine ‚**Umwelt-**

schutzpartei USP', aus der im selben Jahr die Partei ‚**Grüne Liste Umweltschutz GLU'** wurde. Im Juli 1978 wurde Otto zum Vorsitzenden der GLU- Niedersachsen gewählt. Bei der Landtagswahl in Niedersachsen 1978 trat sie mit dem Spitzenkandidaten Martin Mombaur aus Gorleben an, die bei der Landtagswahl fast 4 Prozent bekam. Mombaur war 1977 Mitbegründer des Kreisverbandes Lüchow-Dannenberg der Grünen Liste Umweltschutz (GLU) und wurde zum Kreisvorsitzenden. 1980 wurde er Bundesvorsitzender des **Bundesverbandes der Bürgerinitiativen Umweltschutz BBU.**

1980 war Otto Mitbegründer der Grünen Bundespartei und Organisationsleiter des ersten Bundesvorstandes, wohingegen Beddermann wieder verschwand. Otto beteiligte sich weiter an außerparlamentarischen Initiativen und gründete auch eine Zeitschrift „Alternativen für eine ökologische, soziale, basisdemokratische und gewaltfreie Gesellschaft.

Der Historiker Lippelt wurde 1974 Gemeinschaftskundelehrer. Er war von 1964 bis 1977 Mitglied der SPD und demonstrierte gegen die geplanten AKWs in Brokdorf, Gorleben, Hannover und Bonn. 1978 gründete er die GLU mit und wurde ihr Vorsitzender bis zur Verschmelzung mit den GRÜNEN. Er gehörte zu den Satzungs- und Programmkommissionen. 1980 bis 1981 war er im Bundesvorstand der GRÜNEN,

Das war in Niedersachsen der eine Strang der Anti-AKW-Bewegung, der zur Gründung der ‚Grünen Partei' führte und an eine außerparlamentarische ebenso wie parlamentarische Opposition aller politischen Richtungen anknüpfte, die mit Sorgen auf die zerstörerischen Wirkungen des Kapitalismus blickten und die ‚Grüne Partei' aufbauten. Der andere Strang sind die sogenannten linken Gruppen. Dazu später mehr.

Die Breite in der parteipolitischen Vertretung wird in der Folge verlo-ren gehen. Aber ich möchte an dieser Stelle festhalten, dass die deutsche ökologische Bewegung mit dem **links-rechts-Schema** nicht zu verstehen ist. Ihre Stärke lag gerade darin, dass sie dieses Schema überwunden hatte.

Australien hat gezeigt, dass es auch anders geht: Erfolgreich war die australische Gruppe des ‚Weltbundes zum Schutze des Lebens‘ im Kampf gegen das erste AKW-Projekt. Danach war gegen Uran-Abbau und Atomwaffentests die wichtigste Organisation ‚**Friends of the earth**‘. Das deutsche Mitglied dieser Basisbewegung ist der **BUND**. Er wurde 1975 als ‚**Bund Natur und Umweltschutz Deutschland** e. V.‘ von Umweltschüzern gegründet, deren politisches Spektrum als eher konservativ, aber trotzdem kritisch zu bezeichnen ist.

Ein gutes Beispiel für radikale Kritik war **Horst Stern** mit seinen Fernsehsendungen ‚Stern-Stunden‘, in denen er kein Blatt vor den Mund nahm. Stern hatte genauso wie **Herbert Gruhl** oder der erste Vorsitzende **Bodo Manstein** den 2. Weltkrieg mitgemacht und gehörte zur ersten Generation nach dem Krieg, die in den 50er und 60er Jahren schon Umweltschutzpolitik betrieben. Manstein war 1930 als 19-Jähriger NSDAP-Mitglied geworden. Inwieweit die Zerstörungen durch den Krieg sie zur Ökologie bewegt haben, kann ich nicht sagen. Aber sie waren auch noch bestimmend in den 70er Jahren, als die Nachkriegsgeneration sich einzumischen begann, und sie waren das Fundament, auf dem die Partei der ‚Grünen‘ aufbaute. Sie gehörten zu denen, die das faschistische Denken und Wirken nicht unhinterfragt weitertranspor-tierten. Der Mediziner Manstein schrieb 1952 ein erfolgreiches Buch, das ein erster Schritt zur sexuellen Befreiung der Frau war: ‚Tagebuch einer Frau‘. Mit seinen Tabellen konnten Frauen ihre fruchtbaren Tage bestimmen. Er kritisierte die Luftverschmutzung, die Entfesselung der Technik, die Entwicklung zur Überbevölkerung (dabei blieb er Rassist) oder die Atomindustrie. Er arbeitete mit **Nikolaus Koch** zusammen, der den ‚**Kampfbund gegen Atomschäden**‘ gründete, und wollte mit Freiwilligen die Atomversuche der USA im Pazifik stören.

Gorleben mit dem Atommüll-Lager und das AKW **Grohnde** waren die beiden Brennpunkte in Niedersachsen, die noch andere Akteure auf den Platz brachten. Wie in Wyhl am Kaiserstuhl war es in Gorleben die ländliche Bevölkerung, die vor allem als Betroffene auf die Straße ging, deren Demonstrationen von den Bauern auf ihren Treckern angeführt wurden. Wie in Wyhl war es auch die Unterstützung aus der Stadt, die ein Widerstandsdorf auf dem Bauplatz in Gorleben genau wie in Grohnde baute. Während die Räumung des besetzten Platzes in Gorleben noch glimpflich ablief, wurde in Grohnde ein Exempel brutaler Gewalt exerziert. Polizei hoch zu Ross mit einer Meute freilaufender Schäferhunde vertrieb die Platzbesetzer, die uns um Hilfe gerufen hatten, so dass ich um mein Leben fürchtete.

Die grüne Bewegung hatte in Gorleben ein Zentrum, weil sich die Politik verrannt und verkalkuliert hat. Das dünnbesiedelte Randgebiet an der Grenze zur DDR schien ideal, um den Müll zu verstecken. Man dachte, es reiche aus, ein paar Dörfler zu bestechen wie in Brokdorf. Mit der Abschaffung der ‚Zonen'-Grenze veränderte sich die Lage drastisch, denn nun war mit Berlin außer Hamburg eine weitere Millionenstadt von dort aus gut erreichbar. Heute ist das ursprünglich slawische Wendland Naherholungsgebiet der Hauptstadt, und es ist erwiesen, dass der Untergrund nicht geeignet ist, um dort radioaktiven Abfall zu entsorgen.

Helmut **Lippelt** (1932-2018), Historiker, Mitglied der SPD bis 1977, war an der Gründung der GLU Niedersachsen beteiligt und wurde 1980 in den Bundesvorstand der ‚Grünen' gewählt. Wie Otto gehörte er zu der Generation, die den Faschismus nicht mitgetragen, sondern miterlitten hatte.

Die GLU Niedersachsen löste sich zugunsten des Landesverbandes der Grünen Partei auf.

Grüne Liste für Umweltschutz in **Schleswig-Holstein**
Der **biodynamische** Landwirt Baldur **Springmann**

Im Kreis Steinburg, wo das AKW Brokdorf steht, und im Kreis Nordfriesland, wo ein weiteres AKW gebaut werden sollte, kandidierten Grüne Listen zur Kommunalwahl 1978 und zogen mit mehr als 6 Prozent der Stimmen in die Kreistage ein. Sie schlossen sich zur **Grünen Liste Schleswig-Holstein** GLSH zusammen, die zwar ein Jahr später bei der Landtagswahl scheiterte, sich aber bei der Europawahl 1980 an der gemeinsamen Liste ‚Die Grünen' und anschließend der Gründung der ‚Grünen Partei' beteiligte. Der 1939 geborene Pädagoge Boje **Maassen** war eine der führenden Personen in Nordfriesland und Mitbegründer der Grünen Liste ebenso wie der Grünen Partei.

Baldur **Springmann** (1912-2003) war eine zentrale Figur in der GLSH. Im Dritten Reich war er in der Partei, in der SA und der SS. Nach dem Krieg ging er in die freireligiöse Gemeinschaft der Unitarier, in den fünfziger Jahren begann er mit der ökologischen Landwirtschaft in anthroposophischer Richtung und wurde Mitglied in der ‚**Internationale der Kriegsdienstgegner** IDK' von den ‚War Resisters International'. Sein Hof wurde 1970 für den **Zivildienst** anerkannt, so dass er Kriegsgegner beschäftigen konnte. Im ‚**Weltbund zum Schutz des Lebens**' wurde er in Schleswig-Holstein Vorsitzender und kämpfte gegen das AKW Brokdorf. Er wurde auch einige Zeit Vorsitzender der ‚**Aktionsgemeinschaft unabhängiger Deutscher AUD**', trat aber 1978 aus und gründete die ‚**Grüne Liste Schleswig-Holstein**' mit. Für die Europawahl kandidierte er mit Petra Kelly, Herbert Gruhl, Roland Vogt und Joseph Beuys. Springmann teilte den Platz mit Manfred **Siebker** vom ‚**Club of Rome**' und war einer der Gründer der ‚Grünen Partei' 1980.[1]

Allerdings verließ Springmann noch im selben Jahr die Partei, weil und auf welche Art sich die Kommunisten bei der Vorstandswahl durchgesetzt hatten, und gründete 1982 mit Herbert Gruhl die **Ökologisch-Demokratische Partei** ÖDP. Später war er ein Vertreter des Bioregionalismus.

1 Aurelio Peccei, Manfred Siebker: Die Grenzen des Wachstums. Fazit und Folgestudien, rororo, Reinbek bei Hamburg 1974. ISBN 3-499-16905-3

Es gibt dazu ein interessantes Zitat von Springmann:
„Wir müssen nun endlich alle noch vorhandenen Rudimente von blind fortschrittsgläubigem, kapitalismushörigem Hurra-patriotismus in die für unsere Zeit so bitter notwendige Mutter-landsliebe verwandeln. Welch ein Glück, dass es für diese Ver-wandlung einen Zauberstab gibt. Er heißt Bioregionalismus."[1]

Man macht es sich zu einfach, wenn man Springmann nur als rechtsradikalen Sektierer abtut. Die Unitarier haben sektiere-rische Züge, doch die Katholiken oder Protestanten auch, nur dass ihre Mitgliederzahlen höher sind. Deren Missbrauchs-skandale sind aber auch zahlreicher. Die Anthroposophen mit ihrem Halbgott Rudolf Steiner haben gleichfalls Sektencha-rakter, aber ihre Landwirtschaft ist zweifellos ökologisch, ihre Bauweise menschlich und ihre Schule ganzheitlich, anders als die fortschrittliche, moderne, kapitalistische Gesellschaft mit chemisch-technischer Lebensmittelherstellung, fabrikähnli-cher Unterbringung in Megapolen und Zurichtung der Kinder in den Schulen auf die Erfordernisse des Arbeitsmarktes.

Springmann kritisierte den technischen Fortschritt des Kapita-lismus, lehnte Kriegsbegeisterung und Vaterlandsliebe ab und engagierte sich für den Regionalismus.

---

1   https://de.wikipedia.org/wiki/Baldur_Springmann#cite_note-21

Alternative Liste für Demokratie und Umweltschutz Berlin
Otto Georg **Schily** (* 20. Juli 1932) und die politische **Karriere**
Hans-Christian **Ströbele** (1939-2022) und die **Tageszeitung TAZ**
Dirk **Schneider** (1939-2002) und die **DDR**
Wolfgang **Wieland** (1948-2023) und die **KPD/AO**
Michael **Wendt** (1955-2011) und die **Falken**

Auf der West-Berliner Insel mit ihrem Sonderstatus inmitten der system-konkurrenten DDR sozialistischen Anspruchs hatten sich viele kritische Geister, Kriegsdienst-Flüchtlinge und Alternative niedergelassen. 1978 wurde die ‚**Alternative Liste für Demokratie und Umweltschutz**‘ gegründet und hatte regen Zulauf, anders als der grüne Landesverband. Gründungsmitglieder waren die oben genannten Männer, die jeweils eine andere Richtung personifizierten.

Schily, Ströbele und Schneider gehörten zur Kriegsgeneration und hatten miterlebt, wie der berechtigte Protest der APO, insbesondere gegen die Ermordung des Studenten Benno Ohnesorg am 2. Juni 1967, unterdrückt wurde. Am 3. Juni wurde **Ströbele** Referendar des Anwalts Horst Mahler. Mit ihm und Klaus Eschen gründete er 1969 das **Sozialistische Anwaltskollektiv**, um politisch Verfolgte der APO vor Gericht zu verteidigen.

Schily war gleichfalls Rechtsanwalt. Er kam aus einer großbürgerlichen Familie und wurde anthroposophisch erzogen, war befreundet mit Dutschke und Mahler. Er verteidigte unter hohem Risiko politisch Verfolgte – insbesondere Mitglieder der RAF (Gudrun Ensslin …). Er unterstützte die **Kommune-Bewegung**, indem er eine Wohnung anmietete, bezweifelte die Behauptung der Bundesanwaltschaft, die RAF-Mitglieder im Gefängnis in Stammheim hätten Selbstmord begangen, und kritisierte die Kriegsverbrechen der USA. Er war auch Verteidiger von Mahler, als dieser angeklagt wurde, RAF-Mitglied zu sein. Welches die eigenen politischen Positionen von Schily waren, lässt sich wie so oft bei Rechtsanwälten nicht sagen, denn ihr Beruf ist, sprachgewandt Recht zu bekommen. Seine Herkunft bedeutet nicht nur, dass er ein Vermögen zu verwalten hatte, sondern zur gesellschaftlichen Elite gehörte und politisch Einfluss nahm.

Ab 1970 übernahm **Ströbele** mit Otto Schily die Verteidigung von RAF-Angehörigen und später auch Horst Mahler. 1970 bis 1975 war Ströbele Mitglied der **SPD**. Die Partei schloss ihn aus, weil er in einem Brief die Terroristen der RAF als „liebe Genossen" bezeichnet hatte. 1975 wurde Ströbele wegen „Missbrauchs der Anwaltsprivilegien" noch vor Beginn des Stammheim-Prozesses von der Verteidigung ausgeschlossen. Das Gericht verurteilte ihn wegen Unterstützung einer kriminellen Vereinigung zu einer Freiheitsstrafe von 18 Monaten auf Bewährung, da er der RAF geholfen habe, ein illegales Informationssystem aufzubauen. Ströbele war beeinflusst von dem großen Treffen aller Alternativen auf dem Berliner **Tunix-Kongress**. Er und der spätere Journalist Max Thomas Mehr (geboren 1953) gründeten im Dezember 1976 in Berlin die Initiativgruppe zur **Gründung einer linksalternativen Tageszeitung**: Die taz kommt seit dem 17. April 1979 täglich heraus.

1978 gehörte er zu den Mitbegründern der ‚**Alternativen Liste für Demokratie und Umweltschutz**', des späteren Landesverbandes der Grünen in Berlin. Er wendete sich entschieden gegen den Einfluss maoistischer Kommunisten in der ‚Alternativen Liste'. Ströbele ist bis zum Ende für seine Überzeugungen eingetreten und war unbestechlich.

Schneider hatte nach der Erschießung Benno Ohnesorgs im ‚**Komitee für Öffentlichkeitsarbeit**' mitgemacht. Er war federführend bei den Zeitungsprojekten **Agit 883** und **Radikal**. 1978 wurde er Gründungsmitglied der ‚**Alternativen Liste AL**' und danach mehrere Jahre einer ihrer Sprecher. 1979 wurde er auch Mitglied der ‚Grünen Partei'. In den Jahren 1979 bis 1981 war er Vorsitzender der AL-Fraktion in der Bezirksverordnetenversammlung Berlin-Kreuzberg, denn bei der Wahl 1979 hatte die AL Sitze in Kreuzberg, Schöneberg, Tiergarten und Wilmersdorf gewonnen. In das Parlament der Stadt war sie mit 3,7% nicht gekommen, wurde aber bei der Gründung der Partei als Landesverband mit dem Namen ,Alternative Liste für Demokratie und Umweltschutz Berlin' akzeptiert. 1991 wurde Schneider als **Spitzel der DDR** enttarnt. Da war er aber nicht mehr beiden Grünen, sondern in der PDS.

Wieland war ebenfalls 1967 auf der Demonstration gegen den iranischen Schah und von der Erschießung Benno Ohnesorgs markiert. Er engagierte sich in der maoistischen **KPD/Auf**bauorganisation und wurde Rechtsanwalt mit eigener Kanzlei (seit1977, in den Achtzigern kam auch **Renate Künast** dazu). Die KPD/AO war eine studentische Organisation, die sich ohne Arbeiterklasse erst einmal Aufbauorganisation nannte, das AO jedoch später entfernte. Sie war stalinistisch und vor allem maoistisch. Die ,sozial-imperialistische' Sowjetunion wurde zum Hauptfeind, die revisionistischen Gewerkschaften zum Gegner. Als Vorfeldorganisation zum Anwerben neuer Mitglieder hatte sie die ,**Liga gegen den Imperialismus'**, der es gelang, **Antje Vollmer** anzuziehen. West-Berlin war ihre Hochburg, doch blieb die Gruppe marginal. Aber sie gehörte zu den Kommunisten, die zum Unterwandern der ,Grünen Partei' dort eingetreten waren. **Wendt** hingegen war Maschinenbauingenieur und kam aus der Jugendorganisation der **SPD** ,Sozialistische Jugend Deutschlands - Die Falken'. Er war aktiv in der Jugendarbeit.

,**Bunte Liste** – Wehrt euch'
Grüne Liste für Umweltschutz in Hamburg
Kommunistischer Bund Nord KB und die **Gruppe Z**
Holger **Strohm** (geboren 1942)
Die maoistische Kulturrevolution hatte in der APO eine starke Bewegung gegen den ,Revisionismus' der ,Deutschen Kommunistischen Partei DKP' und der KP der Sowjet-Union (KPDSU) seit Stalins Tod erzeugt. Revision bezeichnet die Zurücknahme einer Einsicht, Überzeugung oder Erkenntnis. So revidierte die

SPD am Ende des 19. Jahrhunderts die marxistische Position, dass nur eine Revolution den Kapitalismus abschaffen könnte, und vertrat hinfort, dass soziale Reformen ausreichen würden. Nach dem Verbot der antikapitalistischen KPD wurden die verfassungstreue DKP und etliche anti-revisionistische kommunistische Gruppierungen gegründet.

Diese verschiedenen Neugründungen einer revolutionären ‚Kommunistischen Partei' oder ‚Aufbauorganisation' oder ‚Bund' seit 1968 in der Bundesrepublik kehrten nicht zur reinen Lehre von Marx zurück, obwohl sie sich marxistisch nannten, sondern bezogen sich auf die politischen Positionen Lenins, Stalins, Maos oder auch des Albaners Enver Hodscha für den Aufbau einer revolutionären Partei. Die Struktur der Partei war hierarchisch, der sogenannte demokratische Zentralismus, die Führung in der Regel selbsternannt und nicht abwählbar.

Der ‚Kommunistische Bund Nord KB' und der ‚Kommunistische Bund West KBW' waren in Hamburg die beiden stärksten marxistisch-leninistischen Gruppen (neben der ‚revisionistischen' DKP, die an Zuspruch verlor), die aber auch bundesweit immer mehr Einfluss gewannen. Sie waren aus einer Spaltung entstanden und hatten kein besonders genossenschaftliches Verhältnis zueinander. Beide waren bei Schülern und Studenten stark vertreten, der KB war außerdem bei Lehrlingen und in einigen Betrieben verankert und auch in Mieter- und Bürgerinitiativen. Die Trotzkisten waren weniger dogmatisch, aber spielten trotz ihres Vordenkers Ernest Mandel, der im Audimax der Universität auf-trat, keine Rolle in der Diskussion um die Teilnahme an Wahlen. Vor der Bundestagswahl 1976 hatte der KB Nord eine erste Diskussion über die Wahlen bewirkt und beteiligte sich an der Diskussion in der ‚**Bürgerinitiative Umweltschutz Unterelbe**' (BUU), die zur Hamburger Bürgerschaftswahl 1978 mit einer eigenen Liste antreten wollte. Die ‚**Bunte Liste – Wehrt euch**' ging auf einen Beschluss der Delegiertenkonferenz der hamburgischen Anti-AKW-Initiativen am 21. Oktober 1977 zurück. Zwei Drittel der BUU-Mitglieder waren dafür. Im März 1978 folgte das Gründungstreffen der ‚Bunten Liste'. Spitzenkandidaten für die Wahl waren Holger Strohm, SPD-Mitglied, und Rainer Trampert, Betriebsrat bei Texaco und KB-Kader.

Holger **Strohm** hatte 1971 mit ‚**Friedlich in die Katastrophe**' ein sehr erfolgreiches Buch gegen die Atomkraft geschrieben und wurde wegen seiner Kandidatur aus der SPD ausgeschlossen. Als Sachverständiger war er 1972 für den Innenausschuss des Deutschen Bundestages tätig. Strohm ist inzwischen Autor von rund 40 Büchern zum Thema Umwelt. Für die Wahl war er jedenfalls ein gutes Zugpferd, aber der KB hatte andere Ziele als (nur) die Ökologie: Er wollte ein breites Bündnis aller außerparlamentarischen Initiativen und Gruppierungen schmieden und diese Bewegungen auch zu einem Wahlbündnis unter seiner Leitung machen. Viele dieser Initiativen waren Basisgruppen des KB beziehungsweise infiltriert von ‚U-Booten' des KB. Das ist eine alte kommunistische Unterwanderungs-Strategie, die Entrismus genannt wird. Dazu passte auch, dass die Kader der Parteiaufbauorganisation sich ein Pseudonym zulegen mussten und nur von öffentlichen Telefonzellen aus miteinander telefonieren durften.

Die Hamburger GLU erreichte am 4.6.1978 durch den Boykott des KB nur 1 Prozent der Stimmen, aber auch die ‚Bunte Liste' kam mit 3,5 Prozent nicht über die 5-Prozent-Hürde. Doch in der Hochburg des Bezirks Eimsbüttel wurden zwei KB-Frauen gewählt und zusammen hatten die beiden Listen immerhin über 40 Tausend Stimmen erhalten. Die Leitung und damit die Mehrheit im KB wollte deshalb eine bundesweite, explizit linke Partei der Alternativbewegung gründen, um der ‚bürgerlichen' Ökologiebewegung etwas entgegenzusetzen, ohne sich an ihr zu beteiligen.

Dieses Projekt scheiterte, weil sich eine kleine Gruppe aus der Führung des KB abspaltete, ‚Z' genannt, die als Linke die ‚Grünen' unterwandern und neu orientieren wollte. Das ‚Z' im

Namen dieser Abspaltung stand für ‚Zentrumsfraktion‘, womit die eigene Bedeutung im KB betont wurde. Sie spaltete nicht nur den KB, sondern auch die ‚Bunte Liste‘, indem sie dazu aufforderte, ‚Z‘ zu folgen und in den Landesverband der ‚Grünen‘ einzutreten.

Holger Strohm merkte früh die Gefahr und versuchte mit einem offenen Brief gegenzusteuern: „Mir gefällt nicht, wie der KB immer deutlicher seine Dominanz ausspielt und alles abblockt, was nicht in sein politisches Konzept passt." [1] 1979 wurde der Landesverband der ‚Grünen‘ von der Gruppe Z und der AUD gegründet. Zur Gruppe Z gehörten Thomas Ebermann (geboren 1951), Rainer Trampert (geboren 1946), Jürgen Reents (1949-2022), Jürgen Trittin (geboren 1949), also Männer aus der ‚Generation der Enkel‘. Diese kommunistischen Kader waren mehrheitlich ehemalige Studenten, die sich ganz dem revolutionären Kampf widmeten, insbesondere dem Zentralorgan ‚Arbeiterkampf‘. Als journalistische Berufspolitiker waren sie später bei den ‚Grünen‘ aktiv.

Damit war auch die Hamburger ‚Bunte Liste‘ zerstört worden und der KB löste sich auf. Seine Mehrheitsfraktion versuchte in der Folge, einen linken, alternativen Flügel in dem Gründungsprozess der ‚Grünen‘ zu bilden, der jedoch schwach war und künftig einflusslos blieb.

Rudolf Bahro (1935-1997) und die Alternative

1977 erschien Rudolf Bahros Buch ‚**Die Alternative**‘ in der Bundesrepublik. Er selbst lebte in der DDR und wurde sofort verhaftet, weil er aufzeigte, dass es sich dort nicht um einen Sozialismus handelte, dass die Klassengesellschaft in der Sowjetunion und Ostdeutschland nicht abgeschafft wurde und die Entfremdung der Menschen in der Arbeit weiter bestand. Eine Revolution müsste die gesellschaftlichen Verhältnisse und die Menschen verändern. Bahro bekam viel Zustimmung

---

1   https://de.wikipedia.org/wiki/Bunte_Liste_-_Wehrt_euch#cite_note-5

und Unterstützung, auch international, zumal er ins Gefängnis gesperrt wurde, aber sein Buch war konkret nicht sehr wegweisend. Was er zu sagen hatte, wussten wir. Er jedoch wusste nicht, auf welchem Stand wir waren. Im Gefängnis hatte er angefangen, sich mit dem Christentum auseinander zu setzen. So reagierte Dutschke auch eher zurückhaltend auf seine ‚Alternative'. Aber nach seiner Freilassung und Übersiedlung in den Westen im Oktober 1979 schloss Bahro sich den ‚Grünen' an und forderte, sozialistische und wertkonservative Positionen zu vereinigen. Er vertrat, dass angesichts der ökologischen Krise ein ‚historischer Kompromiss' zwischen den beiden Richtungen erforderlich sei. Diesen formulierte er in dem Buch ‚**Elemente einer neuen Politik – Zum Verhältnis von Ökologie und Sozialismus**' (1980). Obwohl er damit eine marxistische Position einnahm, löste er sich seitdem immer mehr von Marx. Aber das zeigt, wie viele Theoretiker selbst in der DDR nur die Schulungstexte der Partei kannten, jedoch die Marx'sche Analyse der kapitalistischen Produktionsweise nicht verstanden hatten.

Bahro hätte die Brücke zwischen den Ökologen und den Sozialisten sein können, versuchte stattdessen, Spiritualität und Christentum hinzuzufügen und fand wenig Gehör, so dass er die Partei 1985 verließ.

In der Darstellung der politischen Entwicklung dieser gesellschaftskritischen Bewegungen verengt die ‚Bundeszentrale für politische Bildung' ihren Blick auf die Sichtweise eines Parteipolitikers im Parlament.

Professor Decker sieht nicht die Breite der Basis, die sich in diesem Jahrzehnt entwickelt hat und nun auch in die Parlamente dringt, sondern nur Listen von radikal linken bis zu völkisch-nationalen Bunten und Listen von maoistisch geprägten K-Gruppen, deren Wurzeln er in der Studentenbewegung verortet: „*Bunte und alternative Listen zu Wahlen in den 1970ern: Die unmittelbare Entstehungsursache wurde durch das Umwelt-*

116

thema und hier vor allem durch den Widerstand gegen die Atom-
kraft gesetzt. Mit dem 1972 veröffentlichten Bericht des Club of
Rome, einer informellen Vereinigung von Politikern, Wirtschafts-
führern und Wissenschaftlern, traten die ökologischen Folgen
der industriellen Wachstumspolitik erstmals ins Bewusstsein ei-
ner breiteren Öffentlichkeit. Gleichzeitig bildeten sich auf lokaler
Ebene Bürgerinitiativen gegen den Bau neuer Kernkraftwerke,
die maßgeblich von Landwirten und der ländlichen Bevölkerung
getragen wurden. Seit Mitte der 1970er-Jahre entstanden in vie-
len Bundesländern sogenannte **bunte und alternative Listen.**
Während die erstgenannten eine große ideologische Bandbreite
aufwiesen, die von radikal linken bis hin zu völkisch-nationalen
Tendenzen reichte, und sich durch eine geringe Formalität aus-
zeichneten, dominierten in den letztgenannten die Vertreter der
größtenteils maoistisch geprägten K-Gruppen, deren Wurzeln in
der Studentenbewegung lagen. Die Listen schlossen sich 1979 vor
der Europawahl zum gemeinsamen Wahlbündnis „Sonstige Po-
litische Vereinigung DIE GRÜNEN" zusammen."[1]

Professor Decker irrt sich: Die Vielfalt und gesellschaftliche
Breite der Basisbewegung gegen parlamentarische Demokratie, gegen kapitalistische Wachstumspolitik und Städteplanung,
gegen sexuelle Unterdrückung und Patriarchat ... verschwin-
den in seiner Zusammenfassung, weil er vom Ende her im Jahr
1980 denkt, obwohl er unmittelbar vorher schreibt:
„ *... die Studentenbewegung, die sich ab Mitte der 1960er-Jahre*
als ‚Außerparlamentarische Opposition' gegen die etablierten
Parteien und das parlamentarische System formiert hatte, die
unter dem Begriff ‚Neue Soziale Bewegungen' zusammenge-
fassten **Umwelt-, Anti-Atomkraft-, Friedens- und Frauenbe-**
wegungen *der 1970er- und beginnenden 1980er-Jahre (...) die*
sich unter dem Motto ‚Nicht links, nicht rechts, sondern vorn' im
Gründungsprozess bündelten" ...

---

1   https://www.bpb.de/themen/parteien/parteien-in-deutschland/
gruene/42151/etappen-der-parteigeschichte-der-gruenen/#node-content-
title-1

Zwischenbilanz

1. Man kann die Entwicklung der ‚Grünen‘ nicht von ihrem Ende her erklären, der Parteigründung, sondern nur von ihrem Anfang nach dem Krieg. Wobei die Vorgeschichte der Umwelt-, Frauen- und Pazifismus-Bewegungen viel älter ist als selbst der Kapitalismus. Die gewaltige Zerstörung von Leben und Umwelt durch den zweiten Welt-Krieg war bestimmend für den Pazifismus, die hemmungslose Industrialisierung und die trotz Niederlage ungebrochenen patriarchalen Strukturen bewirkten Umwelt- und Frauenbewegung.

2. Die Bürgerinitiativen der 70er Jahre wurden von allen gesellschaftlichen Schichten getragen, nicht nur von der Landbevölkerung, sondern insbesondere von Universitätsstädten. Ihr konservativer Ansatz ist die revolutionäre Antwort auf die Zerstörungskraft des Kapitalismus. Die Landbevölkerung war mit der Umweltzerstörung konfrontiert, die Stadtbevölkerung hat den Zusammenhang der Umweltverschmutzung mit der Industrialisierung erhellt.

3. Es gab neben ‚bunten‘ und ‚alternativen‘ Listen auch ‚grüne‘ Listen und in ihnen sogar Vertreter von CDU, CSU, FDP, SPD, weil es nicht um Parteipolitik ging, sondern um gesellschaftliche Probleme. Die spätere Benennung der Partei als ‚Grün‘ verdankt sich den Umweltschützern, die jedoch gleich nach der Gründung rausgedrängt wurden. Damit wurde auch die Ökologie schon 1980 zur Nebensache.

4. Die Wurzeln der ‚Grünen‘ liegen sehr stark in der Studentenbewegung und der APO, aber die Wurzeln der K-Gruppen liegen dort nicht, sondern im Maoismus und im Verbot des Kommunismus in der Bundesrepublik.

5. Alle Versuche der staatstragenden Parteien, die gesellschaftliche Opposition zu spalten, zu kriminalisieren und mit Gewalt zu unterdrücken, konnten ihren Einzug in die Parlamente nicht verhindern.

Kapitel 12

Von der politischen Bewegung zur Partei: Das erste Parteiprogramm

Die französische Sprache unterscheidet mit Recht zwischen ‚*le* (der) Politik' und ‚*la* (die) Politik'.

Der Politik entspricht im Deutschen dem Politischen, also den gesellschaftlichen politischen Verhältnissen einerseits, und *die* Politik entspricht der Parteipolitik im Staatsapparat andererseits.

Dieser Unterschied ist fundamental und der Schlüssel zum Verständnis für die weitere Entwicklung unserer politischen Bewegung.

Ich habe die Basisbewegungen so ausführlich beschrieben, weil sie zum Beispiel konservative Bauern und antiautoritäre Erzieher, gläubige Christen, liberale Denker, libertäre Anarchisten und autoritäre Kommunisten, Männer und Frauen dazu gebracht haben, an einem Strang gegen Krieg und andere Formen der Umweltzerstörung insbesondere durch lebensbedrohliche Industrialisierung zu ziehen. Das betraf die Produktionsbereiche Energie, Chemie, Verkehr und Waffen und betrifft sie bis heute. Der militärisch-industrielle Komplex spielt dabei eine bedeutende Rolle, weil er außerhalb vom Markt politisch bestimmt wird. Im Bereich des Politischen konnten also linke, rechte, konservative, revolutionäre, religiöse und atheistische Männer und Frauen gemeinsam handeln.

Im Moment der Parteibildung verlässt man den Bereich des Politischen und begibt sich in die Parteipolitik, wo man sich auf einer simplen eindimensionalen Linie aufstellen muss. Bei einer geraden Strecke geht es von links nach rechts, bei einem Kreis stehen Kommunisten und Faschisten nebeneinander, wo der Kreis sich schließt. Deswegen ist der Kreis bei den Theoretikern des Totalitarismus beliebt: linksradikal = rechtsradikal. Also beide zusammen verbieten.

Der Entschluss zur Parteibildung hat dieses Problem nicht vorausgesehen, weil es eine breite außerparlamentarische Basis der grünen Bewegung gab, anders als bei den anderen Parteien mit ihren Institutionen. Die Christlichen haben die Kirchen als Verbindungsglied zu Gläubigen, die Sozialisten die Gewerkschaften, die ‚Grünen' jedoch hatten keinen eigenen Apparat, nur die maoistischen Gruppen hatten Medien und eine Organisation und platzierten die ‚Grünen' bei der Parteigründung nach Linksaußen.

In den siebziger Jahren hatten wir Alternativbewegungen in den unterschiedlichsten gesellschaftlichen Bereichen auf der Suche nach und im Experimentieren von ‚Anders arbeiten und anders leben' angestoßen. Sie betrafen die hierarchische Wirtschaftsweise, die Privatheit des Eigentums an den Betrieben, die Beschränktheit der Mitbestimmung, die Maßlosigkeit der Produktion und der Produkte, die Umweltbelastung und -zerstörung insbesondere durch Chemie, Atomkraft, Autos.
Dagegen wurde gesetzt: die Neutralisierung des Kapitals, das demokratische Kollektiv und die Selbstbestimmung des Einzelnen, die Bewertung der Folgen von Technikeinsatz auf den Menschen und auf die Natur. Das Mensch-Maschine-System war schon so weit fortgeschritten, dass die Arbeitskräfte zum Anhängsel der Maschine herabgesetzt worden waren, aber Roboter und künstliche ‚Intelligenz' KI hatten sie vor 50 Jahren in den Industriestaaten noch nicht in dem heutigen Umfang.
KI ist das Ende von Arbeitskämpfen, man kann ihren Lohn nicht drücken, sie nicht entlassen und dadurch Arbeitsplätze einsparen. Aber so weit sind wir noch nicht.

Zum Zeitpunkt der Parteigründung der Grünen am Beginn des neuen Jahrzehnts gab es also drei unterschiedliche politische Strömungen aus drei Generationen, die sich auf ein gemeinsames Programm einigen mussten. Ich bezeichne sie mit einem einfachen Schlagwort, sehr wohl wissend, dass dieses die Verallgemeinerung einer Strömung ist.
Die Unterschiede zwischen den Strömungen allerdings sind

eklatant und sollen jetzt aufgezeigt werden. Sie verdeutlichen die Konflikte, die in der Folge des Zusammenschlusses als Partei auftraten.

1. Die Ökologen: Bestimmend bei den Umweltschützern war die Vorkriegsgeneration der Väter.
Sie knüpfte an die Reformbewegungen der zwanziger Jahre an. Die Männer (Frauen waren in der Minderheit) waren gezeichnet durch den Krieg, den sie aktiv mitgetragen hatten, durch den Faschismus, dem sie gefolgt waren, und durch den Sowjet-Kommunismus, der im Osten Deutschlands mit Gewalt herrschte. Sie hatten auch Schuld auf sich geladen. Deutschland war ein Trümmerhaufen. Sie hatten die Umweltzerstörung durch den Krieg erlebt und sahen das frenetische Wachstumsparadigma kritisch. Sie wollten eine andere Wirtschaftsweise praktizieren und politisch durchsetzen. Für sie war Ökologie eine Haltung und Lebensweise, die sie mit einer grünen Partei politisch unterstützen wollten. Es ging ihnen darum, andere Werte für die Wirtschaftsweise bestimmend zu machen als das quantitative Wachstum (die Steigerung des Bruttosozialproduktes). Sie wollten eine Alternative zum kapitalistischen Wirtschaftssystem und zur kommunistischen Planwirtschaft, einen ,dritten Weg'. Sie wollten eine ökonomische Alternative, die sie zum Teil auch praktizierten. Politisch waren sie diffus. Das Konservative kippte oft ins Reaktionäre. Ein Beispiel sind die Geschlechtsrollenvorstellungen von Rudolf Steiner (1861-1925) in Steiners Erziehungsprogramm. Ein anderes Beispiel ist die faschistische Vergangenheit, die manchen Vertretern des dritten Weges zum Vorwurf gemacht wurde. In der politischen Auseinandersetzung wurde ihre Vergangenheit benutzt, um sie auszuschalten. Die verhängnisvolle Konsequenz war, dass sie sich unter ihresgleichen wiederfanden und politisch zurückentwickelten. Die grüne Partei wollte eigentlich die Bewegung zu einer neuen Gesellschaft auch im Verhalten zueinander politisch verstärken.

2. Die Sozialisten: Bestimmend war die Kriegsgeneration der ‚Kinder‘, die in dem zerstörten Land aufgewachsen waren.

Sie unterschieden sich grundlegend von den systemkonformen Sozialdemokraten. Sie rebellierten gegen die autoritären Strukturen und hatten eine Basisdemokratie mit emanzipatorischen Werten zum Ziel. Sie wollten die Gesellschaft von unten in allen Lebensbereichen verändern und damit selbstverständlich auch den politischen Überbau. Die Frauenbefreiung – mehr noch als die sexuelle Befreiung – spielte eine große Rolle, denn Frauen galten bis weit in die sechziger Jahre nur als das ‚zweite Geschlecht‘ (Simone de Beauvoir hatte es in ihrem gleichnamigen Buch Ende der vierziger Jahre beschrieben).

‚Das Private ist politisch‘ war ein Slogan. Anders arbeiten, anders wohnen, anders lieben und anders leben, zusammen und ohne Hierarchie – und zwar sofort. Die Sozialisten kamen aus der Studentenbewegung und der SPD, deren ‚Betonfraktion‘ Anhänger des technischen Fortschritts und des Industriewachstums war. Diese Generation wollte Sozialismus ohne kommunistische oder faschistische Parteidiktatur und mit Änderungen der bürgerlichen Verfassung. Am konkretesten hatte Rudi Dutschke das Modell einer Berliner **Räterepublik** (frei nach Marx‘ Text zur Pariser Kommune 1871) formuliert, bevor das ‚Sozialistische Büro SB‘ sein **Arbeitsfeldkonzept** 1969 publizierte. Es ging ihm darum, einen Transformationsprozess von unten anzufangen, um eine grundlegende gesellschaftliche Veränderung zu propagieren. Die grüne Partei sollte der verlängerte (parlamentarische) Hebel sein. Die Sozialisten galten deshalb in den Augen der kommunistischen Revolutionäre als Reformisten, weil sie eine Basisdemokratie anstelle der politischen Machtergreifung wollten.

3. Die Kommunisten: Maßgeblich war die Nachkriegsgeneration der Enkel.

Sie strebten die politische Macht ihrer jeweiligen Partei an (mit ‚demokratischem Zentralismus‘), um eine Revolution wie unter Lenin in Russland, Castro in Kuba oder Mao in China durchzusetzen. Die Parteiführung entscheidet diktatorisch, nur die Trotzkisten lassen überhaupt Opposition zu.

Die Befreiungsbewegungen in der ‚dritten' Welt neben USA-Kapitalismus und UDSSR-Kommunismus und die Jugendrevolten der sechziger Jahre öffneten den Blick für eine Alternative neben den Blöcken. Sie erlebten das ‚Wirtschaftswunder' des Wiederaufstiegs und die Gewaltbereitschaft des bürgerlichen Staates. Sie knüpften an die große Zeit der kommunistischen Parteien in den zwanziger Jahren und den Sieg der Sowjetunion unter Stalin an, der von ihnen allen nicht kritisiert wurde, weil er den Faschismus besiegt hatte.

Sie feierten Maos Kulturrevolution, dessen ‚Bibel' nachgebetet wurde. Großen Einfluss hatten erfolgreiche Befreiungsbewegungen in der ‚Dritten Welt' jenseits der beiden Blöcke, aber auch die militärische Niederlage erst Frankreichs, dann der USA in Indochina (Vietnamkrieg) und der heldenhafte Widerstand der kleinen Insel Kuba gegen den mächtigen Nachbarn USA.

Der Sieg von Guerilla-Kämpfern gegen militärisch hochgerüstete Armeen zeigte die Verwundbarkeit des Gewaltapparates. Daraus entstand das Konzept der Stadtguerilla, die allerdings die Zustimmung der Bevölkerung braucht, was in der Bundesrepublik nicht der Fall war. Viele Sozialisten hatten anfangs Sympathien für die ‚Rote Armee Fraktion RAF', weil der Staatsapparat und die Massen-Medien (Springerzeitungen, ZDF …) jeden politischen Widerstand unterdrücken wollten.

Das Ziel der Kommunisten war: zu verwirklichen, woran die beiden vorangegangenen Generationen gescheitert waren. Sie bezogen sich auf Kommunisten vor dem Faschismus, angefangen bei Lenin, Stalin und Trotzki. Sie blendeten aus, dass die gewaltbereite deutsche KP den Straßenkampf gegen die Nazis verloren hatte und die kämpferische Arbeiterklasse nicht mehr existierte.

Die DKP nennt sich auch kommunistisch, hat aber ihren eigenen Werdegang und ist an der grünen Partei nicht beteiligt.

In Wirtschaftsfragen gilt jedoch, dass alle Kommunisten eine staatlich von der Partei dirigierte Planwirtschaft, die Industrialisierung, die Entwicklung der Technik und das Wirtschaftswachstum propagierten. Anders gesagt und in der DDR haben wir es auch erlebt: die Umwelt und ihre Zerstörung waren kein Thema.

Ein beträchtlicher Anteil der Basisinitiativen wurde vom KB dominiert – vergleichbar den Vorfeld-Organisationen anderer kommunistischer Gruppen: das ‚Komitee für Frieden, Abrüstung und Zusammenarbeit KOFAZ', eine Friedensinitiative der DKP, oder die Liga gegen den Imperialismus der KPD/AO).

Die siebziger Jahre hatten die ökonomische Krisenhaftigkeit des Kapitalismus und die Grenzen des Wachstums gezeigt, was ganz konkret auch Einfluss auf die persönliche Zukunft dieser Generation hatte. Nicht nur Berufsverbote, auch Lehrerschwemme etc. wirkten politisierend. Die Gewaltbereitschaft der Nachkriegsgeneration ist auch eine Reaktion auf die Krise des bürgerlichen Staates, denn alle Parteien waren sich einig darin, die legitime Kritik mit Gewalt unterdrücken zu müssen. Aber die Organisierung in politischen Parteien war für viele ein Ausweg. Die Kader in den kommunistischen Parteien erwarben nicht nur Fähigkeiten als Redner und Redakteure, sondern sie wurden auch für ihre politische Arbeit bezahlt. Viele von ihnen waren zwar an der Universität eingeschrieben, hatten aber keine Zeit zum intensiven Studieren und beendeten ihr Studium ohne Abschluss. Von dort bis zum Beruf des Politikers war es nicht weit.

Das gilt nicht nur für Daniel Cohn-Bendit und Joschka Fischer von den Frankfurter Spontis, sondern auch Jürgen Reents, Günter Hopfenmüller oder Thomas Ebermann vom KB Nord und viele andere. Sie waren Berufspolitiker und kämpften immer auch für ihr privates Überleben, ihr persönliches Ein- und Auskommen. Wie also sieht das erste ‚grüne' Parteiprogramm aus, das diese drei Generationen gemeinsam beschlossen haben?

„Präambel des Programms der Grünen 1980

Wir sind die Alternative zu den herkömmlichen Parteien. Hervorgegangen sind wir aus einem Zusammenschluss von grünen, bunten und alternativen Listen und Parteien. Wir fühlen uns verbunden mit all denen, die in der neuen demokratischen Bewegung mitarbeiten: den Lebens-, Natur- und Umweltschutzverbänden, den Bürgerinitiativen, der Arbeiterbewegung, christlichen Initiativen, der Friedens- und Menschenrechts-, der Frauen- und 3.-Welt-Bewegung. Wir verstehen uns als Teil der grünen Bewegung in aller Welt. Die in Bonn etablierten Parteien verhalten sich, als sei auf dem endlichen Planeten Erde eine unendliche industrielle Produktionssteigerung möglich. Dadurch führen sie uns nach eigener Aussage vor die ausweglose Entscheidung zwischen Atomstaat oder Atomkrieg, zwischen Harrisburg oder Hiroshima. Die ökologische Weltkrise verschärft sich von Tag zu Tag: Die Rohstoffe verknappen sich, Giftskandal reiht sich an Giftskandal, Tiergattungen werden ausgerottet, Pflanzenarten sterben aus, Flüsse und Weltmeere verwandeln sich in Kloaken, der Mensch droht inmitten einer späten Industrie- und Konsumgesellschaft geistig und seelisch zu verkümmern, wir bürden den nachfolgenden Generationen eine unheimliche Erbschaft auf. Die Zerstörung der Lebens- und Arbeitsgrundlagen und der Abbau demokratischer Rechte haben ein so bedrohliches Ausmaß erreicht, dass es einer grundlegenden Alternative für Wirtschaft, Politik und Gesellschaft bedarf. Deshalb erhob sich spontan eine demokratische Bürgerbewegung. Es bildeten sich Tausende von Bürgerinitiativen, die in machtvollen Demonstrationen gegen den Bau von Atomkraftwerken antreten, weil deren Risiken nicht zu bewältigen sind und weil deren strahlende Abfälle nirgends deponiert werden können; sie stehen auf gegen die Verwüstung der Natur, gegen die Betonierung unserer Landschaft, gegen die Folgen und Ursachen einer Wegwerfgesellschaft, die lebensfeindlich geworden ist. Ein völliger Umbruch unseres kurzfristig orientierten wirtschaftlichen Zweckdenkens ist notwendig.
Wir halten es für einen Irrtum, dass die jetzige Verschwendungs-

wirtschaft noch das Glück und die Lebenserfüllung fördere; im Gegenteil, die Menschen werden immer gehetzter und unfreier. Erst in dem Maße, wie wir uns von der Überschätzung des materiellen Lebensstandards freimachen, wie wir wieder die Selbstverwirklichung ermöglichen und uns wieder auf die Grenzen unserer Natur besinnen, werden auch die schöpferischen Kräfte frei werden für die Neugestaltung eines Lebens auf ökologischer Basis.

Wir halten es für notwendig, die Aktivitäten außerhalb des Parlaments durch die Arbeit in den Kommunal- und Landesparlamenten sowie im Bundestag zu ergänzen. Wir wollen dort unseren politischen Alternativen Öffentlichkeit und Geltung verschaffen. Wir werden damit den Bürger- und Basisinitiativen eine weitere Möglichkeit zur Durchsetzung ihrer Anliegen und Ideen eröffnen. Grüne, bunte und alternative Listen hatten ihre ersten Wahlerfolge. Die 5%-Klausel und andere Erschwernisse können sie nicht mehr aufhalten.

Wir werden uns nicht an einer Regierung beteiligen, die den zerstörerischen Kurs fortführt. Wir werden aber versuchen, in der Verfolgung unserer Ziele auch bei etablierten Parteien Unterstützung zu erhalten und Vorschlägen anderer Parteien, die unseren Zielen entsprechen, zustimmen. Gegenüber der eindimensionalen Produktionssteigerungspolitik vertreten wir ein Gesamtkonzept.

Unsere Politik wird von langfristigen Zukunftsaspekten geleitet und orientiert sich an vier Grundsätzen: sie ist ökologisch, sozial, basisdemokratisch und gewaltfrei.“

Die grundlegende Kritik der neuen Partei an der industriellen, konsumorientierten ‚Wegwerfgesellschaft‘ wird deutlich, ein völliger Umbruch unseres kurzfristig orientierten wirtschaftlichen Zweckdenkens wird erstrebt und die Begrenztheit der Einflussmöglichkeiten im parlamentarischen Rahmen ist bewusst.

Das Hauptaktionsfeld liegt außerhalb der Parteienpolitik in den Bürger- und Basisinitiativen. Die Demokratiebewegung wird dem Parlament gegenübergestellt.

Das bedeutet eine grundsätzliche Kritik an der Wirtschaftsweise und ebenso am bürgerlichen Demokratieverständnis.

Konkret vertreten die Grünen zur Wirtschaftspolitik die Position, dass qualitatives und soziales Wachstum an die Stelle des umweltschädlichen quantitativen Wachstums treten sollen. Dieses Programm war überzeugend. Ich möchte hervorheben, dass der Kern der zerstörerischen kapitalistischen Wirtschaftsweise angegriffen wurde: die Steigerung des Bruttosozialproduktes (gemessen in Geld) als Maßstab aller Dinge. Gegen das Mengenwachstum von Geld als einzigem Kriterium für gesellschaftlichen Erfolg wurde Qualität gesetzt: soziales Wachstum, befriedigende Arbeit, persönliche Entfaltung.

„Grundlagen und Ziele grüner Wirtschaftspolitik

Wir sind für ein Wirtschaftssystem, das sich an den Lebensbedürfnissen der Menschen und zukünftigen Generationen, an der Erhaltung der Natur und am sparsamen Umgang mit den natürlichen Reichtümern orientiert. Es geht um eine Gesellschaft, in der die Beziehungen der Menschen untereinander und zur Natur zunehmend bewusst gemacht werden, in der die Beachtung ökologischer Kreisläufe, die Entwicklung und der Einsatz der Technologie, die Beziehung zwischen Produktion und Verbrauch zu einer Angelegenheit aller Betroffenen wird. Eine ökologisch fundierte Wirtschaft bedeutet keinen Verzicht auf Lebensqualität, sondern dass sich die Menschen für Produkte einsetzen, die ihren Bedürfnissen entsprechen und mit der natürlichen Umwelt verträglich sind. Es geht im Kern darum, dass die Betroffenen selbst Entscheidungen darüber treffen, WAS, WIE oder WO produziert wird.
Die Menschen sollen bei der Arbeit und in der Freizeit ihre vielseitigen Fähigkeiten und Initiativen frei entfalten können.

Wir sind grundsätzlich gegen jegliches quantitative Wachstum, ganz besonders dann, wenn es aus reiner Profitgier vorangetrieben wird. Aber wir sind für qualitatives Wachstum, wenn es mit gleichem oder geringerem Einsatz von Energie und gleicher oder geringerer Verarbeitung von Rohstoffen möglich ist, (d.h. bessere Ergebnisse erzielt oder bessere Erzeugnisse hergestellt werden können). Wir sind für soziales Wachstum, besonders für die eindeutig Benachteiligten unserer Gesellschaft. Die für dieses soziale Wachstum notwendigen Maßnahmen sind durch entsprechende gesetzgeberische Maßnahmen, wie etwa Steuerfreibeträge, Niedrigsätze bei den Sozialabgaben zu ergreifen."[1]

Die Handschrift der Ökologen ist in diesem Programm deutlich zu erkennen. Es ist eine fundamentalistische Kritik der industriellen Wirtschaftsweise. Diese Kritik teilen die Kommunisten nicht. Sie proklamieren die Entfesselung der industriellen Produktivkräfte im Kommunismus, als ob die Kapitalisten der Industrie Fesseln anlegen würden. Damit kopieren sie den Wettkampf der Sowjetunion insbesondere in der Rüstungsindustrie und der Weltraumforschung. Folglich unterschieden sie sich nicht von den DKP'lern, die in den siebziger Jahren noch vertraten, im Systemwettbewerb sei die DDR der überlegene Staat.

---

1   http://www.boell.de/downloads/stiftung/1980_Bundesprogramm.pdf

Kapitel 13

Die Loslösung der Grünen von der Ökologie

Bei der Wahl des Bundesvorstands unterlag Gruhl. Er kritisierte, dass der „wertkonservative Flügel" nicht seiner Bedeutung entsprechend repräsentiert wurde. Auf dem Parteitag der ‚Grünen' in Saarbrücken am 23. März 1980 kritisierte er auch inhaltlich den bestimmenden ‚Modus des Habens' anstelle des Seins.

Damit bezog er sich auf den Frankfurter Philosophen, Soziologen und Psychologen Erich Fromm (1900-1980) und sein Werk ‚Haben oder Sein', das 1976 erschien und sehr erfolgreich war. Fromm war Mitglied der Sozialistischen Partei in den USA und vertrat einen demokratischen Sozialismus. Er hatte 1930 eine wichtige Forschungsarbeit zum autoritären Charakter in Deutschland veröffentlicht, auf der Theodor W. Adorno (1903-1969) und andere aufbauen konnten.

In seiner Arbeit ‚Anatomie der menschlichen Destruktivität' beschreibt Fromm 1973 (dt. 1974) drei Gesellschaftsformen:
„System A: Die lebensbejahende Gesellschaft,
System B: Die nichtdestruktiv-aggressive Gesellschaft und
System C: Die destruktive Gesellschaft."
System C ist durch zwei Hauptmerkmale gekennzeichnet; die Bedeutung des Privateigentums und in „primitiven" Gesellschaften die „bösartige Zauberei". Wichtig in diesem System ist die Geheimhaltung. Die größte Tugend sind rücksichtslose Praktiken, durch die man auf Kosten anderer Vorteile einheimst.

Fromm untersucht verschiedene Aggressionstheorien und geht auf Ursachen des Krieges ein. Destruktivität definiert er als „bösartige Aggression" und beschreibt sie als eine menschliche Charakterstruktur, die ihrerseits durch Einflussfaktoren der kapitalistischen Gesellschaft verfestigt wird.

Dabei unterscheidet er drei Grundformen der Destruktivität: spontane Destruktivität, Sadismus und Nekrophilie. Er porträtiert Josef Stalin als „klinischen Fall von nichtsexuellem Sadismus, Heinrich Himmler als klinischen Fall des analhortenden Sadismus" und Adolf Hitler als „klinischen Fall der Nekrophilie".[1] Ich hebe diese Position besonders hervor, weil Gruhl sich auf Fromm beruft, der zur ‚Frankfurter Schule' gehörte, und weil seine Gegner unter den Gründern der ‚Grünen Partei' vor allem die Kommunisten waren. Adorno (‚Dialektik der Aufklärung'), Marcuse (‚Der eindimensionale Mensch'), Fromm, Horkheimer und in ihrer Nachfolge Dutschke, Rabehl … waren Wissenschaftler, die von Karl Marx ausgehend versuchten, die aktuelle kapitalistische Gesellschaft zu analysieren. Gruhls „Grüne Aktion Zukunft GAZ" bildete zusammen mit der ‚Grünen Liste Schleswig-Holstein' und der ‚Bremer Grünen Liste' die ‚Arbeitsgemeinschaft ökologische Politik bei den Grünen AGÖP', die einen Gegenpol zum dominierenden sozialistischen Flügel der Partei bilden wollte. Vier Monate später, am 16. Juli, gründeten diese die Gruppierung „Grüne Föderation", die sich im Oktober in „Ökologische Föde-ration" umbenannte und 1981 austrat.

Auf dem Gründungsparteitag am 12. und 13. Januar 1980 in Karlsruhe und dem Programmparteitag im März 1980 in Saarbrücken hatte sich die Gruppe ‚Z' aus taktischen Gründen der Mehrheit angeschlossen, um die sogenannte ‚bürgerlich-ökologische' Position der ‚Grünen Aktion Zukunft GAZ' bei den Wahlen zu den Gremien und zum Vorstand auszuschalten, was ihnen auch gelang, weil ziemlich viele ‚Linke' neu eingetreten waren.

Diese Bezeichnung etikettierte die Bürgerlichen als ökologisch und die Ökologie als bürgerlich. Es ging den Kommunisten nicht nur darum, die bürgerlichen Ökologen auszuschalten, sondern auch die Ökologie als bürgerliches Thema zu diffamieren. Damit erreichten sie, dass die Umweltfrage nicht mehr

---

1   https://de.wikipedia.org/wiki/Erich_Fromm

das vereinigende Oberthema der Grünen war, sondern eines von vielen anderen wurde. Konservieren heißt ja bewahren. Die Umwelt zu bewahren ist folglich konservativ, und die Konservativen sind politische Rechte. Der Nachweis nationalistischer Äußerungen von Haußleiter in den fünfziger Jahren war ein gefundenes Fressen für die Säuberung von ,bürgerlichen Ökologen'.

Am Ende führte diese Niederlage zwangsläufig und von der Gruppe ,Z' gewollt zum Austritt der ,Ökologischen Föderation' mit den Initiatoren um Herbert Gruhl, August Haußleiter und Baldur Springmann und zur Gründung der Ökologisch-Demokratischen Partei (ÖDP). Sie waren als ,Rechte' und ,Bürgerliche' chancenlos, aber bei den Grünen wurde die Ökologie dadurch zur Nebensache. Es wird zwar gesagt, Gruhl habe die Basisdemokratie abgelehnt, dagegen spricht jedoch, dass Gruhl gemeinsam mit Petra Kelly trotz oder eher wegen unterschiedlicher Auffassungen eine gleichberechtigte Kandidatur nach dem Rotationsprinzip zuvor schon für die Europa-Wahl 1979 eingeführt hatte. Das Rotationsprinzip war eine Maßnahme, um den Einfluss der verschiedenen Strömungen in der Partei abzusichern. Bei den Wahlen zu den einflussreichen Posten in der Partei wurde AUD-Gründer August Haußleiter Parteisprecher und gab die Parteizeitung ,Die Grünen' heraus, aber Gruhl wurde durch einen taktischen Rückzug von Schily ausgeschaltet.

Der Grund waren die Kommunisten mit ihrer antibürgerlichen Dogmatik, die ihn bekämpften. Er musste also begreifen, dass sie seiner Gruppierung die Möglichkeit der Einflussnahme verwehrten und die Mehrheit dem sogar zustimmte.
Die wichtigste Maßnahme, um die Verselbständigung der grünen Abgeordneten zu Berufspolitikern zu verhindern, wäre jedoch das imperative Mandat der Basis gewesen.

Die ,Sozialisten' bildeten eine eigene Fraktion: die Gruppe „Basisdemokratische undogmatische Sozialist/inn/en in den Grünen BUS".

Für die Wahl zum Amt des Vorstandsprechers der Partei stellte die BUS Jan Kuhnert gegen die Z-Frau Bettina Hoeltje (geboren 1948) der ‚Kommunisten' auf.

Der Hesse Jan Kuhnert (geboren 1951) war aktiv in der Anti-Atom-Bewegung, 1978 Gründungsmitglied der ‚Grünen Liste Umweltschutz' in Hessen und der Partei ‚Die Grünen'. Nach dem Studium war er wissenschaftlicher Mitarbeiter in der „Forschungsgruppe für Sozialgeschichte der Erziehung in der DDR" der Universität Marburg mit dem Arbeitsschwerpunkt Geschichte der Berufsausbildung, internationaler Vergleich der Technologieentwicklung und Umweltprobleme. Und er war Mitglied der Bundesprogrammkommission.

Die BUS, zu der auch Jutta Ditfurth gehörte, beantragte 1980 zusammen mit Mitgliedern aus der ‚Grünen Liste Schleswig-Holstein GLSH' und aus Hamburg einen Ausschluss der Gruppe ‚Z' vom Kommunistischen Bund, den die Untersuchungskommission jedoch 1981 ablehnte.

1981 löste sich die ‚Ökologische Föderation' endgültig aus der Partei heraus: Gruhl selbst verließ die Grünen am 18. Januar 1981, mit ihm traten etwa ein Drittel der Mitglieder aus. Trotz Abgrenzung gegen faschistoide Parteien lehnten die Grünen 1992 ein Zusammengehen ab. Die ÖDP ist eine Kleinpartei von 7.000 Mitgliedern geblieben mit maximal 2 % Wählerstimmen (bei bayrischen Landtagswahlen), aber etlichen erfolgreichen Volksbegehren.

Für Gruhl war der frühe Tod von Rudi Dutschke am 24. Dezember 1979 „eines der unglücklichen Ereignisse, durch welche die Entwicklung der Partei ‚Die Grünen' in Bahnen geriet, die nicht mehr die meinen [Gruhls] und der Mitglieder der ‚Grünen Aktion Zukunft' sein konnten". [1]

Dutschke hatte Marx studiert und Lenin widerlegt. Marx Hauptanliegen war, die kapitalistische Produktionsweise zu

---

1   Zitiert nach https://de.wikipedia.org/wiki/Herbert_Gruhl#cite_note-12 aus Herbert Gruhl: Überleben ist alles. Erinnerungen. Herbig, München 1987, ISBN 3-7766-1457-9, S. 215.

analysieren, weil sie die gesellschaftliche Basis ist und mit den unterschiedlichsten politischen Systemen funktioniert. Der Staat war nicht sein Thema, und wir sehen, dass sich der Kapitalismus in den unterschiedlichsten Staaten (mehr oder weniger erfolgreich) eingenistet hat. Die bürgerliche Demokratie ist in Wachstumszeiten am erfolgreichsten, in Krisenzeiten sorgt der Faschismus für Ordnung.

Dutschke hatte erkannt, dass Lenins Absicht, den Sozialismus mit Hilfe des Staates zu implantieren, die Problematik auf den Kopf stellte. Nicht die politische Sphäre galt es in Russland zu verändern, sondern die Produktionsweise, die Dutschke als ‚halbasiatisch' und in keiner Weise sozialistisch bestimmte. Stalins Zwangskollektivierung der Landwirtschaft, die vermutlich 10 Millionen Hungertote verursachte, war eine Enteignung der Bauern, um den Wachstumszwang durchzusetzen, weil die Konkurrenz mit den kapitalistischen Gesellschaften ökonomisch aufgenommen wurde. Krieg bringt Wachstum, weil Waffen produziert und verbraucht werden und Umwelt zerstört wird, Umweltzerstörung bringt Wachstum, weil repariert werden muss, Krankheit bringt Wachstum, weil geheilt werden muss. Technik ist nicht neutral, sondern kann zerstörerisch sein wie der Abbau von Uran für die Atomkraft oder der Straßenbau durch den Urwald.

Diese Zusammenhänge wussten Gruhl und Dutschke. Sie wussten, dass Ökologie eine neuer Ansatz war, um systematische Zusammenhänge zwischen kapitalistischer Wirtschaft und Umweltzerstörung zu untersuchen, und dass aus ökologischer Sicht die kapitalistische Wirtschaftsweise mit ihrem Kapitalwachstumszwang ein Ende haben sollte. Dutschke war akzeptiert und hätte Gehör gefunden, aber mit Gruhl wurde die Ökologie zu einem Unterpunkt oder einer Nebensache im Forderungskatalog, nachdem ihre Anhänger mit Gruhl gegangen waren.

Zugleich gingen damit auch viele Pazifisten aus der Vätergeneration. Diejenigen, die sie vertrieben hatten und sich als links verstanden, die Kommunisten, hatten keine Erinnerungen an den Krieg und wenig Skrupel mit der Gewalt gegen Personen. Tendenziell waren es Männer-Bünde mit autoritären Strukturen der einzelnen Person, aber auch der Partei selbst. Viele dieser Männer hatten Politik zu ihrem Beruf gemacht, schrieben in den publizistischen Organen ihres Bundes und lebten davon, auch materiell. Während die antiautoritäre Kindergeneration versuchte, den Berufspolitiker zu verhindern, war die Enkelgeneration darauf erpicht, in die Politik zu gehen.

Der nächste zentrale Streitpunkt neben der Ökologie war die **Demokratie.** Drei verschiedene Konzepte der drei Gruppierungen standen sich anfangs unvermittelbar gegenüber.

Ökologen: Rotation und direkte Demokratie, also zusätzlich zu Wahlen Volksbefragungen machen

Sozialisten: Rotation und Basisdemokratie, also imperatives Mandat der Abgeordneten und Anbindung der Partei an die Basisbewegung in der Gesellschaft

Kommunisten: Demokratischer Zentralismus mit Befragung der Parteibasis und Entscheidung durch die Führung

Eine Volksbefragung ändert das geschlossene System der gesellschaftlichen Einflussnahme einzig und allein durch Parteien, aber sie fügt ein zweischneidiges Instrument hinzu, weil die Medien entscheidenden Einfluss haben, eine öffentliche Diskussion jedoch nicht stattfindet. Eine Volksbefragung könnte fortschrittlich sein, wenn sie nach dem antiken Modell (ohne Medieneinfluss) praktiziert würde, wo die Themen öffentlich diskutiert wurden, bevor man abstimmte.

Die Ökologen waren gegen eine Basisdemokratie mit imperativem Mandat, also mit der Möglichkeit, abgesetzt zu werden, wenn sie als gewählte Vertreter gegen Parteibeschlüsse handeln.

Die Kommunisten waren ebenso wenig für Basisdemokratie, denn sie benutzten, infiltrierten die Basisinitiativen, um sie steuern zu können.

Die Sozialisten hingegen wollten ihr Gesellschaftsmodell eines demokratischen Aufbaus von unten nach oben auch in der eigenen Partei verwirklichen, weil sie in ihren Gruppen und Initiativen gute Erfahrungen damit gemacht hatten. Wenn in einer lokalen Gruppe zwei unterschiedliche Positionen vertreten waren, wurden zwei Delegierte in den nationalen Delegiertenrat geschickt, um beide Positionen zu Gehör zu bringen.

Die bestehende Parteienpolitik mit Berufspolitikern ohne Kontakt mit dem wirklichen Leben im Arbeitsprozess wurde von vielen Grünen abgelehnt.

Die Sozialisten machten jedoch den Fehler, den Bogen zu überspannen: Aus der Sorge, die prominenten Grünen könnten sich von der Partei-Basis abkoppeln und die Politik zu ihrem Beruf machen, setzten sie die Rotation nach 2 Jahren (halbe Legislaturperiode) durch, damit die weniger bekannten Grünen auch bekannt werden und Erfahrungen in der Politik sammeln konnten. Nach 2 Jahren wieder ausscheiden zu müssen, in denen man sich gerade erst ein wenig eingearbeitet hatte, war unklug, erzeugte Widerstand und brachte Konflikte.

Die führenden Ökologen jedenfalls, die sich weder programmatisch noch personell durchsetzen konnten, traten aus den ‚Grünen' aus und mit ihnen ein Drittel der Parteimitglieder. Bezogen auf die (außerparlamentarische) Basis der Partei war es ein zweiter gravierender Aderlass nach dem Austritt des wertkonservativen Flügels um Gruhl.

Die Macht lag nun ganz in den Händen von Parteikadern, die Ökologie oder Frauenemanzipation allenfalls als Nebenwiderspruch gelten liessen.

Zur Bedeutung der ökologischen Thematik möchte ich Gruhl aus seiner Grundsatzrede auf dem Gründungsparteitag der Ökologisch-Demokratischen Partei (ÖDP) am 6. März 1982 in Bad Honnef zitieren:

„Die Ursachen kommender Katastrophen liegen aber ebenso in den ökonomischen Theorien und deren rücksichtsloser Durchsetzung seitens der Menschen und ihrer Interessenverbände, ebenso durch die Parteien und Regierungen in allen Ländern der Welt. Vermehrung ist das Leitmotiv alles Tuns. Vermehrung der Produktion und des Pro-Kopf-Verbrauchs; Vermehrung der Energie, der Fahrzeuge und der Straßen, der Flugzeuge und Flugplätze, der Chemikalien und der Krankheiten und schließlich Vermehrung der Atombomben und der Raketen (die logische Fortsetzung all der anderen Vermehrungen). Und da ist auch noch die Vermehrung des Geldes, das offensichtlich in ungeschlechtlicher Fortpflanzung sich selber zeugt.

Da es ein grundlegendes Gesetz diese Welt ist, dass jede Vermehrung irgendwo an anderer Stelle eine Verminderung nach sich zieht, befinden wir uns unweigerlich in einem Zeitalter der Verminderung. Vermindert werden nicht nur die Rohstoff- und Energievorräte unseres Planeten. Vermindert werden auch: der fruchtbare Boden, die Pflanzendecke, die Tierwelt, die sauberen Gewässer, die reine Luft, die Stille und schließlich auch die Gesundheit. In einem atemberaubenden Tempo haben sich ferner vermindert: die traditionellen Moralbegriffe, die zwischenmenschlichen Bindungen, das Ehrgefühl, der Sinn für Kultur und schließlich auch die Religiosität.

Alle Bereiche des Lebens auf dieser Erde gehören zur Ökologie; wir leben in einem Kosmos. Alles, aber auch alles muss daher Gegenstand unserer Sorge sein, unserer Zukunfts-Vorsorge. Damit ist unser politisches Spektrum weit umfassender als das jeder anderen Partei. Es genügt nämlich nicht, die Verminderung zu bremsen, mittels Geld die Umweltschäden abzuschwächen und kulturelle Wiederbelebungsversuche einzuleiten.

Es müssen vielmehr die Ursachen der Übel angegriffen werden: die Vermehrungen. Der größte Witz der letzten Jahre ist die Bekämpfung der Umweltschäden mittels einer neuen Wachstumsbranche, der Umweltindustrie. (…) Wo aber das wirtschaftliche Wachstum zum obersten Gesetz erhoben wird in der Bundesre-

publik Deutschland geschah dies durch das Gesetz zur Förderung der Stabilität und des Wachstums der Wirtschaft dort darf nicht einmal mehr die gleich bleibende Nachfrage geduldet werden. Wirtschaft und Staat müssen dann unter allen Umständen für die ständige Erhöhung der Nachfrage sorgen. Das heißt nichts anderes, als dass die Marktkräfte ausgeschaltet werden müssen, wenn sie nicht steigernd wirken. Bleibt also die Steigerung aus, dann sind Eingriffe in den Markt nicht nur erlaubt, sondern gesetzlich vorgeschrieben. Damit besteht auch kein grundsätzlicher Unterschied mehr zur Staatswirtschaft des Ostens, wo die Steigerung mit jedem Fünfjahresplan programmiert wird.

Der Unterschied ist heute der: Die Wachstums-Theorie bringt den Osten noch nicht in eine fatale Lage, wohl aber den Westen. Denn die Nachfrage ist in den kommunistischen Ländern (wie in den Entwicklungsländern) noch nicht gesättigt, wohl aber in den reichen Ländern des Westens. Diese Sättigung war längst absehbar und tritt in diesen Jahren ein. Nun zeigt sich wieder einmal die Öffentlichkeit etwas überrascht, was genauso unausweichlich kommen musste wie die Erdölverteuerung.

Zwei sich widersprechende Ziele wurden im Zeitalter der Industrialisierung gleichzeitig verfolgt. Nämlich: Menschliche Arbeitskräfte überflüssig zu machen und Arbeitsplätze für Menschen zu schaffen. Der Philosoph Günther Anders schrieb im II. Band seines Werkes ‚Über die Antiquiertheit des Menschen‘: <Wenn gewisse mitteleuropäische Politiker vorgeben, den technologischen Stand ihrer Länder deshalb steigern zu wollen, weil sie nur dadurch Vollbeschäftigung gewährleisten können, dann sind sie entweder denkunfähig oder Volksbetrüger. Man kann nicht höchste Rationalisierung, die die Zahl der erforderten Arbeiter senkt, und Vollbeschäftigung zugleich auf ein Programm setzen. Nirgends außer in der Politik dürfte man sich einen derartigen logischen Schnitzer erlauben. Die Dialektik von heute besteht in diesem Widerspruch zwischen Rationalisierung und Vollbeschäftigung. Dies offen zuzugeben, das bringt kein Politiker über sein Parteiherz.>

Der lang verdrängte Widerspruch liegt nun offen zutage. Seit Jahren ist das wirtschaftliche Wachstum kein Eigenziel mehr, sondern dient als Mittel zu dem Zweck, wegrationalisierten Arbeitskräften neue Arbeitsplätze zu schaffen. Für diese neuen und erhöhten Produktionen braucht man aber auch den alle Jahre höheren Konsum." [1]

Man kann Gruhl kritisieren, weil er das Ziel der Vollbeschäftigung dem Kapitalismus unterschiebt. Ganz im Gegenteil braucht dieser die Arbeitslosigkeit, um in der ,Reservearmee' Arbeitskräfte auswählen und Lohnkosten drücken zu können. Der bürgerliche Staat hat die Aufgabe, für sozialen Frieden einerseits und Wirtschaftswachstum andererseits zu sorgen, und muss deshalb die Arbeitslosigkeit dämpfen, wenn Unruhe entsteht, nur notfalls die Unruhe unterdrücken, aber Vollbeschäftigung lässt die Löhne steigen und ist daher wachstumshemmend. Die Politik schreit nur Alarm, wenn das Angebot von ,Arbeitskraft' auf dem ,Markt' zu gering ist.

Ganz sicher ist, dass Gruhl mehr wirtschaftlichen Sachverstand hatte als seine kommunistischen Gegner.

Fazit

Die Partei der ,Grünen' wurde 1980 von **drei Generationen** gegründet.

Die **Vätergeneration** hatte die Initiative zu einer Umweltpartei ergriffen. Sie hatte in den Ruinenfeldern das frenetische Wirtschaftswachstum und den hemmungslosen Wiederaufbau erlebt, bei dem insbesondere die Sozialdemokraten Stadtentwicklung auf Kosten der alten Bausubstanz und Industrieentwicklung ohne Rücksicht auf Natur und Umwelt betrieben.

Zentral war die Erkenntnis der Grenzen des Wachstums und ihre Kritik an der industriellen Entwicklung – nicht nur der Atomindustrie.

---

1 https://web.archive.org/web/20080619060955/http://www.oedp.de/themen/demokratie-sicherheit/oedp-politik/25-jahre-oedp/gruendungsrede-von-dr-herbert-gruhl

Sie propagierte ein Wirtschaftsmodell, das anders als der Kapitalismus (mit dem Geldwachstum als einzigem Ziel) human und naturbezogen sein sollte, und rief dazu auf, umweltbewusst zu leben.

Die **Kindergeneration** schloss sich, nach der gescheiterten Revolte, ihnen an und propagierte neue Werte – ein anderes Arbeiten und Leben.

Die antiautoritäre Grundhaltung blieb bestehen. Zentral war der Kampf gegen lebensbedrohende industrielle Großprojekte, aber Themen aus anderen gesellschaftlichen Problemfeldern kamen hinzu. Emanzipation von gesellschaftlicher Unterdrückung in allen Bereichen war ihr Ziel.

Trotzdem gab es eine große Schnittmenge mit den ,Vätern', denn sie sahen auch, dass Industrie und Technik nicht neutral sind. Nicht nur die Atomkraft, auch die Computerisierung betrachteten sie als verhängnisvoll. Gegen die chemische Zerstörung der Lebensmittel in der Landwirtschaft gründeten sie Bioläden in Nachfolge der Reformhäuser ihrer Vorfahren. Sie wollten die Gesellschaft von unten transformieren und so die politischen Verhältnisse verändern.

Die **Enkelgeneration** orientierte sich an den Aufständen und Revolten in Italien, Lateinamerika oder dem großen Vorbild China. Der maoistische Kommunismus war an die Macht gekommen und hatte in ihrer Wahrnehmung das Werk Lenins und seiner Nachfolger weiterverfolgt. Den Verfall der Sowjetunion verorteten sie seit Stalin oder im ,Reformismus' nach Stalins Tod. Sie wollten eine kommunistische Partei aufbauen und Einfluss in der deutschen Arbeiterbewegung gewinnen, um die Macht zu erreichen. Ende der siebziger Jahre sahen sie, dass ihr Versuch in der sozialdemokratischen Bastion hoffnungslos war, auch wenn einige die SPD verliessen, und begannen, die sozialen Bewegungen zu infiltrieren oder selbst zu imitieren (Kinderläden, Medien, Verlage …).

Die überwiegende Mehrheit aller Kommunisten berief sich

zwar auf Marx, hatte ihn aber nur durch Lenins Brille (‚Staat und Revolution') gelesen. Die Schulungstexte enthielten bestenfalls Kurzfassungen. So wird bis heute verbreitet, dass die industrielle Produktivkraftentwicklung durch Technik von Marx nur positiv gesehen würde. Das dazugehörige Schlagwort war die beabsichtigte „Entfesselung der Produktivkräfte" im Sozialismus/Kommunismus.

Mit den Kommunisten kam also eine dritte Gruppe, die nicht wachstumskritisch war und wenig von Basisdemokratie hielt, weil sie ihren eigenen Apparat hatte und von der Eroberung der Macht träumte. Die politische Sphäre der Parteien war nicht ihr Spielbein zur Propaganda der Ökologie, sondern das Standbein zur Machteroberung.

Die Kommunisten stützten sich für ihren Aufstieg in der Partei der Grünen auf die eigenen Basisinitiativen, die sie infiltriert hatten und ihre Legitimation waren, die aber überwiegend nicht aus dem ökologischen Bereich kamen. Das Primat der Ökologie, also der Wirtschaftsweise, lehnten sie ab. Stattdessen galt das leninistische Primat der Politik.

Es gab einen gravierenden Unterschied zwischen den drei Generationen: ihr Alter.

Die Generation der ‚Enkel' stand am Beginn ihres Berufslebens. Viele wählten die Option des Berufspolitikers, während für alle anderen die rein politische Revolte gescheitert und die Veränderung des alltäglichen Lebens die Alternative war. Die Alternativbewegung kämpfte für die Erweiterung gesellschaftlicher Freiräume und gegen die kapitalistische Zerstörung durch sogenannten Fortschritt (wie die ‚Personal Computer'). Es gab keine Mehrheit, die KB-Kommunisten der Zentrumsgruppe auszuschließen. Im Gegenteil: Sie erreichten, dass die Fraktion der reinen Ökologen austrat, die einzige Fraktion, die den Kapitalismus nicht nur in seinem Wesen kritisierte – seiner Wirtschaftsweise – sondern auch konkret das Ziel formulierte, die kapitalistische Wachstums-Ökonomie zu beenden, weil sie unsere Lebensgrundlagen zerstört.

Es ging Gruhl & Co nicht um eine andere – basisdemokratische oder kommunistische – Politik, die Lösung suchten sie nicht in der Politik, dem Staat, sondern in der Wirtschaftsweise, dem Politischen. Die politische Einordnung zwischen links und rechts musste scheitern: Gruhl & Co waren aus CDU/CSU und auch der SPD ausgetreten, weil sie eine **neue Gesellschaft** wollten und nicht nur einen **neuen Staat**. Die politische Partei der Grünen sollte ihre Ideen auch im Parlament propagieren, aber nur als Sprachrohr und Verstärker in der politischen Öffentlichkeit. Es ging ihnen um ein bewahrendes (konservatives) Verhältnis zur Umwelt und Natur. Angesichts der Pervertierung von Fortschritt und Moderne durch die industrielle und militärische Entwicklung kämpften sie gegen das kapitalistische Wachstumsprinzip für eine naturbewahrende Wirtschaftsweise. Diese Position konnten all jene unterstützen, die Marx' Analyse des Kapitalismus kannten. Sie ist revolutionär. Marx hat sie schon in der ,Deutschen Ideologie' mit Hilfe des Begriffs der Entfremdung beschrieben – Entfremdung von der Natur, auch der eigenen Natur.

Sie ist extrem fortgeschritten.

Früher lebten 90 % der Bevölkerung in Deutschland natürlich – das heißt auf und von dem Land –, heute leben mehr als 50 % in Städten und 2 % arbeiten in der Landwirtschaft, wobei viele landwirtschaftliche Unternehmen dort Industriebetriebe sind und keine bäuerlichen Höfe.

Ich habe am Anfang dieses Buches aus dem ,Kapital' von Marx zitiert:

„Die kapitalistische Produktion entwickelt daher nur die Technik und Kombination des gesellschaftlichen Produktionsprozesses, indem sie zugleich die Springquellen alles Reichtums untergräbt: die Erde und den Arbeiter.“

Gruhl & Co hatten das begriffen, Dutschke und andere Marx-Kenner auch, das war die Erkenntnis der Ökologiebewegung und hatte sie zu einer antikapitalistischen Position geführt, die sich auch gegen den russischen und chinesischen Pseudo-Kommunismus wendete, der den kapitalistischen Fortschrittsbegriff übernommen hatte und ökologisches Denken völlig ablehnte. Das Resultat dieser Staaten waren und sind in China bis heute Umweltsünden, die den Kapitalismus im Westen noch übertreffen konnten.

Die ‚Grüne Partei' aber war dreigespalten:
nicht nur ‚**ökologisch**' (gegen den Kapitalismus für eine naturgerechte Wirtschaftsweise),
sondern auch ‚**alternativ und basisdemokratisch**' (antiautoritär für solidarische Verkehrsformen, alternative Projekte und die Abschaffung des bürgerlichen Staates)
und ‚**kommunistisch**' (für die Eroberung der politischen Macht im Staat).

Viele der Ökologen und der Basisdemokraten versuchten, ihre Ziele auch praktisch zu leben, während die Kommunisten überwiegend Kader ihrer Partei waren und Öffentlichkeitsarbeit in ihren Medien machten.

Die drei Fraktionen repräsentierten Ziele in drei verschiedenen Bereichen: ökologische **Wirtschaftsweise**, egalitäre **Gesellschaft**, kommunistischer **Staat**.

Das Kriterium reaktionär oder rechts, mit dem die Kommunisten die Ökologen ausgebootet haben, kommt aus dem politischen Machtbereich der Parteien und wurde in der Auseinandersetzung missbraucht, um das Thema Ökologie zu unterdrücken. Das ist eine beliebte Methode der Kommunisten, einen unbequemen Bereich zum **Nebenwiderspruch** zu erklären und so zu unterdrücken.

Mit dem Ausschluss der Ökologen bewirkten die Kommunisten, dass die Ökologie schon in der Gründungsphase der grünen Umweltpartei zur Nebensache wurde.

2012, in einer Analyse der ‚Grünen Partei' liest sich die Absonderung von Gruhl & Co so[1]:

„*Es ist – leider – kein Zufall, dass Umweltschutz und Rechtsextremismus so gut zusammenpassen.* «*Im Verlauf der Ökologiegeschichte waren es entgegen der heute vorherrschenden Meinung nicht etwa anarchistische, marxistische, sozialdemokratische oder liberale Strömungen, die den Charakter der Ökologie entscheidend prägten*», schrieb Oliver Geden 1996 in seinem Buch «Rechte Ökologie». «*Es war zumeist konservatives bis faschistisches Gedankengut, das sowohl der ökologischen Wissenschaft als auch den ökologischen Bewegungen seinen Stempel aufdrückte. (…) Nicht nur die Ökologie als Wissenschaft, so Geden, sondern auch die Umweltbewegung habe tiefbraune Wurzeln. Die Naturschutz- und Lebensreform-Gruppen, die vor gut hundert Jahren hierzulande entstanden, seien geprägt gewesen von der antimodernistischen Zivilisationskritik der völkischen Bewegung. Wuchernden Städten wurde das romantische Ideal vom deutschen Bauern auf eigener Scholle entgegengesetzt. Von der Idee des technischen Fortschritts als unorganische und zersetzende Kraft war es dann nicht weit bis zum nationalsozialistischen Hass auf jüdische und andere «artfremde» Einflüsse.*" Aus: Toralf Staud, Braune Grüne, Wie Rechtsextremisten in der Ökoszene mitmischen (aaO S. 15)

Das ist Demagogie, wenn die Wurzeln der Ökologie und der Umweltbewegung im Faschismus verortet und der Umweltschutz als rechtsradikal diffamiert werden. Historisch war es genau andersherum:

Die völkische, also die faschistische Bewegung hat die Naturschutz- und Lebensreformbewegung Jahrzehnte nach ihrem Entstehen gekapert und für ihre Zwecke verdreht. Sie hat mit

---

[1]   Schriften zur Demokratie, Band 26, Braune Ökologen, Hintergründe und Strukturen am Beispiel Mecklenburg-Vorpommerns, herausgegeben von der Heinrich-Böll-Stiftung und der Heinrich-Böll-Stiftung Mecklenburg-Vorpommern 2012 in Kooperation mit den Regionalzentren für demokratische Kultur in Trägerschaft der evangelischen Akademie Mecklenburg-Vorpommern und der Arbeitsstelle Politische Bildung der Universität Rostock

der modernen Zivilisation (dem Kapitalismus) paktiert (Autobahnbau, Volkswagen …), nur das Finanzkapital kritisiert, um die Judenverfolgung zu legitimieren. Schockierend ist, dass dieser diffamierende Text eines unkritischen modernen Zivilisationsbefürworters von der Heinrich-Böll-Stiftung der ‚Grünen' veröffentlicht wurde. Obwohl es den Kommunisten schon bei der Gründung gelungen war, die Ökologie zur Nebensache zu machen und die Umweltschützer aus der Partei zu verdrängen, wird 2012 sogar die Wissenschaft selbst als faschistisch bezeichnet. Wofür steht dann das ‚Grün' im Partei-Namen?

Im schon zitierten Sammelband gibt es einen weiteren Text zum Thema Ökologie, der nicht so schlichte Demagogie ist, sondern die Entwicklungsgeschichte historisch beleuchtet.

Vorurteilsfrei ist er jedoch ebenfalls nicht:

„Diese duldende bis begeisterte Haltung, die man gegenüber dem Nationalsozialismus eingenommen hatte, war für den Heimat- und Naturschutz in den Jahren nach dem Krieg eine übergroße Hypothek. Gegenüber der materiellen Notwendigkeit des industriellen Wiederaufbaus blieb die völkische Rhetorik zudem ein Randphänomen. Nur wenige Einzelpersonen, Gruppen und Parteien versuchten in der Folgezeit eine Wiederbelebung des konservativen Natur- und Heimatschutzgedankens; die Resonanz war gering. Dieser Effekt blieb bis in die frühen 1970er-Jahre hinein erhalten, bis zur Entstehung der neuen sozialen Bewegungen.

Zunächst entstanden spontane und lokal begrenzte Protest- und Widerstandsgruppierungen, die sich als «Negativkoalition» unmittelbar und eindimensional gegen regionale Vorhaben v.a. der Atomwirtschaft richteten und sich als kommunale Bürgerinitiativen (BIs) formierten, in denen weniger ein politisches Bekenntnis als die Frage nach Zustimmung oder Ablehnung des jeweiligen Projektes im Vordergrund stand.

Der bereits 1972 gegründete Bundesverband Bürgerinitiativen Umweltschutz (BBU), übernahm bald die Koordination der lokalen Proteste und schuf auch die Möglichkeit zur Diskussion weitergehender gesellschaftspolitischer Probleme, die über Einzelvorhaben hinaus den kapitalistischen Wachstumsgedanken grundsätzlich in Frage stellten und alternative Technik- und Gesellschaftsmodelle entwarfen. Hierbei verstand man das eigene Handeln zwar als politisch, glaubte aber, das «alte» Links-Rechts-Schema hinter sich lassen zu können. Im Verlauf des Entwicklungsprozesses der Umweltbewegung fand eine Annäherung der hinsichtlich der Ideologie und den Aktions- und Organisationsformen sehr unterschiedlichen Gruppierungen statt.

Es gab einen starken rechten, konservativen bis reaktionären Flügel. Zu diesem zählte dabei vor allem die Grüne Aktion Zukunft (GAZ) des ehemaligen CDU-Abgeordneten Herbert Gruhl, verschiedene Natur- und Heimatschutzvereinigungen, sowie einige kleinere lokale oder regionale Gruppierungen. Schon frühzeitig wurde zumindest von Teilen der Ökologiebewegung die Gefahr gesehen, dass nationalistische, autoritäre und reaktionäre Gruppierungen den Umweltschutz instrumentalisieren könnten, um eine größere Plattform für ihre Ideologien zu schaffen. Gleichwohl wurde zunächst jeder als bündnisfähig angesehen, der für die gleichen Belange eintrat.

Diese inneren Widersprüche, die aufbrachen, nachdem sich die Vorstellung, man betrete politisches Neuland jenseits von links und rechts, als Illusion erwiesen hatte, führten schon beim Gründungsparteitag der Grünen 1980 in Karlsruhe zu einer Spaltung der grünen Bewegung.
Bestimmend war fortan ein parlamentarisch orientierter Kern, dessen große Wahlerfolge bis heute andauern.

Für die anderen Teile der Ökologiebewegung blieben zwei grundsätzliche Möglichkeiten, ihre Opposition zu reorganisieren. Ein kleiner Teil besann sich auf die Kernfragen des linken, basisdemokratischen Protestes gegen das kapitalistische Industriesystem. Ökologische Probleme wurden hier thematisiert als Ausbeutung der Natur durch den Menschen, die den gleichen Prinzipien unterliege wie die Ausbeutung des Menschen durch den Menschen.

145

Für alle anderen, denen die Vorstellungen der parlamentarischen Grünen zu modernistisch und fortschrittsgläubig waren, die einer parlamentarischen Demokratie keine Problemlösungskompetenz in ökologischen Fragen zutrauten bzw. demokratischen Prinzipien grundsätzlich ablehnend gegenüberstanden, blieb bis heute der Weg einer Verabsolutierung von Ökologie und Natur als alleingültigen Ordnungsprinzipien des Lebens." (Aus: Oliver Nüchter Braune Ökologen Hintergründe und Strukturen am Beispiel Mecklenburg-Vorpommerns Denkfiguren völkisch autoritärer Ökologie – im Vater- oder Mutterland aaO S. 23/24)

Auffällig ist der Widerspruch in der Wortwahl: Die ‚Grünen' werden von Oliver Nüchter wie immer gern als ‚grüne Bewegung', ‚Ökologiebewegung' und als ‚Umweltschutzbewegung' bezeichnet und deswegen ja auch gewählt, und zugleich distanzieren sie sich von der Bewegung, denn sie verstehen sich als ‚parlamentarische Partei' mit ‚Problemlösungskompetenz in ökologischen Fragen' und wollen nichts zu tun haben mit der ‚kleinen Gruppe der Verfechter des linken, basisdemokrati-schen Protestes gegen das kapitalistische Industriesystem'. Tatsächlich sind die ‚Grünen' trotz ihres Namens schon seit der Gründung keine grüne, ökologische oder Umweltschutzbewegung, sondern distanzieren sich als Partei von dieser Bewegung, deren gesellschaftspolitische Bedeutung sie nicht erkennen, sondern in ihrem parlamentarischen Raster als reaktionär abtun. Den Mythos der Umweltschutzbewegung haben sie zu Unrecht usurpiert.

Tatsächlich kämpfen Umweltschützer gegen das kapitalistische Wirtschaftssystem, weil es als einzigen Maßstab das Kapitalwachstum hat und Mensch und Natur nur als Objekte benutzt.

Besonderes Augenmerk verdient der Satz: „*Hierbei verstand man das eigene Handeln zwar als politisch, glaubte aber, das «alte» Links-Rechts-Schema hinter sich lassen zu können.*" In diesem Satz wird die Doppeldeutigkeit des Begriffs ‚politisch' demonstriert.

Genau gesagt müsste es heißen: „*Hierbei verstand man das eigene Handeln zwar als gesellschaftspolitisch, glaubte aber, das «alte» parteipolitische Links-Rechts-Schema hinter sich lassen zu können.*"

Der Anfang der Umweltschutzbewegung war wie dargestellt 1972 der bundesweite Zusammenschluss zum ‚Bundesverband Bürgerinitiativen Umweltschutz (BBU)‘. Er wird lächerlich gemacht, indem er von der hohen Warte der Partei bewertet wird.

Der Begriff ‚Politik‘ wird auf ‚Parteipolitik‘ beschränkt, als ob es nicht auch Medien, Kirchen, Adel, Bürgertum, Wissenschaft, Verbände, Militär, Verbände von Kapitalunternehmen, Gewerkschaften usw. gäbe, die Politik machen. Genau dagegen hatte sich eine basisdemokratische Bewegung gebildet, die sich gegen den Strom der Meinungsfabriken und die Beschränktheit der Parteipolitik im Parlament wendete.

Im politischen Parteienspektrum des deutschen Staates gibt es die Möglichkeit nicht, konservativ die Umwelt zu schützen und revolutionär die Gesellschaft zu verändern. Die Umweltschützer gelten den ‚Grünen‘ als rechtsradikal, die Basisdemokraten als linksradikal, beides wird abgelehnt, um eine parlamentarische Partei der demokratischen Mitte zu sein, damit sie mit allen anderen bürgerlichen Parteien von der SPD bis zur CDU/CSU Koalitionen eingehen kann.

Der entscheidende Kampf der grünen Parteipolitiker gegen die Ökologie wurde schon 1980 mit Hilfe der ‚Kommunisten‘ nach der Gründung der Partei gewonnen, sie war nur noch eines von vielen Themen.

Aber es gab noch die Basisdemokratie als Besonderheit der ‚Grünen Partei‘. Die Gruppe der ‚Sozialisten‘ war in den Basisbewegungen stark verankert, und die Anti-AKW-Bewegung bekam durch die Reaktorkatastrophe 1986 die Bestätigung ihrer Position, dass technischer Fortschritt für Mensch und Natur katastrophal sein kann.

Kapitel 14

Die Loslösung der Grünen von der Basisdemokratie

Ich erhielt Mitte der achtziger Jahre im Autonomen Bildungs-Centrum ABC einen Telefonanruf von einer grünen Parteifrau aus Hamburg, ob ich bereit sei, eine Podiumsdiskussion zu den Problemen der Norddeutschen Affinerie Affi zu leiten. Als Grüne seien sie nicht neutral, aber sie würden gern den Umweltskandal öffentlich diskutieren. So habe ich dann eine Veranstaltung mit etwa 500 Interessierten moderiert.

Auf dem Podium saß für die regierende SPD der Staatsrat Fritz Vahrenholt von der Hamburger Umweltbehörde, der die Wasserverseuchung durch die Affi herunterspielte. Der smarte Aufsteiger wurde bald darauf Senator und 1998 Vorstandsmitglied der Deutschen Shell. Er war unter anderem Mitglied des ‚Rats für nachhaltige Entwicklung' unter Kanzler Gerhard Schröder und Kanzlerin Angela Merkel. Er bestreitet, dass es eine Klimakrise durch Erwärmung gibt, engagierte sich für die Laufzeitverlängerung der AKW's und für Hochtemperaturreaktoren.

Damals vor 40 Jahren gab es Kontakt zwischen der ‚Grünen Partei' und Basisinitiativen, aber nur noch wenige Jahre. Das Verständnis von Basisdemokratie wurde in kurzer Zeit radikal verändert: Nicht mehr die gesellschaftliche Basis, also die politischen Bewegungen (Frauen-, Anti-AKW-Bewegung …), wurde als Fundament der Partei angesehen, sondern die Basis waren von nun an die Mitglieder der Partei, und der Streit ging um die interne Parteistruktur, also den Einfluss der Parteibasis auf die Politik der Delegierten, des Vorstands, der Abgeordneten …

Das Autonome Bildungs-Centrum ABC organisierte damals auch einige Jahre lang zu Sylvester mehrtägige Tagungen zum

Austausch zwischen der Hamburger ‚Grün-Alternativen Liste GAL‘ und Vertretern von Alternativprojekten. Von der GAL kamen Männer aus den zerfallenden kommunistischen Gruppen, vor allem dem KB-Nord, die deutlich sagten, dass es ihnen um politische Macht ginge. Ihr Interesse an unseren Aktionen, Kämpfen und Einschätzungen war bald erloschen. Damit endeten die gemeinsamen Tagungen nach wenigen Jahren. Damit will ich nicht sagen, dass GAL-Politiker inaktiv wurden. Konkret habe ich erlebt, dass zum Beispiel Kurt Edler (1950-2021) die ‚Deutsche Gesellschaft für Demokratiepädagogik‘ gegründet hat und lange ihr Vorsitzender war. Doch diese Gesellschaft war eine Unterorganisation der Partei, denn der Verein, insbesondere sein Vorsitzender, definierte ‚Demokratie‘. Der hatte sich aber von einem Anhänger Maos zum Kantianer gewandelt.

Auf ihrer Bundesversammlung am 22./23. Juni 1985 in Hagen beschlossen die ‚Grünen‘, dass sie nicht nur in Länderparlamenten, sondern auch auf Bundesebene zu einer Regierungsbeteiligung bereit seien, aber nicht um jeden Preis, weil ihre Politik (noch) auf eine fundamentale Gesellschaftsveränderung zielen würde:

„Gegenüber Teilen des fundamentalistischen Flügels stellt die Bundesversammlung fest: Für DIE GRÜNEN gehört die gesamte Bandbreite parlamentarischer Möglichkeiten von der Opposition bis zur Alleinregierung zu den selbstverständlichen Handlungsmöglichkeiten unserer parlamentarischen Arbeit. Eine freiwillige Selbstbeschränkung auf Opposition lehnen wir ab ... Gegenüber Teilen des realpolitischen Flügels stellt die Bundesversammlung fest: Das Streben nach Macht um nahezu jeden Preis als angebliche Schicksalsfrage der GRÜNEN ist ... für die auf grundlegende Veränderung der Gesellschaft zielende Politik der GRÜNEN nicht akzeptabel."

Darin steckte noch der Versuch, die Spaltung zu verhindern, aber diese Entscheidung für den parlamentarischen Weg war die Trennung von den gesellschaftsverändernden Kräften und die Bereitschaft zum Kompromiss mit den parlamentarischen Mehrheiten. Ich habe das ausführlich dargestellt mit der Entwicklung im Bereich der politischen Bildungsarbeit. Das abc-Hüll hat sich dank seiner hervorragenden Jugendbildungsarbeit halten können und existiert seit vier Jahrzehnten, aber die politische Erwachsenenbildung wurde mit Hilfe der ‚Grünen‘ ausgetrocknet.

Ich will nun das Problem am Beispiel der Parteistiftung der ‚Grünen‘ deutlicher machen.

Politische Bildungs-Vereine

Politische Bildung ist eine wichtige gesellschaftliche Aufgabe, die außerschulischen Einrichtungen überlassen wird, denn Schule soll auf das Arbeitsleben vorbereiten. Das war mit der Dreigliedrigkeit (Haupt- und Realschule und Gymnasium) von Anfang an so angelegt: Arbeiterschaft, Mittelstand, Bürgertum. Der Adel brauchte nicht zur Schule zu gehen. Das Abitur ist keine Reife-Prüfung, hat nicht einmal mehr den Anspruch, sondern ein Filtersystem der Zuweisung zu weiterführenden Ausbildungsgängen und inzwischen auch anderen Gesellschaftsschichten gegenüber weniger abgeschottet.

Die staatliche politische Bildung geht über die im Bundestag vertretenen Parteien und ihre Stiftungen. Sie wird mit erheblichen Mitteln aus dem Staatshaushalt finanziert. Anders gesagt sind die politischen Stiftungen im Interesse der akzeptierten Parteien CDU, CSU, SPD, FDP, zu denen die ‚Grünen‘ offiziell erst 1998 aufgenommen wurden. Parteien haben eine klare politische Richtung, die vermittelt wird, um Mitglieder oder Sympathisanten zu gewinnen. Diese politische Monopolstellung der herrschenden Parteien wird verbrämt als ‚öffentliches Interesse‘ bezeichnet.

Im Zusammenhang mit der Anerkennung der Grünen-nahen Heinrich-Böll-Stiftung hat das Bundesverfassungsgericht betont, dass *„die staatliche Finanzierung der Tätigkeitsfelder der politischen Stiftungen im öffentlichen Interesse liegt“*.[1]

1 https://de.wikipedia.org/wiki/Heinrich-Boell-Stiftung#cite_note-11

In Hamburg gab es Anfang der 1980er Jahre etliche Bildungs-
initiativen mit emanzipatorischem Ansatz. Zu ihnen gehörten
die Frauen von ,Denk-T-Räume', der Verein ,Umdenken' und
der oben schon erwähnte Verein ,Autonome Bildungs-Centrum ABC'. Wir trafen uns unregelmäßig, weil wir Geld von
der Hamburger Landeszentrale für politische Bildung erhielten und zusammen die Hamburger Gruppe für die Grünen-
Stiftung sein wollten. Wenn wir neben den gewerkschaftlichen
Bildungsträgern und den Parteistiftungen ökonomisch und
politisch bestehen und Einfluss haben wollten, brauchten wir
für unsere politische Bildungsarbeit nicht nur die Anerkennung, sondern auch eine vergleichbare Förderung.

,Umdenken' wurde 1984 als ,Verein für Arbeit, Umwelt und
Kultur' gegründet. Auf Vorschlag von ,Umdenken' beschlossen wir, dass einer unserer Vereine jeweils für ein Jahr An-
sprechpartner der GAL sein sollte, das war von 1984 bis 2012
der Name des Hamburger Landesverband der ,Grünen'. ,Um-
denken' hatte schon Kontakt aufgenommen und machte den
Anfang. Leider blieb diese Idee einer Verbindung zwischen
Basisinitiativen und der ,Grünen'-Stiftung Illusion. ,Umden-
ken' wurde der Vertreter der GAL und später umbenannt in
,umdenken Heinrich-Böll-Stiftung Hamburg e.V.'. Der Form
halber, damit die Hierarchie nach außen deutlich wurde, erhielt ,Umdenken' 2020 den heutigen Namen: ,Heinrich-Böll-
Stiftung Hamburg - Politisches Bildungswerk umdenken e.V.'.

,Denk-T-Räume' war aus der Hamburger Frauenwoche entstanden, die 1982 mit etwa 10.000 Frauen in der Hamburger
Universität stattfand. Feministisch-kritisches Denken und
feministische Utopien leiteten 1982 die Gründerinnen des
Vereins. Ihre Kurse und Gruppen sollten Politik für Frauen
entwickeln und Wege der Veränderung aufzeigen, um Hand-
lungsfähigkeit zu fördern. Selbstbestimmung war ihr Ziel, ohne
auf Weiblichkeit festgelegt zu werden. Der Verein organisiert
feministische Kurse und Veranstaltungen, aber auch Studien-
gruppen, um thematisch zu forschen, und verfügt über eine

Bibliothek und ein Archiv von Artikeln über Frauen. Wichtig war auch die Gründung des Frauencafés MegDonna.

Helga Braun, eine der Gründerinnen des Vereins, beschrieb die Anfänge folgendermaßen:

„Der Kollektivgedanke spielte in vielen alternativen Projekten der 70er- und 80er-Jahre eine tragende Rolle. So wurden alle Mitarbeiterinnen der Denk-T-Räume unabhängig von ihrer beruflichen Qualifikation gleich entlohnt. Von Renovierung über Layout bis Kursleitung: Alle machten alles. Entscheidungen traf man im Plenum, meist im Konsensverfahren, Projektveröffentlichungen waren immer anonym. Das förderte den Gruppenzusammenhalt und trug zu einer hohen Identifikation aller mit dem Projekt bei, wenn auch oft zu langen Diskussionen."

Helga Braun und Gunda Werner waren 1987 entscheidend beteiligt am Aufbau einer Frauenzeitung und einer internationalen feministischen Stiftung, der FrauenAnstiftung. Die ‚Grünen' hatten 1987 insgesamt acht parteinahe Länderstiftungen, die sie in dem Göttinger Verein ‚Buntstift' zusammenfassten. Gemeinsam mit der FrauenAnstiftung und der Kölner Heinrich-Böll-Stiftung beantragten sie, als die Grünen-nahe Parteistiftung anerkannt zu werden. Das Anerkennungsverfahren dauerte elf Jahre.

„Länderrat von Bündnis 90/ Die Grünen verabschiedet Fusion der Einzelstiftungen[1]

Aus Kassel Jürgen Gottschlich

Zumindest in der Einschätzung des Länderrates der Bündnisgrünen bewiesen die Frauen der feministischen Stiftung ‚Frauen-Anstiftung e.V.' ihren Sinn für Realitäten. In ihrer bereits vor Beginn der Veranstaltung verteilten Presseerklärung stellten sie fest: „Feminismus und Frauenrechte – Backlash auch in der neuen Stiftungskonstruktion". Tatsächlich schmetterte der Länderrat, das oberste Parteigremium zwischen den Parteitagen, am

---

1   https://taz.de/Gruene-Einheitsstiftung/!1520846/„Grüne Einheitsstiftung"

Samstagnachmittag mit erstaunlicher Einmütigkeit nahezu alle Forderungen der Feministinnen ab.

Weder soll es in der neuen Stiftung einen Frauenrat als eigenständiges Gremium geben, noch wird den Frauen satzungsrechtlich zugestanden, daß 50 Prozent aller künftigen Mittel für Frauenzusammenhänge, über die dann eben auch nur Frauen entscheiden, reserviert werden. Stattdessen stimmten die Delegierten dem Vorschlag des Bundesvorstandes zu, innerhalb der neuen Stiftung ein autonomes feministisches Institut zu gründen, was die Aktivistinnen der „Frauen-Anstiftung' als ein unwillkommenes Danaergeschenk empfinden.

Auch in den anderen Streitpunkten räumten die Delegierten den Weg für eine neue parteinahe bündnisgrüne Stiftung frei. Seit Anfang November hatten VertreterInnen von Partei und der Frauen-Anstiftung, der Heinrich Böll-Stiftung und von Buntstift e.V. über die Grundlagen einer neuen fusionierten Stiftung diskutiert. Als Ergebnis legte der Bundesvorstand dem Länderrat eine Beschlußvorlage auf den Tisch, gegen die zumindest zwei der drei Einzelstiftungen noch erhebliche Einwände hatten. Im Gegensatz zu der Frauen-Anstiftung setzte Buntstift sich in einem entscheidenden Punkt durch. Der regionale Ansatz soll auch in der neuen Stiftung eine zentrale Rolle spielen, die Delegierten stimmten dem Antrag zu, daß grundsätzlich in jedem Bundesland eine Landesstiftung erhalten bleiben soll, die auch die notwendigen Mittel aus dem Stiftungshaushalt bekommt.

Nach diesem Zugeständnis an den Föderalismus ließ der Länderrat in weiteren Standortfragen allerdings nicht mehr mit sich handeln. Statt den Bestand der im Moment existierenden Stiftungsniederlassungen in Köln (Böll), Hamburg (Frauen-Anstiftung), Göttingen (Buntstift) und Dortmund für den Dachverband Regenbogen zu garantieren, votierte eine große Mehrheit für einen zentralen Sitz der neuen Stiftung. Offen blieb, wo dies letztlich sein soll, aus naheliegenden Überlegungen ist aber entweder Berlin oder Frankfurt im Gespräch.

Heftige Debatten im Vorfeld hatte es um den Einfluß der Partei

auf die neue Stiftung gegeben. Erneut betonten alle deren Un-
abhängigkeit, allerdings ganz aus den Augen verlieren will der
Bundesvorstand die neue Stiftung nicht. Das gilt vor allem für
die Übergangszeit von einem Jahr, bis die Stiftungsreform abge-
schlossen sein soll.
Noch bis vor wenigen Tagen hatte die Partei auf die Hälfte der
Sitze in der Übergangsmitgliederversammlung bis Februar 96
gepocht. Die Stiftungen waren bereit, maximal ein Viertel zuzu-
gestehen. Heraus kam nun ein komplizierter Kompromiss, nach
dem die Stiftungen 15 Sitze, Partei- und bündnisgrüne Bundes-
tagsfraktion 7 Sitze bekommen und weitere 8 an unabhängige
Personen vergeben werden, für die die Partei und Fraktion zwar
das Vorschlagsrecht haben, die aber von den VertreterInnen der
Stiftungen gewählt werden müssen.
Überhaupt hängt der Fortgang des Reformprozesses nun noch
einmal ganz entscheidend von den drei existierenden Stiftun-
gen ab. Die müssen auf ihren Mitgliederversammlungen bezie-
hungsweise auf einer gemeinsamen Versammlung, zu der jede
Einzelstiftung fünf VertreterInnen delegiert, den Beschlüssen des
Länderrats zustimmen."

1998 endete die Selbständigkeit der FrauenAnstiftung. Sie wurde zu einer von mehreren organisatorischen Einheiten in der
nun anerkannten Heinrich-Böll-Stiftung, dem ‚Feministischen
Institut'. Die alte und neue Geschäftsführerin Gunda Werner
entwickelte das Konzept „Autonomie und Integration", um feministische Positionen zu reflektieren und Geschlechterpolitik
zur Gemeinschaftsaufgabe zu machen. Das war schon nicht
mehr dasselbe: Feminismus wurde damit zu einer Unterabtei-
lung von Geschlechterpolitik.
Aber die Unterordnung der Frauenpolitik war damit nicht abgeschlossen. Ich zitiere aus der Selbstdarstellung des 2007 neu
geschaffenen Instituts, das heuchlerisch den Namen der ver-
storbenen Geschäftsführerin Gunda Werner trägt, aber nun
zu einer Abteilung der Stabsstelle Gemeinschaftsaufgabe Geschlechterdemokratie degradiert wurde:

„Das Gunda-Werner-Institut für Feminismus und Geschlechterdemokratie in der Heinrich-Böll-Stiftung ist 2007 aus den vormals getrennten Einheiten - dem Feministischen Institut und der Stabsstelle Gemeinschaftsaufgabe Geschlechterdemokratie - hervorgegangen. **Wir haben uns zusammengeschlossen, um unsere Kräfte zu bündeln, neue Synergien zu erzielen und gemeinsam neue politische Perspektiven zu entwickeln. Gemeinsam werden wir künftig noch profilierter arbeiten.** *Wir wollen*

- *Geschlechterthemen offensiv politisieren*
- *Feministische und geschlechterdemokratische Ansätze kritisch reflektieren*
- *Die Rechte von Frauen und weiteren Menschen, die auf Grund ihres Geschlechts marginalisiert werden, als Menschenrechte begreifen und Partizipation global för dern*
- *Netzwerke unterstützen und ausweiten, ein virtuelles Wissensportal aufbauen*
- *Diskurse zwischen Wissenschaft, Politik und Zivilgesell schaft initiieren*
- *Gender-Kompetenzen durch Beratung aktiv vermitteln Arbeitsgebiete und inhaltliche Schwerpunkte*
- *Anti-Feminismus und Rechtspopulismus*
- *Männer- und Männlichkeitspolitiken*
- *Geschlechter- und Gleichstellungspolitiken*
- *Gender-Diversity-Beratung und Gender-Diversity-Trai ning*
- *Gemeinschaftsaufgabe Teilhabe, Geschlechterdemokra tie und Anti-Diskriminierung: interne Prozessbegleitung / Beratung"*

Und das Ende des Liedes:

Die Leitung des Gunda-Werner-Institutes hat seit 2007 ein Mann.

Der Prozess der Entmachtung der Basis ist mit der Eroberung der politischen Macht der Partei gekoppelt. Er hat im Fall der ‚Grünen'-Stiftung zwei Jahrzehnte gedauert. Aber damit war das Problem der Basisdemokratie endgültig erledigt und die Partei hatte ihre eigenen Vorfeldorganisationen geschaffen. Die Hierarchie zwischen Partei und Partei-Basis ist im besten Fall demokratischer Zentralismus, tatsächlich sind die abgeordneten Parlamentarier von Rechts wegen nur ihrem Gewissen verantwortlich und nicht der Basis in der Partei oder gar ihrem Wahlvolk. Das wäre störende Basisdemokratie. Allerdings kam es zu Konflikten.

Die Loslösung von der Basisbewegung begann bei der Gründung 1980!

Spaltungen und Risse in den achtziger Jahren

Blicken wir zurück auf die achtziger Jahre und den angeblich bestimmenden Richtungsstreit zwischen ‚Realos' und ‚Fundis' in der ‚Grünen Partei'. Zwar hat er weiter stattgefunden, doch die Richtungs-Entscheidung war 1980 wie gesagt schon gefallen. Entfernt worden war die Vorkriegs-Generation der Väter, die durch die Umweltzerstörung und die Grenzen des Wachstums zur Ökologie gekommen waren und den Wachstumszwang der kapitalistischen Wirtschaft als entscheidendes gesellschaftliches Problem erkannt hatten. Diese Ökologen attackierten das Fundament des Kapitalismus. Sie waren Fundamentalisten. Die basisdemokratischen Sozialisten fügten der ökologischen Problematik noch andere Kritikpunkte hinzu und kämpften für eine radikale gesellschaftliche Veränderung in vielen politischen Bereichen, aber erkannten nicht unbedingt diesen Brennpunkt in der Wirtschaftsordnung, dem Kapitalismus.

Am Wochenende 12./13. Januar 1980 hatten tausend Delegierte in der Karlsruher Stadthalle miteinander gestritten. Der Stuhl von Rudi Dutschke blieb leer. Er war am Heiligabend gestorben. Er war ein Vermittler zwischen den Generationen.

Diese Position war nun verwaist.

Die Kommunisten erreichten, dass die Ökologen um Gruhl aus der Vätergeneration entmachtet wurden und daraufhin die Partei verließen. Das Thema Ökologie wurde von der Kriegsgeneration weitergetragen, aber nicht mehr von fundamentalistischen Vertretern der GAZ, sondern Realos aus der AUD (siehe oben), die noch einflussreich war. August Haussleiter und Dieter Burgmann von der AUD wurden Vorstandssprecher der ‚Grünen‘. Die AUD hatte sich zwar formell aufgelöst, ihre Anhänger hielten aber zusammen und bildeten 1983 eine politische Strömung in (und außerhalb von) den ‚Grünen‘: die ‚Ökolibertären‘.

Die Ökolibertären

Der Name stiftete Verwirrung. Vermutlich ist es Absicht. Ursprünglich ist das libertäre Denken dem anarchistischen verwandt und strebt nach einer herrschaftsfreien Gesellschaft ohne Absonderung eines staatlichen Machtapparates.

Die Ökolibertären sind Umweltschützer, Christen und Anhänger der freien Marktwirtschaft, die um eine ökologische Komponente nach und nach zu einer ökologischen Marktwirtschaft erweitert werden soll. Die Umwelt bekommt dafür einen Preis (Umweltlizenzen, CO_2-Steuer, Energiesteuer, Ökosteuer), und der freie Markt wird es richten. Der Staat als Steuermann ist deshalb notwendig. Als Christen sind sie offen für Zusammenarbeit mit der CDU, als Marktwirtschaftler offen für die FDP. Sie verwechseln dabei Marktwirtschaft und Kapitalismus.

Obwohl ein Naturstoff wie Wasser zum Trinken oder Luft zum Atmen immer teurer wird, weil die Industrie Raubbau betreibt, wird diese nicht freiwillig aufhalten, weil sie produzieren muss, um zu wachsen.

Das Problem hat nichts mit Markt- oder Planwirtschaft zu tun, also dem Verkauf der Ware, denn da geht es um das fertige Produkt der Industrie und nicht um seine Produktion, die für die Umweltzerstörung verantwortlich ist. Die Umwelt wird zur Ware und damit käuflich. Das hat jetzt schon zu massenhafter

Bodenspekulation geführt bis hin zum Meeres-Boden. Selbst die Produktion von CO^2 wird zum Geschäftszweig, denn ein neuer Industriezweig beschäftigt sich mit dem Verstecken des CO^2 unter dem Meeresboden.

Die Hauptvertreter der ‚Ökolibertären' sind Winfried Kretschmann (geboren 1948) und Wolf-Dieter Hasenclever, der schon bei der AUD war, dann bei den ‚Grünen' und später zur FDP überwechselte.

Politisch steht auch Robert Habeck den Ökolibertären nahe, der 2018 Gast des Achberger Kreises war, wo er mit Hasenclever diskutierte und Kretschmann eine Grußadresse schickte (siehe oben).

Der Initiator der ‚**Gemeinwohlökonomie**' und der ‚Bank für Gemeinwohl', Christian Felber, gehört auch zu diesem Kreis und diskutierte damals in Achberg mit. Felber plädiert für eine ‚Gemeinwohlbilanz' in der Wirtschaft, wo das Gemeinwohl oberstes Ziel der Wirtschaft ist und eine umweltverträgliche, Ressourcen-schonende Wirtschaftsweise positiv bewertet wird. Kriterien sind: Menschenwürde, Solidarität, ökologische Nachhaltigkeit, soziale Gerechtigkeit, Mitbestimmung und Transparenz.

Am ökonomischen Wachstumszwang ändert diese Bilanzierung nichts, da sie nicht verpflichtend ist. Sie fördert das Image, und Image-Pflege ist ein Teil des Werbe-Etats der Unternehmen. Trotzdem ist der Gedanke einer Gemeinwohlbilanz richtungsweisend, weil er andere Ziele des Wirtschaftens propagiert als das Geldwachstum der Kapitalbesitzer. Innerhalb des Kapitalismus kann die Gemeinwirtschaft nur dann funktionieren, wenn das Kapital neutralisiert wird. Das kapitalistische Genossenschaftswesen ist ein Beispiel für das Scheitern dieses Ansatzes. Die ursprüngliche Idee der Genossenschaft war, dass kein Kapitalist von außen mit seinen Profitinteressen Einfluss auf die Gemeinschaft der Genossen nimmt und Gewinn abzweigt.

Es hat sich jedoch gezeigt, dass Banken (Volksbanken) ebenso wie Handelsketten (Edeka, Rewe) normale Kapitalunternehmen werden können, die sich von Aktienunternehmen nicht unterscheiden, nur dass ich als Bankkunde auch einen Genossenschaftsanteil erwerben muss, um Kunde zu werden. Bei Wohnungsbaugenossenschaften war es lange Zeit anders, weil sie gemeinnützig sein mussten. Es war ausgeschlossen, dass jemand sich beteiligt, um Geld anzulegen. Das Gesetz wurde 1989 abgeschafft und 2006 durch ein europäisches Gesetz zur Kapitalbeschaffung von Genossenschaften ersetzt.

Die **Gemeinnützigkeit** ist das Gegenteil von Eigennutz, der grundsätzlich ausgeschlossen wird. Damit widerspricht sie dem Kapitalismus.

Das **Gemeinwohl** verträgt sich mit dem Kapitalismus so lange, wie es die Umsätze steigert und nicht zu Verboten kommt oder das Kapitalwachstum auf andere Weise behindert wird. Das zeigen die Automobilproduzenten wie die Agrarindustriellen, die Stahlhersteller wie die chemische Industrie, und jeder Wirtschaftsminister wird am Wirtschaftswachstum gemessen, dass eine einzige Kennzahl hat: das Bruttosozialprodukt der Wirtschaft, ihr Kapitalwachstum, nicht die Gemeinwohlbilanz der Gesellschaft ist zwingend, sondern das Eigenwohl der Firma im Vergleich zur Konkurrenz.

Der in der Politik erfolgreichste ‚Ökolibertäre' ist Kretschmann. Obwohl er als Maoist aktiv bei den ‚Kommunisten' mitgemacht hatte (KBW, KABD), waren seine Grundüberzeugungen systemtreu und das wichtigste Lebensziel erreicht, als er politische Macht bekam und vom Lehrer zum Ministerpräsidenten von Baden-Württemberg aufstieg. Die Basisdemokraten in der Partei waren seine Hauptgegner. Sie wurden tituliert als ‚Radikalökologen' oder ‚Ökosozialisten'.
Sie waren in der Tat radikal. Es ging ihnen nicht um Macht, sondern sie strebten Sozialismus mit einer basisdemokratischen und ökologischen Veränderung der Gesellschaft an. Repräsentantin der ‚Ökosozialisten' war Jutta Ditfurth.

‚Radikalökologen' war die Bezeichnung für die Sozialisten, die das kapitalistische Wirtschaftssystem für die ökologischen Probleme verantwortlich machten, weil es nicht nur die Menschen, sondern auch die Natur ausbeutet. Das war zutreffend, denn diese Gruppe war radikal antikapitalistisch, ökologisch, feministisch, basisdemokratisch, antirassistisch …
Sie war nicht systemkonform, während die ‚Ökolibertären' behaupteten, sie würden die Umweltprobleme mit kapitalistischen Mitteln der Verpreisung lösen.

Das durchsichtige Ziel der Ökolibertären war, bündnisfähig mit bürgerlichen Parteien zu werden. Die wenigsten ‚Kommunisten' waren ‚Fundis', denn ihr Vorbild, das leninistische Erfolgskonzept, bestand in der politischen Machteroberung im Parlament des zaristischen Staates. Mao hatte gezeigt, dass es auch auf militärischem Wege ging, aber das Ziel der Eroberung der Staatsmacht war dasselbe. Das Konzept des Unterwanderns der Bundeswehr durch den KBW hatte nicht funktioniert und das der Stadtguerilla verfing bei den Kommunisten nicht.
Sie beteiligten sich also führend an bunten, grünen, alternativen Listen und besonders gern an der ‚Grünen' Partei, bis es zu Spaltungen kam. Darin unterschieden sie sich von den neokommunistischen Spontis um Fischer und Cohn-Bendit, die ursprünglich nur den handfesten Klassenkampf auf der Straße proklamiert hatten: „Unter dem Pflaster, ja da liegt der Strand, komm reiß auch du ein paar Steine aus dem Sand!"

Schon bei der Gründung der ‚Grünen Partei' waren **Kommunisten vom KB** beteiligt. Ihr Einfluss war für das Jahrzehnt der achtziger Jahre wesentlich und soll jetzt dargestellt werden.
Kommunisten wie Bettina Hoeltje, Regula Schmidt-Bott, Rainer Trampert, Jürgen Reents, Angelika Beer, Günter Hopfenmüller, Michael Stamm, Jürgen Trittin und Thomas Ebermann bildeten mit Ralf Fücks vom KB-West die Gruppe ‚Z' des KB-Nord. Viele von ihnen waren finanziell freigestellte Kader der Partei bzw. Organisation.
Sie alle bis auf ‚Hopf' erlangten in den achtziger Jahren Füh-

rungspositionen in der ‚Grünen Partei': Vorstand, Sprecher, Bundestagsabgeordnete ...

Diese Gruppe distanzierte sich teilweise vom Leninismus, gründete die ‚Initiative Sozialistische Politik' und verstand sich als marxistische Organisation in den ‚Grünen'. Die Idee hinter dieser Revision des ‚Marxismus-Leninismus' war, sich zu öffnen, um mit einer vereinigten Linken in den ‚Grünen' Einfluss und Macht zu gewinnen. Ihr Parteiorgan wurde die Monatszeitschrift ‚Moderne Zeiten MoZ'. Das Konzept des **‚Entrismus'**, des Eintretens in bürgerliche Parteien, stammte übrigens von den ungeliebten Trotzkisten, die gedacht hatten, sie könnten die SPD unterwandern.

Einen ähnlich betrügerischen Ansatz hatte ein Zusammenschluss von Mitgliedern marxistisch-leninistischer Gruppen KBW, KPD/AO, KABD entwickelt und das ‚Komitee für Demokratie und Sozialismus' mit seinen ‚Heften für Demokratie und Sozialismus' gegründet. Mitglieder dieses Komitees schlossen sich dann auch der Gruppe ‚Z' an, zum Beispiel Willfried Maier, Herausgeber der ‚Hefte für Demokratie und Sozialismus', wurde Redakteur der MoZ.

Der Rest-KB blieb bei der alten Linie und war anfangs in der **‚Bunten Liste'** in Hamburg dominierend, wurde aber bald durch die Gruppe ‚Z' verdrängt. Das letzte Exemplar seines Parteiorgans ‚Arbeiterkampf' erschien im Mai 1988. Da hatte sich die Gruppe ‚Z' längst auch noch gespalten, und der KB war sogar in der Bedeutungslosigkeit verschwunden.

Diese erneute Spaltung entstand durch eine Differenz in der Führung der ‚Initiative Sozialistische Politik': Thomas Ebermann und Rainer Trampert waren in der Partei der ‚Grünen' persönlich erfolgreich und sahen auf diesem Weg große Möglichkeiten, Mehrheiten zu gewinnen. Ebermann war 1982 als Abgeordneter des Grünen Landesverbands, der ‚Grünalternativen Liste GAL', in die Hamburger Bürgerschaft gewählt worden. Sie näherten sich dem Ökosozialismus an und verständigten sich mit dem ähnlich gesinnten Kreis um Jutta Ditfurth.

Sie bekam 1984 überraschend Unterstützung von Ebermann und Trampert. Sie veröffentlichten: ,**Die Zukunft der Grünen: Ein realistisches Konzept für eine radikale Partei**‘, worin sie die leninistische Position der ,Entfesselung der Produktivkräfte‘ im Sozialismus zurücknahmen und sich stattdessen auf Marx bezogen, der die Umweltzerstörung durch Technik ein Jahrhundert zuvor schon kritisiert hatte. Ebermann/Trampert hatten verstanden, dass die Natur nur gerettet werden kann, wenn die Produktionsweise geändert wird und damit auch die Produkte, dass also auch die Konsumgewohnheiten der Menschen in den industriellen Metropolen in Frage stehen. Das sei nur durch eine „Überwindung des heutigen Gesellschaftssystems" möglich.

Das war eine späte Einsicht eines minoritären Flügels aus der Vielfalt der marxistisch-leninistisch-kommunistischen Parteigründungen der siebziger Jahre. Trotzdem blieben sie Parteikader und arbeiteten an der Linie der ,Grünen Partei‘, mit der sie die gesellschaftliche Umwandlung betreiben wollten. Mit anderen Worten: eine Basisaktivistin und ein Parteikader können dieselbe Gesellschaftskritik vertreten, aber Strategie und Taktik und das Ziel ihrer Politik unterscheiden sich grundsätzlich. Die Aktivistin ist in den gesellschaftlichen Konflikten verankert und der Kader kämpft in der jeweiligen Partei um Positionen.

Dieselbe Bezeichnung ,Fundamentalist‘ (Fundi) für diese beiden sehr entgegengesetzten Flügel der Partei brachte sie zusammen, sie waren relativ erfolgreich, aber die Gegenseite schlief nicht, sondern gründete das ,Linke Forum‘. Dem schlossen sich spät auch Reents und Stamm an, nachdem sie ökonomische Probleme mit ihrer Zeitung MoZ bekommen hatten. Die MoZ wurde 1984 eingestellt. Die ,Initiative Sozialistische Politik ISP‘ musste aufgeben. Michael Stamm machte in der Zeitschrift ,Kommune‘ des KBW unter Chefredakteur Joscha Schmierer weiter, dem früheren Ersten Sekretär des Zentralkomitees des KBW. Anders als Ebermann/Trampert hatten Reents/Stamm die Einschätzung, nur eine Minderheit der Partei hinter sich zu haben. Bei der Spaltung des ‚Linken Forums‘ auf dem ‚Perspektivenkongress‘ im Sommer 1988 trennten sie sich von den Ökosozialisten. Sie kritisierten den Fundamentalismus, die Antistaatlichkeit und akzeptierten das staatliche Gewaltmonopol. Sie traten ein für Bündnisse mit anderen Parteien – insbesondere der SPD, die doch ursprünglich der Hauptgegner einer ökologischen Politik gewesen und mit Gewalt dagegen vorgegangen war. Aber es waren inzwischen viele Parteimitglieder aus der jüngeren Zeit hinzugekommen, die diese Konfrontation nicht miterlebt hatten, in der es vor allem um Ökologie ging.

1988 kamen Reents und Stamm zum ‚**Linken Forum**‘ in den ‚Grünen‘ und 1991 verließen sie mit vielen anderen zusammen die Partei, als die PDS entstand, die später zur ‚Linken‘ wurde.

Das ‚Linke Forum‘ verfügte über ca. 350 Mitglieder und Sympathisanten und konnte ein Drittel der grünen Delegierten mobilisieren. Es hatte ähnliche Positionen wie die DKP oder die Kommunistische Partei Frankreichs KPF: Demokratisierung der Wirtschaft, radikale Arbeitszeitverkürzung bei vollem Lohnausgleich, Mindestlohn, höhere Renten und Sozialleistungen, Verstaatlichung von Schlüsselindustrien (z.B. Renault) und Banken. Im Mai 1981 war François Mitterrand zum Präsidenten gewählt worden. Seine ‚Sozialistische Partei‘ erhielt bei den Parlamentswahlen die absolute Mehrheit. Trotzdem nahm er die Partner aus dem Wahlbündnis, also auch die Kommunisten der KPF mit in die Regierung, um mit einer 2/3-Mehrheit sein Programm durchsetzen zu können. Er kurbelte den Konsum an, aber setzte auch auf technischen Fortschritt: eine Schnellzugtrasse für die Eisenbahn (TGV) von Paris in den Süden, einen Internetdienst (Minitel) zum Informieren, Kaufen, Reservieren. Und er förderte die Atomstreitmacht Frankreichs mit Mittelstreckenraketen und der Neutronenbombe. Mitterrand war gut vernetzt, hatte politische Posten in zahlreichen Regierungen seit Marschall Pétain unter den Nazis, war durch die Résistance mit General De Gaulle verbunden, Freund der Freimaurer, hatte skrupellos Algerier hinrichten lassen, die für Algeriens Unabhängigkeit eingetreten waren, und führte die Sozialisten an die Regierung, mit der er 1981 die Todesstrafe abschaffte. 1984 schon verließen die Kommunisten enttäuscht die Regierung. Zu spät verstanden sie endlich, dass die ‚Union der Linken‘ eine Wahlkampf-Vereinigung, aber keine Einheit war. Ihr freier Fall in die Bedeutungslosigkeit beschleunigte sich in der Folge. Heute liegt die französische Kommunistische Partei KPF bei höchstens einem Prozent.

Eine Gruppe von knapp 50 UnterzeichnerInnen um Ebermann/Trampert erklärte am 6.4.1990 ihren Austritt aus den ‚Grünen‘:
‚Der kleine Kreis, der heute die Grünen verlässt, kann von sich nicht behaupten, ein gemeinsames politisches Projekt zu verfolgen. Erst recht streben wir keine gemeinsame neue Organisation an. Ein Teil von uns bastelt an der »Radikalen Linken«, andere stecken ihre politische Arbeit in Initiativen oder autonome Zusammenhänge oder wollen feministische Politik mitgestalten oder organisieren den Widerstand gegen die rassistischen Ausländergesetze mit. Wir wissen von uns, dass wir nicht nur in den Grünen verloren haben, sondern auch in der Gesellschaft die Zustimmung zu einer kapitalistischen Wirtschaftsweise und großdeutschem Chauvinismus eher gewachsen ist. Wir gehen als Linke gegenwärtig keinen sehr rosigen Zeiten entgegen, sondern werden eher gezwungen sein, aus krasser gesellschaftlicher Minderheit unsere Politik zu entfalten. Dieser Weg scheint uns aber richtiger, als in der Rolle der Jusos bei den Grünen an der Integration von Menschen in das erlaubte deutsche Politikmodell mitzuwirken, statt ihren Bruch mit den Verhältnissen zu unterstützen.
Wir wissen andererseits, dass es Linke und Radikalökologen in den Grünen gibt, die vieles von dem, was wir heute erklären, für richtig halten, aber (noch) in der Partei bleiben wollen, zum Teil weil sie größere Chancen für Linke in den Grünen

sehen als wir, zum Teil weil sie den Zeitpunkt des Austritts für falsch halten. Das macht nichts. Wir geben ja zu, dass unser Zeitpunkt etwas willkürlich ist. Über solche taktischen Differenzen wollen wir keine politische Gegnerschaft entstehen lassen. Wer die allgemeine Sozialdemokratisierung nicht mitmacht, wird sich im Prozess der Umgruppierung der Linken ohnehin begegnen.

Unser Austritt aus den Grünen macht nicht hinfällig, dass wir uns auch kritisch mit unserer Politik in den Grünen auseinanderzusetzen haben, etwa mit einer Überschätzung parlamentarischer Möglichkeiten oder einer zu optimistischen Einschätzung der Möglichkeiten für linke Politik in den Grünen. Da heutzutage einige von uns mit der Frage konfrontiert werden, wie sie es mit der PDS halten, wollen wir Spekulationen mit einer Klarstellung begegnen. Wir erblicken in der PDS keine sinnvolle Perspektive. In einem krassen Gegensatz zu vielen prominenten Grünen, die in ihrer antikommunistischen Abgrenzungswut wohl nie aufhören werden, in der PDS den Stalinismus zu entdecken, attestieren wir ihr eine schnelle Lernfähigkeit. Unseres Erachtens lernt die PDS – nach einer notwendigen Abrechnung mit dem Stalinismus – in einem Pendelschlag zu schnell und zu viel Marktwirtschaft, Ergebenheitsadressen an das »einig Vaterland« und an die Errungenschaften des kapitalistischen Westens. Der jüngste Antrag der PDS, in die vom vaterländischen Willi Brandt geführte Sozialistische Internationale aufgenommen zu werden – einem Zusammenschluss überwiegend rechter sozialdemokratischer Parteien – ist zwar ihrem neuen Kurs angemessen, zeigt uns aber, dass wir – nach unserem formal nachvollzogenen Abgang aus den Grünen – vom Regen in die Traufe kämen."

1990 vertraten nur noch die Ökosozialisten eine Basisbewegung, während die Mehrheit den Parlamentarismus akzeptierte und eine professionelle Partei sein wollte, die auch bereit und fähig zu Koalitionen sein sollte. Da man sich als links verstand und die SPD auch, war damit das Koalieren mit der SPD gefordert, das auf Länderebene zum Teil verweigert, andernorts aber schon akzeptiert worden war. Professionalisierung war eine Forderung der ‚Realos‘, die sich notwendig aus der Beteiligung am Parlamentarismus ergab, denn die Grünen hatten es mit Berufspolitikern in den anderen Parteien zu tun. Der letzte Rest von Basisdemokratie in Form des Rotationsprinzips wurde in Frage gestellt, weil man mit guten Rednern erfolgreicher war als mit Neulingen. Der Ansatz, möglichst viel ‚Grüne‘ zu qualifizieren, wurde zugunsten der Hierarchie verworfen, weil damit bessere Wahlergebnisse erzielt werden konnten. Jedenfalls dachten die Realos so, weil sie kalkulierende Politiker waren und sich damit selbst befördern konnten.

Wie haben die Beteiligten aus der Alternativbewegung von der Basis diese Zeit erlebt, als sie noch gefragt waren und in den Parlamenten mitmachen durften, bevor die Professionalisierung beendet war? Dazu veröffentlichte die Tageszeitung ‚Die Welt‘ am 2.9.2007 ein Interview mit Thea Bock:

„Vor 25 Jahren zogen die Grünen erstmals in die Hamburgische Bürgerschaft ein. Die damalige Fraktionsvorsitzende Thea Bock erinnert sich an bewegte Zeiten:

Fröhliche Chaoten im Hohen Haus: Sie waren bunt, unkonventionell und wollten in der Politik alles anders machen: Als die Grünen vor 25 Jahren erstmals in die Bürgerschaft einzogen und damit das politische Gefüge der Hansestadt auf Dauer veränderten, saß Thea Bock in der ersten Reihe.

Die Sportlehrerin aus Moorburg, die über ihr Engagement zum Schutze des Süderelberaums zur Politik gekommen war, führte die erste grüne Bürgerschaftsfraktion an. Die Realpolitikerin prägte die Anfangsjahre der GAL, rieb sich im Streit mit dem fundamentalistischen Flügel jedoch immer mehr auf.

1988 legte sie ihr Mandat nieder und trat aus der GAL aus. Später zog sie für die SPD in den Bundestag.

Frau Bock, was war das für ein Gefühl, als sie vor 25 Jahren zum ersten Mal in die Bürgerschaft einzogen?

Thea Bock: Wir waren ziemlich stolz und hatten - ganz ehrlich -

nicht wirklich damit gerechnet, dass wir es schaffen würden. Zugleich galt das Parlament als Hohes Haus, und wir waren auch ein bisschen ängstlich und unsicher, ob wir dem wohl gewachsen sind. Doch das hat sich bald gegeben. Die erste Zeit war unheimlich fröhlich, dann wurde die Auseinandersetzung härter.

Wie reagierten die anderen?

Bock: Als wir einzogen, galten wir erst einmal als Chaoten, Steinewerfer und Kommunisten. Die größte Skepsis hatten die Rathaus-Diener. Die schienen zu glauben, wir würden silberne Löffel klauen. Unsere Anti-Haltung drückte sich natürlich auch in der Kleidung aus, das war ja so gewollt.

Worum ging es Ihnen als Fraktionsvorsitzende politisch?

Bock: Wir wollten eine andere Form der politischen Kultur. Wir wünschten uns eine stärkere, viel unmittelbarere Bürgerbeteiligung. Es war ja die Zeit der Bürgerinitiativen, der Hausbesetzungen und des Anti-Atomkraft-Protests. Ich selbst bin zur Politik gekommen, weil ich aus Moorburg stamme und unsere Fischer ihre stark belasteten Elbfische nicht mehr verkaufen durften. Ich habe dagegen gekämpft, dass das Dorf Moorburg abgerissen wird.

Was haben die Grünen erreicht?

Bock: Bei den Strukturen haben wir uns Illusionen gemacht. Unsere Vorstellung, dass sich Bürger auf Dauer massenhaft an der Politik beteiligen, hat sich nicht bewahrheitet. Als wir noch eine Sammelbewegung außerhalb der Bürgerschaft waren, kamen manchmal Tausende von Bürgern zu unseren Veranstaltungen. Doch das bröckelte später stark ab. Zudem fuhren die Familien mit Kindern sonntags bei schönem Wetter an die Ostsee, während die Hartgesottenen, die durchstimmen wollten, zu den Veranstaltungen kamen und diese dominierten.

So kamen Beschlüsse zustande, die nur einem Teil der Bewegung entsprachen.

Was hat die GAL tatsächlich inhaltlich bewegt?

Bock: Auf den Druck, der da erzeugt wurde, mussten die anderen

Parteien reagieren. Wir haben erreicht, dass sich das Bewusst-sein in der Bevölkerung grundlegend geändert hat. Die Grünen haben maßgeblich dazu beigetragen, dass das Chemiewerk von Boehringer geschlossen wurde. Auch die Norddeutsche Affinerie, einst eine Dreckschleuder, ist heute weltweit ein Vorzeigeunter-nehmen in Sachen Umwelt. Wenn Ökologie mittlerweile nicht mehr den gleichen Stellenwert wie früher hat, dann liegt das da-ran, dass viele Probleme abgearbeitet wurden.

Hat sich damit die Aufgabe der Grünen erledigt?

Bock: Sie unterscheiden sich nicht mehr so sehr von den etab-lierten Parteien. Die Provokation ist weg. Damals war sie nötig, um aufzurütteln. Allerdings gehören viele Grüne zu einer sehr gebildeten Schicht und sind den anderen deshalb gedanklich oft voraus. Die Partei ist zudem klein und damit schneller und wen-diger als die großen.

Waren die Flügelkämpfe zwischen Realos und Fundis schmerz-haft oder lustvoll?

Bock: Sie waren schmerzhaft, da wurde mit harten Bandagen gekämpft. Ich habe noch auf Bundesebene mit Antje Vollmer versucht, eine Vermittlung hinzubekommen. Aber die Positionen waren ideologisch extrem verhärtet. Da war es besser, sich zu trennen.

Fehlt Ihnen die Politik heute manchmal?

Bock: Nein, gar nicht. Entweder ganz oder gar nicht, das ist mei-ne Devise. Als ich ausstieg, bin ich irgendwie auch eine Last los-geworden. Bis zum Ende war vor jeder Rede der Hals zu, der Magen verkrampft. Der Druck ist weg. Jetzt kümmere ich mich um Themen, wenn ich Lust dazu habe."

Das Gespräch führte Insa Gall.

Fazit des Interviews: Der Unterschied zwischen den intellektu-ellen Berufspolitikern und der Aktivistin aus einer Bürgerini-tiative ist deutlich. Sie wurde instrumentalisiert und verheizt. Aber deutlich ist geworden, dass sie aus einer „Sammelbe-wegung außerhalb der Bürgerschaft" war und „manchmal

Tausende(n) von Bürgern zu unseren Veranstaltungen" kamen. Sie bestätigt damit, dass die Basis in der Bevölkerung ein Vielfaches der Parteimitglieder (gewesen) war. Und dass „die Hartgesottenen, die durchstimmen wollten, zu den Veranstaltungen kamen und diese dominierten. So kamen Beschlüsse zustande, die nur einem Teil der Bewegung entsprachen." Diese Strategie heißt bei den Kommunisten ‚Agitprop', Agitation und Propaganda. Man könnte auch sagen: Propaganda und Manipulation. Thea Bock sagt, dass die Veranstaltungen „abbröckelten". Als Erklärung bietet sie an: „Wenn Ökologie mittlerweile nicht mehr den gleichen Stellenwert wie früher hat, dann liegt das daran, dass viele Probleme abgearbeitet wurden." Das stimmte 2007 rein sachlich nicht, aber die Partei hatte sich längst schon von der Bewegung abgekoppelt und die Ökologie zur Nebensache erklärt. Die Diskussion in der Partei war an die Stelle der öffentlichen Diskussionen getreten und die Parteimitglieder waren nicht mehr Teil der Bewegung.

Realpolitik in der Partei der ‚Grünen'

‚Realos' waren neben vielen Abgeordneten, die wie Thea Bock von der Basis außerhalb der Parlamente kamen und versuchten, ihre Forderungen in die Parlamente zu tragen, um sie durchzusetzen, auch Rechtsanwälte wie Schily und Ströbele, die gewissermaßen für ihre Mandanten aus der Bewegung Interessenvertreter im Parlament waren. Es ist das Besondere von Anwälten, dass sie ausgezeichnete Redner sind, da es nicht um Recht haben, sondern um Recht bekommen geht. Also auch um Macht. Viele Rechtsanwälte in allen Staaten (insbesondere den USA) sind Politiker geworden, weil sie dafür gewissermaßen ausgebildet wurden. Politik ist ein begehrtes Arbeitsfeld von Juristen.

Der politische Erfolg ist eine Frage von Mehrheiten und verursacht häufig einen Wechsel in der Parteizugehörigkeit. Horst Mahler (geboren 1936) etwa ging von der RAF-Unterstützung zu den Neo-Nazis, während Otto Schily (geboren 1932) von den ‚Grünen' zur SPD wechselte.

Zu den Realos gehörte, nebenbei erwähnt, auch der Spitzel Dirk Schneider, der für die Staatssicherheit (Stasi) der DDR gearbeitet hat.

Frankfurter Spontis

Die einflussreichsten Realos waren leider die Aktivisten, die Politik zu ihrem Beruf gemacht hatten und davon lebten. Das habe ich schon bei den Freigestellten, also von der Partei finanzierten Kommunisten gezeigt und gilt nicht weniger für die Fraktion der Spontis in Frankfurt, deren neo-kommunistisches italienisches Konzept des spontanen Aufstands des Proletariats Anfang der Achtziger illusionär geworden war. Die spontane Erhebung der Arbeiterschaft, wie Dany Cohn-Bendit sie in Paris 1968 erlebt und ihr Scheitern begleitet hatte, war schon Anfang der Siebziger und nach dem politischen Stillstand im ‚Deutschen Herbst' 1977 erst recht in Deutschland keine Perspektive mehr, was Dany Cohn-Bendit und Joschka Fischer Ende des Jahrzehnts zu einer Kursänderung drängte, die ebenfalls ‚entristisch' war: einzutreten in die neue Bewegungs-Partei.

Einen großen Einfluss auf die Entwicklung der ‚Grünen Partei' hatten gerade diese Frankfurter Spontis nach der Gründung der ‚Grünen', obwohl sie erst verspätet zur Partei kamen. Die beiden Anführer der Spontis Fischer und Cohn-Bendit wurden die Anführer der Realos in Frankfurt am Main, obwohl Fischer sich anfangs nur über sie lustig machte. 1980 schrieb er noch frei nach Shakespeares ‚Der Widerspenstigen Zähmung': *„In den folgenden Zeilen will ich etwas die Bratendüfte erläutern, die mir da allenthalben in die Nase steigen, wenn ich von Kommunalwahlen und der Spontis Wahlbeteiligung höre. Es ist ein eindeutiges Bekenntnis zu dieser unserer Wahlbeteiligung in dieser unserer Stadt Frankfurt."* Seine Empfehlung hieß dann immerhin: *„Die Grünen wählen, aber ohne Illusionen!"* [1]

Fischer brauchte länger als Cohn-Bendit, die Barrikaden auf-

---

1   https://www.fr.de/frankfurt/gruene-in-frankfurt-der-hitzige-anfang-im-kosel-keller-90149886.html#id-Comments

zuheben und den revolutionären Traum zu begraben, um dann als Realpolitiker wieder vorneweg zu sein. Die Wende kam abrupt, denn das Programm der ‚Grünen' war stark beeinflusst von den aktuellen Konflikten im Frankfurter Raum: Die Forderungen waren Ausstieg aus der Atomkraft, autofreie Innenstadt, mehr Raum für Radfahrer, kein Ausbau des Frankfurter Flughafens ..., und der Kampf gegen die neue Startbahn-West hatte massenhafte Unterstützung. 1980 verteidigten 14.000 Menschen den Flörsheimer Wald, der für die Startbahn gerodet werden sollte. Die Bewegung wuchs. 1981 protestierten Hunderttausende.

Dennoch ist genau dieses Jahr die Wende von Cohn-Bendit zum Realpolitiker, der sich gern wieder an die Spitze setzte, auch ohne Barrikaden wie '68 in Paris.

Heute sagt der frühere Studentenführer:

„Die Verkehrswende entscheidet sich nicht in diesem Wald", ist also kein ökologisches Problem, „sondern dadurch, dass die Automobilindustrie künftig ganz andere Autos baut". Aus der Geschichte der Grünen lasse sich lernen: „Entschieden wird nichts auf der Straße, sondern in den Parlamenten". a.a.O. Er konnte seinen Geschäftspartner Fischer vom ‚Pflasterstrand' überzeugen, dass sie in der ‚realen' Politik als Abgeordnete mehr erreichen würden. (a.a.O)

Fischer und Cohn-Bendit positionierten sich als Realpolitiker gegen die zu dem Zeitpunkt dominierenden ‚Ökosozialisten'. Zur entscheidenden Frage machten sie die Bündnisfähigkeit und Regierungsbereitschaft. Ihr Ziel war nicht die Macht im Staat, sondern die Teilhabe an der Macht, um mitzugestalten.

Am Beispiel von Thea Bock ist zu sehen, dass der parteipolitische und noch mehr der parlamentarische Raum spezielle Bereiche mit eigenen Regeln und eigener Sprache sind, in denen Amateure untergehen.

Die Profis, insbesondere hart erprobte, geübte oder gar begeisternde Redner wie Joschka Fischer verstehen es, sich auch in den schwierigsten Situationen durchzusetzen.

Diese in der Politik verlangten Fähigkeiten bewirken, dass die parlamentarische Politik von Profis bestimmt wird. Und dass die Profis von ihrer politischen Arbeit leben müssen. Sie genehmigen sich deshalb ihre Einkommen selbst, heuchlerisch ‚Diäten' genannt, faktisch bewirken sie eher Fettleibigkeit. Die Bestechlichkeit von Politikern gehört dazu. In den sechziger Jahren, als ich in die Berufswelt eintreten sollte, galt noch: „Wenn du nichts kannst, geh in die Politik." Erst einmal ging ich abwartend an die Uni.

Berliner Landesverband ‚Alternative Liste AL'

West-Berlin hatte eine politische Sonderstellung. Die außerparlamentarische Politik der siebziger Jahre wurde durch die KPD/AO dominiert, die den Revisionismus nach Stalin ablehnte, maoistisch orientiert war und den rigiden ‚demokratischen Zentralismus' praktizierte. Die Massen sollten sich in der ‚Liga gegen den Imperialismus' organisieren. Diese K-Gruppe hatte nur in Berlin Einfluss, löste sich 1980 auf und ging über in die ‚Alternative Liste'.

Bei der Wahl zum Berliner Abgeordnetenhaus erhielt sie 7 % und steigerte sich auf fast 12 % bei der Wahl 1989, während die FDP an der 5%-Hürde scheiterte. Die AL beteiligte sich an der Regierung mit drei Senatorinnen und musste dafür das Gewaltmonopol des Staates akzeptieren. Sie setzten das Ziel einer ‚ökologische Stadterneuerung' durch. Als der SPD-Innensenator im November 1990 dreizehn besetzte Häuser in Friedrichshain (Mainzer Straße) räumen ließ, kam es zu Straßenschlachten und die AL verließ die Senatoren-Sessel.

Dieser Widerspruch zwischen grüner Politik und Ökologie als gesellschaftspolitischem Denken ist grundsätzlich. Die Gentrifizierung Berlins seit der Wiedervereinigung ist ein sozialpolitisches Desaster mit einer brutalen Vertreibungspolitik. Tonangebend sind oft Sozialdemokraten, die damit ihre eigene Geschichte des sozialen Wohnungsbaus verraten. Sie holen für die großen Kapitalunternehmen die Kohlen aus dem Feuer.

Dazu gehört auch ihr Engagement für ‚Private Public Partnership PPP', für das Auflösen kommunaler Einrichtungen der Strom- oder Wasserversorgung zu Gunsten von Veolia und anderen Energieunternehmen. Die sozialdemokratische Bürgermeisterin von Paris, die 2024 Groß-Paris mit der Olympiade eingeweiht und Millionen Besucher zu ihrem Mega-Event herangeschafft hat, erwarb sich ökologische Lorbeeren mit der Verbesserung des Wassers in der Seine. Ob dieses Groß-Paris überlebensfähig ist und für welche Bevölkerung, ob das Wasserproblem längerfristig gelöst ist? Bislang sind noch Fäkalien in der Seine.

Das Hauptproblem der linken Politiker in der Berliner Alternativen Liste ist der verkürzte Ökologiebegriff und die Reduzierung der Politik auf den parteipolitischen Machtkampf im Parlament. Etliche von ihnen werden später bei den ‚Grünen' Karriere machen:
Die Theologin Antje Vollmer (1943–2023) kam von der KPD/AO und wurde Bundestagsvizepräsidentin, der Rechtsanwalt Wolfgang Wieland (1948–2023) war im Bundestag von 2005 bis 2013 und von 2001 bis 2002 Bürgermeister und Justizsenator des Landes Berlin, der frühere Tupamaro Dieter Kunzelmann (1939-2018) war 1975 Kandidat der KPD und von 1983 bis 1985 Abgeordneter der AL.

Aber es gab auch Mitglieder der AL, die von der SPD kamen: Hans-Christian Ströbele (1939-2022) war Mitbegründer des Sozialistischen Anwaltskollektivs, der TAZ und der AL. Als Nachfolger von Dirk Schneider rotierte Ströbele 1985 in den Bundestag, wo er zwei Jahre blieb und seine juristische Kompetenz einbringen konnte (Flick-Untersuchungsausschuss …). Er holte später bei den Bundestagswahlen 2002, 2005, 2009 und 2013 ein Direktmandat. Ströbele war anders als Mahler oder Schily klar einzuordnen. Er galt als Linker in der Partei und war es auch. Für einen Fehler halte ich rückblickend, dass er sich für eine Koalition mit der SPD in Westberlin engagierte, die er auf der Bundesversammlung in Duisburg im März 1989 als ,Jahrhundertchance' darstellte. Es war im Gegenteil die Chance zum Gesichtsverlust, denn als Juniorpartner der SPD mussten Kröten geschluckt werden, um ein Insekt zu befreien.

Die Situation der ,Grünen' am Ende der achtziger Jahre

Die sozialistischen Vertreter einer Basisdemokratie unterlagen den Realpolitikern der K-Gruppen in den ,Grünen'. Letztere waren in den siebziger Jahren in der Ausbildung und im Studium Vertreter einer neuen Jugendbewegung, während viele Achtundsechziger inzwischen berufstätig und damit eingebunden waren. Ende der Siebziger hieß es aber auch für die Kommunisten, eine berufliche Perspektive zu finden, zumal der Radikalenerlass von Willy Brandt mit den Berufsverboten vielen den Weg versperrt hatte. Die Bereitschaft zum Berufsrevolutionär ließ nach, als die Mitgliedsbeiträge der GenossInnen abnahmen, aber bei den ,Grünen' sich neue Perspektiven eröffneten. Das ist nicht paradox, wie Joachim Raschke meinte, sondern nur allzu menschlich. Ich könnte Bert Brecht aus der Dreigroschenoper zitieren. Die Moral kommt als letztes.

Es war äußerst deprimierend in der bleiernen Zeit Ende der siebziger Jahre, weil unter der SPD-Führung Krieg nicht nur gegen die RAF geführt wurde. Der Einigungsprozess zur ,Grünen Partei' grenzte an ein Wunder. Aber für die meisten studentischen Mitglieder der K-Gruppen wurde es 1980 Zeit, einen Arbeitsplatz zu finden.

Die ,Grünen' wollten von Anfang an verhindern, dass die Partei von Berufspolitikern geführt wird und dass es zu Machtmissbrauch kommt. Sie versuchten, Ämterhäufung zu unterbinden und Amtsträger rotieren zu lassen, damit sich keine Spezialisten ausbilden. Das Rotationsprinzip für Ämter wurde auch für Mandatsträger in den Ländern und im Bund verbindlich gemacht, nur ließ es sich nicht wirklich durchsetzen. Manche verweigerten sich (Kelly, Bastian), andere fanden inhaltliche Gründe (Schily, Kleinert), schließlich verlängerte man die Zeit auf 4 Jahre, dann kam die Wiedervereinigung und die ,Grünen' flogen aus dem Bundestag und mussten sich neu sortieren. Egoistische Motive der Kandidaten (seltener der Kanditatinnen) waren ein wichtiger Grund, die Rotation abzuschaffen, aber nicht nur. Die beiden ersten Jahre machten die Kandidaten auf den vorderen Listenplätzen. Sie waren dort platziert, weil sie prominent und durchsetzungsfähig waren und gut öffentlich reden konnten, während die NachrückerInnen dank ihrer Verdienste in der Partei auch auf der Liste, aber hinten auf den unsicheren Plätzen standen. Ein Beispiel für Prominenz war der Senkrechtstart von Joschka Fischer zum Minister in der Landesregierung von Hessen 1985 in einer Koalition mit der SPD. Die Nachrücker waren überfordert, aber oft auch frustriert, weil die Medienstars die Politik machten und sie die Arbeit. Was sie sagten, hatte keine Bedeutung. 1990 war das Thema erledigt.

Doch im **Wahlprogramm der ‚Grünen' 1987** ist die Handschrift der Sozialisten noch deutlich zu erkennen. Vor allem kritisiert es noch den Begriff des Wachstums gemessen an der Steigerung des Bruttosozialprodukts als ursächlich für die ökologische Problematik, aber auch das private Konsumverhalten, und fordert, die ökonomischen Ziele der Privatheit zu entziehen und öffentlich zu diskutieren.

„Was meinen DIE GRÜNEN, wenn sie davon sprechen, daß das herrschende Produktions- und Lebensmodell in die Krise geraten ist? In unserer kapitalistisch verfaßten Industriegesellschaft werden die privaten Produzenten durch den Zwang zur Konkurrenz veranlaßt, ihren Gewinn zu maximieren, nicht jedoch die längerfristigen gesellschaftlichen und ökologischen Folgen ihrer Produktionsentscheidungen einzukalkulieren. Auch das Verhalten der Konsumenten berücksichtigt Auswirkungen auf die gesamte Gesellschaft in der Regel nicht. Zu undurchschaubar sind die Folgen des eigenen Handelns, zu gering die Möglichkeiten der Veränderung, zu sehr aber auch die Hinwendung zum ‚privaten Glück' im Zusammenhang mit entfremdeter Arbeit. Das herkömmliche System des

Wirtschaftens und des Alltagslebens untergräbt seine eigenen Grundlagen, weil es nicht in der Lage ist, die ökologischen und sozialen Wirkungen von kurzfristigen Entscheidungen und Verhaltensweisen einzelner so in gesellschaftlichen Entscheidungsprozessen zu berücksichtigen, daß die langfristigen Effekte nicht die Lebensgrundlagen aller zerstören. In der Entkopplung von privat getroffenen Entscheidungen und den gesamtgesellschaftlichen Auswirkungen dieser Entscheidungen liegt einer der wesentlichen Gründe der Krise.

DIE GRÜNEN treten dafür ein, die Entscheidungen über die technischen und wirtschaftlichen Weichenstellungen aus den privaten Konzernzentralen und den staatlichen Bürokratien heraus in die demokratische Öffentlichkeit zu verlagern.
Nur dadurch können Möglichkeiten und Entwicklungsalternativen bekannt gemacht, diskutiert und auf dieser Grundlage demokratisch entschieden werden.

DIE GRÜNEN unterbreiten mit diesem Programm einen Vorschlag zum ökologischen, sozialen und demokratischen Umbau, in dem Sofortmaßnahmen gegen die drängendsten Probleme mit dem Einstieg in eine strukturelle Umwälzung in Wirtschaft, Staat und Gesellschaft verknüpft sind. Durch ein Maßnahmenbündel von ökologischem Umbau, Arbeitsumverteilung, demokratischer Gestaltung der Wirtschaft und sozialer Absicherung können Umweltbelastung, Erwerbslosigkeit und Armut drastisch vermindert werden.

Wachstum als möglichst hoher Warenausstoß soll nicht länger als wirtschaftliches Ziel gelten; denn das herrschende Industriesystem zerstört seine natürlichen Grundlagen, je mehr es sich ausdehnt. Das Gerede vom qualitativen Wachstum verdeckt nur, daß es auch hierbei letztlich darum geht, gesamtwirtschaftliches Wachstum als Vermehrung des Bruttosozialprodukts, d.h. des Ausstoßes an Gütern und Dienstleistungen, beizubehalten. Stattdessen macht sich ökologische Wirtschaftspolitik abhängig vom Ziel des gesamtwirtschaftlichen Wachstums, ohne dogmatisch einem Nullwachstum *oder gar einer allgemeinen Wirtschaftsschrumpfung und einem Ausstieg aus der Industriegesellschaft das Wort zu reden. Während einige Bereiche schrumpfen müssen, ist Wachstum in anderen Bereichen wünschenswert. Gleichzeitig sind Bewusstseins- und Verhaltensänderungen in den Praktiken unseres Alltagslebens unabdingbar, um ein neues Verhältnis der Menschen untereinander und zur Natur herzustellen.*"

Dieses Programm von 1987 war zwar dem Pseudosozialismus der DDR nahe, aber es öffnet schon die Tür zur Anpassung, weil es „letztlich darum geht, gesamtwirtschaftliches Wachstum als Vermehrung des Bruttosozialprodukts beizubehalten" und „ökologische Wirtschaftspolitik" macht sich „abhängig vom Ziel des gesamtwirtschaftlichen Wachstums".

Dazu passte 2024, wie der grüne Wirtschaftsminister Robert Habeck versuchte, gegen die Bevölkerung mit seiner Energiewende das Bruttosozialprodukt zu steigern.
Am 19.7.2024 schrieb die Frankfurter Rundschau zu diesem Thema:

„Rolle der Energiewende wichtig für die konjunkturelle Entwicklung!

Das wirklich wichtige Ding an diesem Dienstag: die Finanzierung der Energiewende. ‚Deutschland will bis 2045 klimaneutral sein und den Anteil des Stroms aus erneuerbaren Energien bis 2030 auf 80 Prozent steigern' sagte Wirtschaftsminister Habeck. ‚Diese Konferenz bringt relevante Akteure aus Finanzwelt, Energiewirtschaft und Politik zusammen und ermöglicht so wertvolle Diskussionen zu Finanzierungspfaden für die deutsche Energiewende.' Damit vor allem im Norden produzierter Windstrom in die großen Verbrauchszentren kommt, sollen Tausende Kilometer neue Stromtrassen gebaut werden. Das ist allerdings sehr teuer. Laut einer Prognos-Studie im Auftrag der KFW sind bis zur Mitte des Jahrhunderts allein für die Netzinfrastruktur zusätzliche Investitionen von rund 300 Milliarden Euro erforderlich.

Andere Fachleute sprechen von deutlich höheren Summen – auch im Hinblick auf den geplanten Bau eines Wasserstoff-Kernnetzes. Angesichts der knappen Haushaltslage können die Mittel hierfür nicht allein vom Staat kommen, sondern müssen zum weit überwiegenden Teil am Kapitalmarkt mobilisiert werden. Und der scheint dem Werben des Bundes nicht abgeneigt zu sein. ‚Das Interesse an dieser Konferenz aus dem In- und Ausland hat uns überwältigt', sagte der Vorstandsvorsitzende der KFW, Stefan Wintels. Man habe mit etwa 100 Teilnehmerinnen und Teilnehmern gerechnet, gekommen seien mehr als 180 Vertreterinnen und Vertreter internationaler Infrastrukturfonds, Pensionskassen und Versicherungen, Vermögensverwaltungsgesellschaften, Banken sowie Unternehmen der Energiewirtschaft. Nun gelte es, ‚Kapitalnachfrage und Kapitalangebot zusammenzubringen, damit die Energieinfrastruktur in Deutschland klimafreundlich und bezahlbar erneuert werden kann', so Wintels."[1]

Ein Jahrzehnt nach dem Ausbooten vieler Grüner der Vorkriegsgeneration im Jahre 1980, bei dem die Ökologie zu einem Nebenwiderspruch degradiert worden war, verlassen die basisdemokratischen Sozialisten 1990 das Schiff.

Es handelt sich vor allem um Mitglieder aus der Kriegsgeneration, die inzwischen berufstätig geworden sind und nicht hauptberuflich Politik machen können. So entfernt sich die Partei von ihrer gesellschaftlichen Basis. Durch die Wiedervereinigung der beiden Deutschländer und die Kursänderung von Sowjetrussland hin zu einer Friedenspolitik hatte das Thema Krieg seine Wichtigkeit verloren, die noch zu Beginn des Jahrzehnts Millionen Demonstranten auf die Straßen und in die Hauptstadt getrieben hatte.

Die hautnahe Erfahrung von Krieg und Kriegsfolgen fehlte dieser Nachkriegsgeneration aus der Zeit des Wirtschaftswunders. Ich will den Unterschied der Generationen deutlich machen:

---

1   https://www.fr.de/wirtschaft/habeck-ausbau-netze-investition-energiewende-deutschland-robert-93178331.html

Aus meinen Erfahrungen des Weltkriegs, aus der Bereitschaft der USA zum erneuten Einsatz der Atombombe, aus dem Vietnamkrieg der skrupellosen, imperialistischen USA und der militärischen Unterwerfung jeglicher Opposition im Sowjetimperium ist eine unantastbare Antikriegshaltung entstanden. Jeder Krieg ist mit Verhandlungen beendet worden, also muss verhandelt werden, damit er nicht stattfindet.

Aber das ist ein anderes Thema als die Gewaltfrage, bei der es um Gerechtigkeit geht. Das staatliche Gewaltmonopol erlaubt es der Politik, ihre Maßnahmen trotz Protest und Widerstand gewaltsam durchzusetzen. Es nützt nichts, wenn Gerichte später Unrechtmäßigkeit feststellen. Bei Demonstranten wird zwischen Sachbeschädigung und Personenverletzung unterschieden. Bei Polizisten nicht, obwohl sie überwiegend Personen verletzen. Mein Eindruck ist, dass die Nachkriegsgeneration gewaltbereiter war, aber vielleicht ist es nur eine soziale Frage. In der Ablehnung von Krieg sehe ich einen deutlichen Unterschied. Bei Demonstrationen unter Führung der K-Gruppen fühlte ich mich besonders unwohl, wenn die ‚Internationale‘ gesungen und die Fäuste gereckt wurden.

Ich hebe noch einmal die entscheidende Veränderung der ‚Grünen Partei‘ 1990 hervor: Nach den Ökologen haben die kommunistischen Realpolitiker auch die basisdemokratischen Sozialisten entmachtet und aus der Partei vertrieben. Das fiel nicht so stark auf, weil sich die Bewegung in diesem Jahrzehnt gespalten hatte:
Ursprünglich war die Ökologie ein gesellschaftspolitisches Thema, das sich nicht in das politische Parteienspektrum des Parlaments von rechts nach links einordnen ließ, obwohl es antikapitalistisch war und eine neue Wirtschaftsweise forderte. Aber es verlangte auch eine neue Gesellschaftsform, in der Basisdemokratie entwickelt wird, mit der die Ziele des Wirtschaftens gesellschaftlich bestimmt werden. Die Kommunisten jedoch, die sich gegen die Basisdemokraten durchsetzten, wollten nur den ‚demokratischen Zentralismus‘ von Ulbricht,

Mao, Castro et al, mit dem der kapitalistische Fortschritt der Naturzerstörung noch getoppt wurde. Anders als die Basisdemokraten, die viele Parlamente für die unterschiedlichen gesellschaftlichen Bereiche propagierten, wollten die Kommunisten das Parlament ganz abschaffen und die Demokratie zentralisieren auf ihre Partei.

Auf Grund ihrer Gesellschaftskritik waren sie im Parteienspektrum linksaußen angesiedelt. Ihr Ziel war die Diktatur der Partei des Proletariats, auch wenn sie es ‚demokratischen Zentralismus‘ nannten. Mit Basisdemokratie hat dieses Konzept nichts gemeinsam. Darin waren sie den Faschisten vergleichbar. Und in ihren Methoden ebenfalls. Nur war die politische Identität der Kommunisten nicht die Rasse, sondern die Klasse. Beide Begriffe sind diffus, aber das ist eine andere Geschichte. Es geht um das ‚Wir‘ und den Gegner oder Feind. Wir sind die Guten, die Anderen sind Gegner, Feinde, Ungläubige …

Der Unterschied zur parlamentarischen Demokratie besteht darin, dass der Interessenausgleich innerhalb einer einzigen Partei ausgetragen werden muss und nicht auf verschiedene Interessenvertreter oder Gruppen verteilt wird. Der Begriff der ‚Volkspartei‘ dient ebenso wie der Parteiname dazu, die parteiischen Interessen zu verschleiern. ‚Demokratisch‘, ‚sozial‘, ‚frei‘ sind völlig nichtssagende Bezeichnungen, die alle Parteien für sich reklamieren, ‚links‘ ist zumindest eine Festlegung gegen ‚rechts‘, aber ungefähr so dehnbar wie ‚sozial‘.

Die Bezeichnung einer Partei als ‚Grün‘ war ein Alleinstellungsmerkmal und zugleich eine inhaltlich deutliche Aussage, weil Ökologie die Richtschnur der ‚Grünen Partei‘ sein sollte. ‚Grün‘ als entscheidendes Band wurde 1980 bei der Gründung abgeschafft. Dadurch wurde die politische Positionierung der Partei dem freien Spiel der Kräfte überlassen, ohne dass der Name geändert wurde. Der ökologische Anspruch wird mit dem Namen nur scheinbar weiter hochgehalten, aber nicht programmatisch umgesetzt. Das Problem wird uns beim Thema ‚Krieg‘ begegnen, denn die Farbe ‚grün‘ begründet auch keine Handlungsorientierung zum Krieg. Aus ökologischer Sicht verbietet sich jedoch jeglicher Krieg und dürfte von den ‚Grünen‘ nicht mitgetragen werden. Die Namensgebung ‚links‘ für eine Partei ist auch diffus und diskussionswürdig, so dass die Partei ‚Die Linke‘ hin und her schliddert auf der Suche nach ‚links‘, denn sie grenzt sich nur ab gegen ein schwammiges ‚rechts‘.

Die russischen Kommunisten meinten, sie seien links, fortschrittlich und revolutionär. Sie wollten den Kapitalismus ökonomisch und militärisch einholen und überholen. Die Umweltschäden waren kolossal. Tschernobyl war nur die Spitze des Eisbergs. Allerdings havarierte das erste AKW in den USA, die doch immer den Fortschritt symbolisierten. Auch fortschrittlich ist ein dubioser Begriff in der Politik.

Die ‚Grünen‘ der ersten Stunde waren konservativ, denn sie wollten bewahren, was der Kapitalismus mit seinem grenzenlosen Wachstumszwang zerstört. Also ‚rechts‘ und reaktionär‘. Zugleich wollten sie das völlig Andere: eine ökologische Gesellschaft. Also ‚links‘ und revolu-tionär. Die ‚Grünen‘ waren nur scheinbar kompatibel mit allen Richtungen und offen für alle Koalitionen, weil sie für dieses Andere die Wirtschaftsordnung ändern und Basisdemokratie einführen wollten.

Im Sommer 2024 zeigte sich jedoch, dass es Parteien gibt, die grundsätzlich alle Kapital-schädlichen ökologischen Einschränkungen boykottieren, weil sie das ‚freie Unternehmertun‘ politisch vertreten. Konservative Vertreter in der CDU/CSU sind da schon eher kompatibel mit ökologischen Zielen, nur sollte man nicht vergessen, dass die Gründer der ‚Grünen‘ dort ausgetreten sind und 1980 die neue Partei der ‚Grünen‘ gegründet haben, weil Ökologie in der CDU/CSU nicht mehrheitsfähig war und auch heute nicht ist.

Damit bin ich bei der Koalitions-Frage, die schon in den achtziger Jahren in regionalen Parlamenten positiv beantwortet wurde, was ich für einen entscheidenden Fehler halte.

Sowohl in Frankfurt als auch in West-Berlin scheiterte damals die Koalition als Juniorpartner mit der SPD! Dabei waren es in Frankfurt nicht wie in Berlin die besetzten Häuser, die von der SPD brutal geräumt wurden, sondern die Betriebserlaubnis für die Firma Nukem zur Weiterproduktion von atomaren Brennelementen trotz eines Unfalls in ihrer Hanauer Fabrik wenige Monate nach der Atomkatastrophe von Tschernobyl. Ursprünglich war es in Hessen eine Minderheitsregierung der SPD mit einem Tolerierungsabkommen. So aber, als Juniorpartner und Mehrheitsbeschaffer, waren die ‚Grünen‘ mitverantwortlich für die skandalöse Erlaubnis zum Weiterbetrieb in Hanau, auch wenn sie die Koalition mit der SPD danach beendeten.

Das aber ist nur die Spitze des Eisbergs der Entscheidungen, die von den ‚Grünen‘ mitgetragen werden müssen, wenn sie ‚Realpolitik‘ machen, weil sie Juniorpartner sind. Die Richtlinien-Kompetenz, also das Sagen hätten sie nur, wenn sie der stärkere Seniorpartner wären. Sie können nämlich nie mehr erreichen, als der Seniorpartner zulässt. Für Fischer mag das nebensächlich sein, denn er verfolgte konsequent seine politische Karriere und hat später als Berater für Banken, Automobilkonzerne oder Energiekonzerne auch der Gegenseite gedient, aber wie sollen die ‚Grünen‘ ein politisches Profil als ökologische, feministische, soziale oder sonst wie ‚fortschrittliche‘ Partei erhalten, wenn sie in den Regierungen auf das Niveau der SPD zurechtgestutzt werden. Otto Schily war konsequent, als er 1989 zur SPD überwechselte. Joschka Fischer ging einen anderen Weg, indem er die ‚Grünen‘ anpasste. Sein steiler Aufstieg bis zum Bundesminister endete 2005 mit seinem Rücktritt wegen einer Visa-Affäre, die er zu verantworten hatte.

Die Tolerierung einer Regierung ermöglicht, das eigene Programm zu vertreten, ohne sich anzupassen. Die Partnerschaft in einer Beziehung, die nicht gleichberechtigt ist, verlangt und bewirkt Anpassung und Unterwerfung.

Das ist für eine Partei nicht anders.

Realpolitik ist Machtpolitik um politische Macht der Partei und persönliche Macht in der Partei, denn es geht um Posten. Der einzelne Politiker kann sehr wohl auch Positionen übernehmen und durchsetzen, die seinem privaten Weiterkommen mehr dienen als der politischen Entwicklung der Partei. Joschka Fischer hat es direkt gesagt, dass er als Außenminister zurücktreten müsste, wenn die Partei gegen den Angriffskrieg auf Serbien votiert.

Machtpolitik, also das Bilden von Zirkeln und Seilschaften war schon in den kommunistischen Gruppen üblich und half den ‚Realos‘ bei der Durchsetzung in der grünen Partei. Die SPD ist nicht anders.

Der klassische Werdegang eines grünen Berufspolitikers ist, um ein anderes Beispiel zu nehmen, Bernd Messinger:

„Bernd Messinger war einer der etwa 1000 Menschen, die am 12. und 13. Januar 1980 in der überfüllten Stadthalle von Karlsruhe die neue Partei aus der Taufe hoben. 1985 gehörte er zu den Grünen-Realpolitiker:innen, die in Hessen die erste rot-grüne Landesregierung auf den Weg brachten. Und von 2010 an arbeitete er als Büroleiter, zuvor schon als politischer ‚Spin Doctor‘, von Petra Roth, der CDU-Oberbürgermeisterin von Frankfurt. An diesem Sonntag, 2. Oktober 2022, feiert der Grüne seinen 70. Geburtstag."[1]

Ein ‚Spin Doctor‘ ist ein anonymer Schreiber von Reden für Politiker.

---

1   Frankfurter Rundschau 30.9.2022

Kapitel 15

Die Wiedervereinigung und die Regierungsbeteiligung in den Neunzigern

Artikel 146 des deutschen Grundgesetzes ist nicht nur dessen letzter Artikel, sondern auch die Erinnerung daran, dass er den Ostdeutschen aus der aufgelösten DDR ohne demokratischen Prozess übergestülpt wurde:

„Dieses Grundgesetz, das nach Vollendung der Einheit und Freiheit Deutschlands für das gesamte deutsche Volk gilt, verliert seine Gültigkeit an dem Tage, an dem eine Verfassung in Kraft tritt, die von dem deutschen Volke in freier Entscheidung beschlossen worden ist."

Mit anderen Worten sagt dieser Artikel, dass es sich um eine vorläufige Verfassung handelt, weil das deutsche Volk nicht frei entschieden hat. Sie ist die Basis dafür, dass zum Beispiel Adlige, aber auch Industrielle ihre früheren Besitztümer zurückerhielten, die inzwischen durch die DDR in Staatseigentum überführt worden waren.

Nach dem Fall der Mauer hatte die Bürgerbewegung der DDR einen Rat gebildet, der einen Verfassungsentwurf erarbeitete, der ihre Demokratievorstellungen nach der Parteidiktatur für ein wiedervereinigtes Deutschland einbringen wollte. Die Diskussion fand nie statt, obwohl sie seit 1949 im Grundgesetz steht.

In die Landesverfassungen der Bundesländer aus der ehemaligen DDR sind Forderungen der Bürgerbewegung nach direkter Demokratie und nach sozialen Rechten eingegangen, die bundesweit nicht durchgesetzt werden konnten. Die Bundesrepublik BRD hatte schon vor der Vereinigung mit der demokratischen Republik DDR gesamtdeutsche Wahlen angesetzt, indem sie die Volkskammerwahl der DDR zu einem Plebiszit erklärte. CDU, SPD, FDP gab es schon (pro forma) in der

DDR, so dass die westlichen Parteiapparate eine massive Wahl-kampagne starten konnten, wohingegen die Bürgerbewegung, die den Staat ins Wanken gebracht hatte, Vorstellungen von direkter Demokratie und Basisdemokratie entwickelt hatte und Parteien gegenüber nach Jahrzehnten der Parteidiktatur mindestens kritisch war.

Die ‚Grünen' halfen zwar auch, eine ostdeutsche Partei aufzubauen, indem sie sich auf das grün-ökologische ‚Netzwerk Arche' der evangelischen Kirche stützten. Bedeutender war ‚Demokratie jetzt' mit Forderungen nach Demokratisierung von Staat und Wirtschaft, Entkoppelung von Staat und Gesellschaft und ökologischem Umbau. Sie waren für die Vereinigung, aber glaubten, sie gleichberechtigt mitgestalten zu kön-nen. Wichtig waren auch das ‚Neue Forum' und die ‚Initiative Frieden und Menschenrechte'. Gemeinsam mit ‚Demokratie Jetzt' gründeten sie 1991 das ‚Bündnis 90', das zwei Jahre später mit den ‚Grünen' fusionierte.

Die Sozialistische Einheitspartei SED hatte sich in ‚Partei des Demokratischen Sozialismus PDS' umbenannt, aus der später die ‚Linke' wurde, und erhielt im Osten bei der Wahl 1990 nur noch 16 % der Stimmen. Wahlsieger war die CDU/CSU mit fast der Hälfte aller Stimmen, weil Kanzler Kohl die Wiedervereinigung gedankt wurde, die eigentlich dem Außenminister Genscher von der FDP und dem Staatsoberhaupt der Sowjetunion Gorbatschow zuzuschreiben war. Die ‚Grünen' kamen auf 2 %, ‚Bündnis 90' auf 3%.

‚Demokratie Jetzt' hatte durchgesetzt, dass alle Parteien und Gruppierungen gemeinsam eine neue Verfassung am ‚Runden Tisch' ausarbeiten. Das polnische Vorbild war rund, alle 38 VertreterInnen gleichberechtigt. ‚Runde Tische' gab es auch auf kommunaler Ebene und in Großbetrieben oder bei der Bahn.

Eine Verfassung wurde ausgearbeitet und am 4.4.1991 dem Parlament präsentiert, das davon keine Kenntnis nahm. Stattdessen wurde die Annexion der DDR durch die BRD unter Kohls

Führung durchgepeitscht und die Reformideen wurden klanglos beerdigt. Die Folgen wirken auch 40 Jahre später noch nach und drücken sich im Vertrauensverlust der Bevölkerung aus, die über den leider nicht runden Tisch gezogen wurde. Es war das Ende des kalten Krieges mit der bedingungslosen Kapitulation auch der politischen Bürgerbewegung in Ostdeutschland, die keine Chance haben sollte, ihre gesellschaftlichen Vorstellungen in ihrem Land zu verwirklichen. Ein Diktat-Frieden.

Neu war also seit 1990 in dem neuen Deutschland die Konkurrenz zwischen zwei Parteien, die sich links von der SPD positionierten.

Die Machtkämpfe in den ,Grünen' führten zu Austritten, einige gingen zur SPD, viele Basissozialisten und etliche Kommunisten wechselten zur PDS (spätere ,Linke') oder verließen die Parteipolitik.

Der schon erwähnte Spitzel Schneider von den ,Grünen' wurde 1983 in den Bundestag gewählt und betrieb als Realo eine Annäherungspolitik an die DDR und gegen die Wiedervereinigung. Er wurde deutschlandpolitischer Sprecher der Fraktion und unterschrieb mit Kelly, Schily, Beckmann, Vollmer und ihrem Partner Gert Bastian, dem Ex-Generalmajor der Bundeswehr, einen „persönlichen Friedensvertrag" mit dem Staatsratsvorsitzenden der DDR Honecker. Aus Altersgründen hatte Bastian die Bundeswehr verlassen und seine Chancen in der Politik gesucht. Er gründete die ,Generale für den Frieden', die von der Stasi finanziert wurden, und verweigerte das Ausscheiden aus dem Bundestag nach dem Rotationsprinzip ebenso wie Petra Kelly. Sein Engagement für Frieden und Menschenrechte war nicht so überzeugend wie das von Petra Kelly, aber beide waren maßgeblich beteiligt an der Zusammenar-beit mit der DDR-Opposition in der Friedensbewegung „Schwerter zu Pflugscharen". Schneider konnte auch Antje Vollmer für einen Kurs-Schwenk pro DDR gewinnen. Sie, die Philosophin, wurde von der bäuerlichen Landbewegung quasi abgeordnet (sie kam aus der ländlichen politischen Bildungsarbeit) zu einem

Bundestagsmandat 1983, trat aber erst zwei Jahre später in die Partei ein. In der kritischen Phase der Flügelkämpfe gründete sie 1988 die Initiative ‚Aufbruch 88‘, konnte aber nicht verhindern, dass viele ‚Sozialisten‘ austraten und viele ‚Kommunisten‘ zur PDS gingen. Auch Schneider zog die PDS vor, wurde allerdings 1991 nach 16 Jahren Spitzeldiensten endlich enttarnt. Da gab es die Auftraggeber nicht mehr. 1996 trat er aus der PDS aus.

In Deutschland war mit der Wiedervereinigung der kalte Krieg zwischen den Machtblöcken USA und UDSSR beendet. Jedenfalls dachten wir das bis zum Konflikt um die Ukraine, der zwei Jahrzehnte später in die heiße Phase hinübergleiten sollte. Statt den staatsmonopolistischen Kapitalismus (Stamokap) zu besiegen hatte die reformistische Linke den Untergang des staatsmonopolistischen Sozialismus zu verarbeiten. Die SPD ging noch weiter in die Mitte, wo sie sich mit der christlichen Volkspartei von Merkel traf, die von rechts dahin ging. Und die ‚Grünen‘ gaben das Ziel der Basisdemokratie endgültig auf, weil deren Anhänger die Partei verlassen mussten, denn Basisdemokratie gibt es im Parlamentarismus von rechts bis links nicht, sondern nur in der Gesellschaft von unten nach oben. Stattdessen suchten sie einen Platz zwischen SPD und PDS bzw. der ‚Linken‘, die damit einen Alleinvertretungsanspruch für die soziale Frage stellte. Viel Raum war dort zwischen SPD und ‚Linke‘ nicht. So begann der Aufstieg des ‚ökolibertären‘ Flügels in den ‚Grünen‘, der ebenfalls in der politischen Mitte fischen ging:

Seit 1983 hatten die konservativen **Ökolibertären** sich als Fraktion in der Partei gegen die basisdemokratischen **Ökosozialisten** positioniert. Ihr Slogan „Einigkeit und Grün und Freiheit“ machte die nationalistische Position deutlich. Ihr Sprecher war der bekennende Katholik und frühere Maoist Winfried Kretschmann. Der frühere Sponti Thomas Schmid gehörte dazu und auch der Sozialdemokrat Wolf-Dieter Hasenclever, der von der AUD zu den ‚Grünen‘ gekommen war.

Die anthroposophisch beeinflussten Ökolibertären stellten (im Gegensatz zu den Ökosozialisten) den Kapitalismus, den bürgerlichen Staat, das Parteiensystem nicht in Frage, so dass sie nach dem Ausscheiden der Sozialisten aus den ‚Grünen' an Einfluss gewonnen haben. Ihre Bastion ist Baden-Württemberg, wo Kretschmann die Politik bestimmt. Ihre Parole ist ‚Nachhaltigkeit', ein dehnbares, schwammiges Modewort, das in den neunziger Jahren Karriere machte. Es kommt aus der Kritik an der Wegwerfgesellschaft, ohne konkrete Handlungsziele zu setzen. Nachhaltigkeit kann auch mit technischen Neuerungen erreicht werden und damit sogar das kapitalistische Wirtschaftswachstum steigern. Ein Beispiel ist das Elektro-Auto, für dessen Durchsetzung Milliarden Autos auf den Müll geworfen werden sollen, wobei die Automobilfirmen dafür noch finanziell staatlich unterstützt werden.

Die nur scheinbar radikalste Kritik an der herrschenden Ökonomie ist die **Postwachstums-Ökonomie**

Der Hochschullehrer Niko Paech hat sie entwickelt, um den Zwang zum Wachstum zu verringern, um die Ressourcen zu schonen, die Umwelt zu schützen und die Gesellschaft vom Überfluss zu befreien. Paech will diesen Wachstumszwang überwinden, ohne den Kapitalismus abzuschaffen, obwohl er schon begriffen hat, dass der Zwang Bestandteil des Systems ist. Er appelliert an die Einsichtigen zum Konsumverzicht in dezentralen und autonomen „Rettungsbooten", weil er in der Politik nur Befürworter der Wachstumsideologie (die Grünen eingeschlossen) und des kapitalistischen Fortschrittsdogma sieht. Er spricht gegen die globalen Wertschöpfungsketten und für Regionalisierung, Subsistenzwirtschaft, geringen Ressourcenverbrauch (auch Rückbau von Flughäfen und Autobahnen) und Regionalgeld. Damit proklamiert er Nischen des Widerstandes gegen einen weltweiten Sog des Kapitalismus, der von kapitalistischen Monopolen in den USA, Europa und China dominiert wird: Paech macht für Aussteiger das Überleben im Wahnsinn des Konsums möglich, aber alles im Rahmen des deutschen Grundgesetzes. Er hofft auf Krisen (Ressourcen-mangel, Klimawandel, Atomunfall, Finanzchaos…). Paech gilt als Anarchist, aber nicht als Antikapitalist. Das ist ein Wider-spruch in sich. Jedenfalls hält er Einsicht bei Politikern und Boden-, Geld- und Finanzmarktreformen für notwendig, wo-mit er die Wurzel des Übels unangetastet lässt: die Macht des Kapitals. Nicht Wachstum ist das Problem, sondern das Krite-rium für Wachstum: das Brutto-Sozial- bzw. Brutto-Inlands-Produkt. Das Geld diktiert: sein Wachstum ist einziges Kriteri-um wirtschaftlichen Erfolges.

Das Wachstum ist derart extrem verlaufen, dass Deutschland 2024 die drittstärkste Wirtschaftsmacht der Welt (hinter USA und China) ist und bei der Anzahl der Millardäre auf Platz 4 steht. Trotzdem gelingt es nicht, alle gesellschaftlichen Prob-leme zu exportieren, zumal die Probleme nach Deutschland flüchten. Von den sozialen Gegensätzen bis zu den ökologi-schen Problemen wächst der Handlungsbedarf.

Also ist der Maßstab verkehrt.
Wachstum ist nicht das Problem.
Sondern: wessen Wachstum?

Armut kann wachsen, ohne die Wachstums-Ökonomie in Fra-ge zu stellen. Armut ist sogar eine Voraussetzung für Wachs-tum, weil Armut die Löhne niedrig hält.
Wachstums-Ökonomie ist Schönfärberei für Wirtschafts-wachstum.
Aber der Begriff Wirtschaftswachstum selbst dient auch nur der Verschleierung, denn es wird mit dem Bruttosozialpro-dukt BSP in Euro (oder Dollar …) gemessen und verbrämt damit, dass es im BSP nur um das Wachstum des Kapitals geht. Niko Paech darf als verbeamteter Hochschullehrer nicht fordern, den Kapitalismus abzuschaffen, weil er im Grund-gesetz verankert ist und er einen Eid auf die Verfassung ge-schworen hat. Stattdessen kritisiert er Wachstum, obwohl ein Bedarf nach Wachstum besteht: Wachstum von Gleichheit und Freiheit, von Kontakt, Freude und Zufriedenheit, von

menschenwürdiger Arbeit und guten Wohnverhältnissen … die Liste der unbefriedigten Bedürfnisse ist lang, weil sie dem Kapitalwachstum als einzigem Maßstab untergeordnet sind. De-Growth, Schrumpfen, das sind Forderungen, die angesichts des Mangels in vielen Bereichen abstoßend wirken und am Problem vorbeigehen.

Das kapitalistische Bruttosozialprodukt BSP misst nicht die Wirtschaftsleistung, sondern das Kapitalwachstum. Im Kapitalismus herrscht (noch) die Konkurrenz und ein schlechtes BSP (im Vergleich zur Konkurrenz) oder gar ein Schrumpfen bedeuten Alarmstufe 1 und verlangt ein sofortiges Hilfsprogramm des Staates. Das heißt, grenzenloses Wachstum der Automobilproduktion beispielsweise muss stattfinden, selbst wenn der Markt gesättigt ist.

Also erklärt die Regierung, dass alle bestehenden Autos verschrottet und Elektroautos gekauft werden müssen. Vielleicht hätte man einfach auch zusätzlich Batterien einbauen können, aber das hätte die Überkapazitäten an Automobilfabriken nicht beseitigt. Also müssen die Stromproduktion erhöht, Kraftwerke gebaut und Ladestellen eingerichtet werden. Wenn dann 2035 der Markt an Elektroautos gesättigt ist, wird man vielleicht Wasserstoff zum effizienteren Treibstoff deklarieren, weil die seltenen Metalle für Batterien sich erschöpft haben.

Kapitalwachstum ist das Problem. Die Reichen werden immer schneller immer reicher und der Abstand immer größer.

Mit diesem Wachstum nimmt die Umweltbelastung und Zerstörung von Lebensraum zu, aber auch die Verteilungskriege werden heftiger und mörderischer.

Das Problem ist die Wirtschaftsweise, die kein anderes Ziel als Geld-Reichtum für eine winzige Elite hat.

Das Ziel des Wirtschaftens müsste Gleichheit sein: Wachstum für alle je nach Bedürftigkeit und Entmachtung des Kapitals.

Ökologische Linke

1990 traten viele Ökosozialisten (die Hamburger um Rainer Trampert, Thomas Ebermann, Jürgen Reents …) aus der Partei aus. Auf dem Bundesparteitag im April 1991 wurden Beschlüsse gefasst, die zum Austritt auch der Frankfurter um Jutta Ditfurth führten. Das Gewaltmonopol des Staates wurde akzeptiert, das Rotationsprinzip abgeschafft, der Bundesvorstand verkleinert, bezahlte Vorstandssprecher eingeführt …

Konsequenterweise definierte man sich neu als ‚ökologische Reformpartei‘.

Jutta Ditfurth versammelte radikale Ökologen und Basissozialisten vor allem im Frankfurter Raum. Sie gründeten 1991 eine neue Wahl-Partei, die „Ökologische Linke“. Die Partei ist ‚anti‘: Kapital, Staat, Patriarchat, Militarismus, Rassismus, und ‚pro‘: Solidarität, Feminismus, Internationalismus, Basisdemokratie und Ökologie. Zwischen SPD, der ‚Linken‘ und den ‚Grünen‘ ist kein Platz für sie, und linksaußen wird die Luft für eine Wahlpartei immer dünner. Der Widerspruch zwischen Wahlpartei und Basisbewegung bleibt, indem man den Staat kritisiert, aber für Mandate kämpft, um sich zu finanzieren. So ist daraus auch nur eine lokale Gruppe in Frankfurt/Main geworden, die dort eine Basis hat, aber marginal geblieben ist (2 - 3 Abgeordnete von ÖkoLinX).

Aber das eigentliche Problem dieser Kleinstpartei ist die plakative Unbestimmtheit dieser Linken, als ob aus der Ablehnung von rechts eine Strategie erwüchse. Es besteht Ziellosigkeit, weil man keine Vorstellung vermittelt, wie denn eine Gesellschaft mit ihrer ökologischen Wirtschaft ohne Hierarchie und Staat aufgebaut sein, welche Ziele sie haben soll und wie Entscheidungsstrukturen sein könnten.

Wir brauchen mehr als eine abstrakte Utopie, wir brauchen konkrete Maßnahmen in die gewünschte Richtung, die erste Schritte auf dem neuen Weg sind und gelebt werden können. Sonst schreien wir uns weiter heiser mit den klassischen Parolen: „Weg mit …!“

Ergebnis der Spaltungsprozesse des ersten Jahrzehnts:

Die gesellschaftspolitische Bewegung ist zu einer politischen Partei geschrumpft

Anfang der neunziger Jahre hat sich das Verhältnis der Partei zur Basisdemokratie nur scheinbar unbedeutend verändert, denn es wird noch immer von Bündnissen mit den sozialen Bewegungen und Bürgerinitiativen gesprochen, doch hat sich das Verhältnis umgekehrt, denn aus der Partei der Basisbewegung ist die Basis der Partei mit den abgeordneten Parlamentariern und Parlamentarierinnen an der Spitze und dem Fußvolk an der Basis der Partei geworden, während die Bewegung abgeschnitten wurde:

Grüne Regierungspartei 1998

„BÜNDNIS 90/DIE GRÜNEN Die politische Alternative[1]

Seit Mai 1993 gibt es in der Bundesrepublik eine neue Partei: BÜNDNIS 90/DIE GRÜNEN

Zwei Parteien haben sich zu einer neuen zusammengeschlossen: die 1980 gegründeten GRÜNEN und das BÜNDNIS 90, der 1991 entstandene Zusammenschluß der Bürgerbewegung gegen das SED-Regime.

Unsere Basisbewegung braucht verbindliche Mitarbeit, rechtliche Form, durchdachte Logistik und die Einigung auf programmatische Inhalte. Die Basisgruppen, regionalen Gliederungen und Landesverbände von BÜNDNIS 90/DIE GRÜNEN sind in den jeweiligen kommunalen, regionalen und landespolitischen Fragen politisch eigenverantwortlich. Die Meinungs- und Willensbildung von Initiativen und Vereinen, der Arbeits- und Basisgruppen wird auf allen Ebenen von BÜNDNIS 90/DIE GRÜNEN einbezogen. Politische Flügel, Kreise oder Strömungen können einen wichtigen Beitrag zur innerorganisatorischen Willensbildung leisten. Eine konfrontative Verfestigung allerdings,

---

1   Herausgeberin: BÜNDNIS 90/DIE GRÜNEN, Referat Öffentlichkeitsarbeit

ein Hang zur Abgrenzung, die Behauptung von Vielfalt und Beweglichkeit im Widerspruch zum gleichzeitigen Beharren auf der eigenen als der einzig richtigen Wahrheit, stehen einer auf Dialog und Konsens orientierten Sacharbeit und Streitkultur entgegen. Politisches Anliegen unserer gemeinsamen Organisation ist eine gesellschaftliche Öffnung der innerorganisatorischen Arbeit. Unser gemeinsames Wirken nach außen vollzieht sich in breiten Bündnissen mit Bürgerinitiativen, sozialen Bewegungen, den daraus hervorgegangenen Verbänden, Stiftungen und ExpertInnen, die sich gleichen Grundwerten verpflichtet fühlen."

Mit anderen Worten: Die Partei ist die Basisbewegung. Sie ist rechtlich verfasst, hat verbindliche Strukturen und Mitarbeiter und ein Programm. Auch dieses Programm wurde kein Jahrzehnt alt, und prominente Politiker der Partei hielten sich nicht an die Verpflichtung. Die ,Grünen' stellten sich bei der Bundestagswahl 1990 gegen die Wiedervereinigung (,,Wir reden nur vom Wetter") und flogen aus dem Bundestag raus. Bündnis 90 und PDS konnten 8 beziehungsweise 17 Abgeordnete aus dem Osten schicken, aber 1994 erreichte ,Bündnis 90/Die Grünen' 49 Abgeordnetenmandate und die PDS 30.

Wolfgang Templin von der ,Initiative Frieden und Menschenrechte', Hans-Jürgen Fischbeck von der Bürgerbewegung ,Demokratie Jetzt' und Joachim Gauck vom ,Neuen Forum' waren ein Jahrzehnt nach der Wiedervereinigung gleichermaßen davon überzeugt, dass die ,grüne' Partei eine westdeutsche Partei geblieben war.
Der Bundesvorstand lehnte sogar den Vorschlag vom Bündnis 90 zu einer Zehn-Jahres-Feier des Zusammenschlusses konsequent ab.
(GRÜNE Bye-Bye, »Bündnis 90«)

Die ,Grünen' blieben marginal, auch bei der nächsten Wahl zum Bundestag. Nur der Abstand verringerte sich 1998, doch die SPD wurde stärkste Kraft und brauchte Unterstützung, um die absolute Mehrheit im Parlament zu erreichen.

Darauf waren die ‚Grünen' vorbereitet, sie hatten sich als Koalitionspartner angeboten und ein Wahlprogramm erstellt, das sich der SPD anbot. Das Programm zur Bundestagswahl wurde im März 1998 auf der 10. Ordentlichen Bundesdelegiertenkonferenz in Magdeburg verabschiedet. Ich greife einige Zitate heraus:

„PROGRAMM ZUR BUNDESTAGSWAHL 98:
GRÜN IST DER WECHSEL.

BÜNDNIS 90/DIE GRÜNEN

Grün steht für eine neue Politik

Wenn Politik gestalten und verändern will, braucht sie Leitbilder. Unsere Leitbilder für eine neue Politik sind: Nachhaltigkeit, soziale Gerechtigkeit, Demokratie und Gleichberechtigung. (…) Nachhaltiges Wirtschaften bedeutet zukunftsfähige Produkte und ökologisch verträgliche Produktionsverfahren. Dafür müssen Arbeitskosten gesenkt und der Verbrauch natürlicher Ressourcen verteuert werden. Nur zukunftsfähige Produkte werden auf Dauer Exportchancen sichern. Ökologisches Umsteuern sichert nicht nur unsere Lebensgrundlagen, sondern auch die Grundlagen der Wirtschaft.
Soziale Gerechtigkeit statt Ausgrenzung erfordert, Arbeit zu teilen: Erwerbsarbeit, private Arbeit, gesellschaftliche Arbeit und freigewählte Tätigkeiten. Soziale Nachhaltigkeit erfordert aber auch die Beteiligung aller an gesellschaftlicher Arbeit und die Anerkennung dieser Arbeit durch die Gesellschaft.

Präambel

Soziale Nachhaltigkeit erfordert, daß die sozialen Sicherungssysteme fit gemacht werden für das nächste Jahrhundert. Soziale Sicherheit kann nicht länger fast allein aus Erwerbseinkommen finanziert werden. Wir brauchen eine bedarfsdeckende, steuerfinanzierte soziale Grundsicherung. Die immer unstetiger werdenden Erwerbsverläufe und die Veränderungen in der Altersstruktur erfordern eine grundlegende Rentenreform. Zur ökonomischen und sozialen Nachhaltigkeit gehört auch die ver-

stärkte MitarbeiterInnenbeteiligung an Unternehmen, die die Verteilungsgerechtigkeit verbessert. Nachhaltigkeit erfordert ein Bildungssystem, das jungen Menschen die Chancen einer beruflichen Zukunft eröffnet und gesellschaftliche Teilhabe ermöglicht. Bildung muß als Gut an sich für eine demokratische Gesellschaft begriffen werden, das den Menschen nicht als „Humankapital" zum bloßen Standortfaktor verringert. Nachhaltigkeit erfordert, daß Schluß gemacht wird mit der Schuldenanhäufung zu Lasten künftiger Generationen.

Die notwendigen Aufgaben des Staates müssen solide und stetig einnahmefinanziert werden. Soziale Gerechtigkeit verlangt, daß die unsoziale Schieflage im Steuersystem beseitigt wird. Das Steuersystem muß vereinfacht, untere und mittlere Einkommen müssen spürbar entlastet, hohe Einkommen und Vermögen gerecht besteuert werden. Nachhaltigkeit ist eine globale Aufgabe. Die Bundesrepublik muß ihrer Verantwortung für den internationalen Klimaschutz ebenso gerecht werden wie für Armutsbekämpfung und Krisenprävention. Ein Land, das von Freunden umstellt ist, muß seine Militärausgaben durch Abschaffung der Wehrpflicht, eine Reduzierung der Bundeswehr und den Verzicht auf teure neue Waffen drastisch senken. Wir brauchen eine Reform des Staatsbürgerrechts. Es verletzt alle demokratischen Grundsätze, daß Millionen Bürgerinnen und Bürgern weiterhin die Bürgerrechte vorenthalten werden. Ihnen darf nicht länger die Staatsbürgerschaft verweigert werden. Flüchtlingen muß der Schutz der Genfer Konvention und der Europäischen Menschenrechtskonvention im vollen Umfang gewährt werden.

Unser Gesamtkonzept einer Ökologisch-sozialen Steuerreform besteht aus drei Einnahme- und Verwendungs-Säulen.

Auf der Einnahmeseite stehen:

Einführung einer Energiesteuer,
Erhöhung der Mineralölsteuer und Einführung einer Schwerverkehrsabgabe,
Abbau ökologisch schädlicher Subventionen.

Auf der Verwendungsseite stehen:

Senkung der Lohnnebenkosten,
Finanzierung der Verkehrswende, des Ausbaus von Bus- und Bahnverkehr, Finanzierung der Energiewende.
Mögliche Überschüsse wollen wir den Bürgerinnen und Bürgern zurückgeben."

Aus der fundamentalen Kritik der Wirtschaftsweise wurde eine ökologisch-soziale Steuerreform.
Man vergleiche diese Einführung zum Wahlprogramm 1998 mit der Einführung ein Jahrzehnt zuvor zum

„Wahlprogramm 1987:

Was meinen DIE GRÜNEN, wenn sie davon sprechen, daß das herrschende Produktions- und Lebensmodell in die Krise geraten ist? In unserer kapitalistisch verfaßten Industriegesellschaft werden die privaten Produzenten durch den Zwang zur Konkurrenz veranlaßt, ihren Gewinn zu maximieren, nicht jedoch die längerfristigen gesellschaftlichen und ökologischen Folgen ihrer Produktionsentscheidungen einzukalkulieren.
Auch das Verhalten der Konsumenten berücksichtigt Auswirkungen auf die gesamte Gesellschaft in der Regel nicht. Zu undurchschaubar sind die Folgen des eigenen Handelns, zu gering die Möglichkeiten der Veränderung, zu sehr aber auch die Hinwendung zum „privaten Glück" im Zusammenhang mit entfremdeter Arbeit. Das herkömmliche System des Wirtschaftens und des Alltagslebens untergräbt seine eigenen Grundlagen, weil es nicht in der Lage ist, die ökologischen und sozialen Wirkungen von kurzfristigen Entscheidungen und Verhaltensweisen einzelner so in gesellschaftlichen Entscheidungsprozessen zu berücksichtigen, daß die langfristigen Effekte nicht die Lebensgrundlagen aller zerstören. In der Entkopplung von privat getroffenen Entscheidungen und den gesamtgesellschaftlichen Auswirkungen dieser Entscheidungen liegt einer der wesentlichen Gründe der Krise.

DIE GRÜNEN treten dafür ein, die Entscheidungen über die

technischen und wirtschaftlichen Weichenstellungen aus den privaten Konzernzentralen und den staatlichen Bürokratien heraus in die demokratische Öffentlichkeit zu verlagern. Nur dadurch können Möglichkeiten und Entwicklungsalternativen bekannt gemacht, diskutiert und auf dieser Grundlage demokratisch entschieden werden.

DIE GRÜNEN unterbreiten mit diesem Programm einen Vorschlag zum ökologischen, sozialen und demokratischen Umbau, in dem Sofortmaßnahmen gegen die drängendsten Probleme mit dem Einstieg in eine strukturelle Umwälzung in Wirtschaft, Staat und Gesellschaft verknüpft sind. Durch ein Maßnahmenbündel von ökologischem Umbau, Arbeitsumverteilung, demokratischer Gestaltung der Wirtschaft und sozialer Absicherung können Umweltbelastung, Erwerbslosigkeit und Armut drastisch vermindert werden. Wachstum als möglichst hoher Warenausstoß soll nicht länger als wirtschaftliches Ziel gelten; denn das herrschende Industriesystem zerstört seine natürlichen Grundlagen, je mehr es sich ausdehnt. Das Gerede vom qualitativen Wachstum verdeckt nur, daß es auch hierbei letztlich darum geht, gesamtwirtschaftliches Wachstum als Vermehrung des Bruttosozialprodukts, d.h. des Ausstoßes an Gütern und Dienstleistungen, beizubehalten. Stattdessen macht sich ökologische Wirtschaftspolitik unabhängig vom Ziel des gesamtwirtschaftlichen Wachstums, ohne dogmatisch einem Nullwachstum oder gar einer allgemeinen Wirtschaftsschrumpfung und einem Ausstieg aus der Industriegesellschaft das Wort zu reden. Während einige Bereiche schrumpfen müssen, ist Wachstum in anderen Bereichen wünschenswert. Gleichzeitig sind Bewußtseins- und Verhaltensänderungen in den Praktiken unseres Alltagslebens unabdingbar, um ein neues Verhältnis der Menschen untereinander und zur Natur herzustellen. Wir wissen, daß dies ohne die aktive Mitarbeit und das bewußte Wollen der Mehrheit der Menschen nicht möglich ist. Dies klar auszusprechen, aber den Menschen auch zu sagen, wie fundamental die Veränderungen ausfallen müssen - gehört zu den Grundsätzen unserer Politik.

Ökologie ist mehr als Umweltschutz: DIE GRÜNEN wollen die Politik auf eine ökologische Grundlage stellen. Das ist weit mehr als bloßer Umweltschutz oder gar nur technischer Umweltschutz, an dem selbst die Altparteien nicht mehr ganz vorbeikommen. Ein Ausgangspunkt der GRÜNEN ist die Überzeugung der Öko-logiebewegungen, daß die Natur nicht ein beliebiges Ausbeu-tungsobjekt der Menschen sein darf, sondern einen Eigenwert besitzt. Im politischen, wirtschaftlichen und privaten Alltag heißt das, Respekt vor allem Leben zu haben. Daraus folgt ein Verbot der tierquälerischen Intensivhaltung und der Gentechnologie. Aus dieser Grundeinstellung heraus gibt es bei den GRÜNEN keine isolierte Umweltpolitik (ebenso wenig wie eine separate Beschäftigungs- und Sozialpolitik), sondern eine Gesamtpoli-tik auf ökologischer Grundlage, in der ökologische, technische, wirtschaftliche und soziale Faktoren in ihrer Wechselwirkung berücksichtigt werden."

Fazit zum Entwicklungsstand der ‚Grünen' 1998:
Die einzige Wurzel, die nicht gekappt wurde, war der Pa-zifismus, die Überzeugung, dass Deutschland nie wieder Krieg führen sollte.

Kapitel 16

Die ‚Grünen‘ und der Krieg
in den 90er Jahren

Die ‚Grünen‘ waren eine normale politische Partei geworden, die sich zwischen CDU und FDP rechts und der ‚Linken‘ links positionierte, wo auch die SPD Wähler fischte. Der Wahlsieg der SPD 1998 wurde erwartet, und der Drang der ‚Grünen‘ war mitzuregieren, obwohl ihre Position schwach und die außenpolitische Situation durch den Krieg auf dem Balkan kompliziert war.

Bei der Bundestagswahl im September 1998 gewinnt die SPD (298 Sitze) und mit den Grünen (47 Sitze) kann sie regieren, weil sie zusammen deutlich die absolute Mehrheit haben und auch die PDS noch 36 Sitze erhält, so dass die Christdemokraten mit den Freien Demokraten abgeschlagen nur auf 288 Sitze kommen. In Ostdeutschland ist die Begeisterung über die CDU auf 27 % gesunken und die FDP erhält dort 3 %. Auch die Grünen sind dort marginal (4 %), nur die PDS bleibt mit 22 % stark.

Aber in Europa herrschte Krieg auf dem Balkan.

Wie gesagt war eine der Grundsäulen der ‚Grünen Partei‘ dank der Vorkriegs- und Kriegsgeneration der Pazifismus. Er hatte nach dem Weltkrieg neue Nahrung bekommen, insbesondere durch den Vernichtungskrieg der USA in Vietnam und die Niederschlagung der Reformbewegungen in der DDR, Ungarn und der Tschechoslowakei durch die andere Weltmacht UDSSR (Sowjetrussland). 1968 wurde wenigstens ein Atomwaffensperrvertrag von USA und UDSSR abgeschlossen, aber Kurz- und Mittelstreckenraketen waren davon ausgeschlossen. 1976 fanden Verhandlungen statt und ein Kompromiss wurde gefunden, den die USA jedoch nicht unterschrieben.

Sie waren auch nicht bereit, das von US-Präsident Ronald

Reagan angekündigte weltraumgestützte atomare Raketen-abwehrsystem nicht weiterzuentwickeln. Stattdessen wur-den – trotz der Demonstrationen von mehr als einer Million Menschen allein in der Bundesrepublik Deutschland – Atom-raketen gegen Moskaus möglichen Angriff von der Nato auch bei uns in Deutschland installiert. Letztlich hat Gorbatschows Bereitschaft zum Abrüsten dafür gesorgt, dass die USA und Sowjetrussland ihre landgestützten atomaren Kurz- und Mit-telstreckenwaffen vollständig abbauten, nicht jedoch die Nato (Frankreich, Großbritannien).

Das Wahlprogramm von Bündnis 90/Die Grünen ist 1998 nur in der Kriegsfrage noch Originalton vom Beginn und bestrebt, den militärisch-industriellen Apparat abzubauen:

„Mit der Abschaffung der allgemeinen Wehrpflicht und der so-fortigen Umstellung auf eine Freiwilligenarmee soll schrittweise der Abbau der Bundeswehr beginnen. Die Abschaffung staatli-cher Zwangsdienste soll von einer raschen Verringerung der Zahl der verbleibenden Berufs- und Zeitsoldaten begleitet werden. Gleichzeitig wollen BÜNDNIS 90/DIE GRÜNEN eine drastische Verkürzung der Verpflichtungszeit für Zeitsoldaten und eine Stärkung der demokratischen Rechte der Soldaten. Mit der Ab-schaffung der Wehrpflicht wird die Bundeswehr auf weniger als 200.000 Soldaten verringert.

Außenpolitischer Aufbruch ins 21. Jahrhundert
Durch weitere Abrüstungsschritte – insbesondere im Bereich der Krisenreaktionskräfte – wollen wir in vier Jahren die Bundes-wehr auf rund 150.000 Soldaten reduzieren. Auch in den fol-genden Jahren wollen wir die Bundeswehr drastisch reduzieren – zunächst mit dem Ziel einer weiteren Halbierung.

Unser Beitrag zur Friedenssicherung
Gleichzeitig muß ein Prozeß der Transformation der Bundeswehr stattfinden. Militär muß für Peace-Keeping-Einsätze umgeschult werden. BÜNDNIS 90/DIE GRÜNEN tragen militärische Frie-denserzwingung und Kampfeinsätze nicht mit. Für eine Politik der Friedenssicherung nach Kapitel VI der UN-Charta („peace-

keeping') wollen wir die Schaffung multinationaler Einheiten unterstützen, die der direkten Verfügungsgewalt der Vereinten Nationen und der OSZE unterstellt werden."

Die SPD bestimmt Gerhard Schröder zum Kanzler und den Grünen Joschka Fischer zum Vizekanzler ihrer Koalitionsregierung. Fischer wählt das Amt des Außenministers, in dem die Grünen keine Erfahrungen oder auch nur Ahnungen mitbringen, aber es ist repräsentativ und bedeutet Auftritte auf der internationalen Bühne.

Doch im Kosovo ist seit dem 28. Februar 1998 immer noch und wieder Krieg, weil der Vielvölkerstaat Jugoslawien auseinandergefallen ist und Rivalitäten nicht friedlich gelöst wurden.

„16. Oktober 1998: Debatte im Bundestag um Kampfeinsatz im Kosovo: Als die NATO am Abend des 24. März 1999 die ersten Luftangriffe gegen serbische Stellungen im Kosovo flog, bedeutete das für Deutschland eine historische Zäsur: Zum ersten Mal in der Nachkriegsgeschichte waren auch Bundeswehrsoldaten an Kampfeinsätzen im Ausland beteiligt.

Entscheidung des Bundesverfassungsgerichts

Schon Monate vorher war eine Debatte aufgeflammt, die seit Jahren immer wieder Öffentlichkeit, Politik und Justiz in Deutschland beschäftigt hatte, wenn es um mehr als nur humanitäre Einsätze der Bundeswehr ging. Die Frage, ob deutsche Soldaten im Rahmen des NATO-Bündnisses auch an Kampfhandlungen teilnehmen sollen, wurde stets heftig diskutiert. Denn sie berührte neben den verfassungsrechtlichen Bedenken auch einen außenpolitischen Grundkonsens, der nach der Erfahrung des Zweiten Weltkriegs jahrzehntelang über alle politischen Strömungen hinweg Geltung hatte: „Von deutschem Boden darf nie wieder Krieg ausgehen." Mehrere Male musste sich das Bundesverfassungsgericht mit Klagen gegen Bundeswehreinsätze beschäftigen. Am 12. Juli 1994 entschieden die Richter, dass diese im Rahmen des NATO-Bündnisses verfassungskonform seien – sofern ihnen vorher der Bundestag zugestimmt habe.

Mehrheit der Abgeordneten für Luftangriffe: Im Fall des Kosovo-Einsatzes verabschiedete die Mehrheit der Abgeordneten am 16. Oktober 1998 einen Antrag, den die scheidende schwarz-gelbe Bundesregierung unter Führung von Helmut Kohl (CDU/CSU) zusammen mit dem designierten Bundeskanzler Gerhard Schröder (SPD) und künftigen Außenminister Joseph Fischer (BÜNDNIS 90/DIE GRÜNEN) ausgearbeitet hatte.

Der Antrag sollte die rechtliche Grundlage schaffen für Beteiligung der Bundeswehr an NATO-geführten Luftoperationen. Diese hatten das Ziel, die Kriegsparteien im Kosovo - die jugoslawische Regierung unter Präsident Slobodan Milošević und die Führung der albanischen UÇK - zur Einstellung des Kampfes zu zwingen. Dies hatten die Vereinten Nationen (UN) zuletzt im September 1998 in der Resolution 1199 gefordert, jedoch ohne Wirkung. 500 der 580 Parlamentarier votierten schließlich für einen Bundeswehreinsatz im Kosovo, 62 stimmten dagegen. 18 Abgeordnete enthielten sich. (…)

Joseph Fischer, Fraktionsvorsitzender von BÜNDNIS 90/ DIE GRÜNEN mahnte, dass von Milošević eine dauerhafte Kriegsgefahr in Europa ausgehe. Die „auf aggressivem Nationalismus beruhende Politik Belgrads" müsse deshalb in die Schranken gewiesen werden", erklärte der künftige Bundesaußenminister. „Wenn wir die Lehre aus unserer Geschichte und aus der blutigen ersten Hälfte des 20. Jahrhundert gelernt haben, dann darf es in Europa keine Kriegstreiberei mehr geben. (…)

Gregor Gysi (PDS) kritisierte als einziger Redner der Debatte die geplante Entsendung von Soldaten heftig. Der Einsatz von militärischen Mitteln sei „aus politischen, moralischen und historischen Gründen" abzulehnen, so der Vorsitzende der PDS-Gruppe im Bundestag. Ein NATO-Einsatz verletze darüber hinaus das allgemeine Völkerrecht und die spezielle Resolution der Vereinten Nationen zum Kosovo. Einen ‚Vorratsbeschluss' über einen möglichen Krieg zu fassen, nannte Gysi ‚indiskutabel' und ‚falsch".[1]

---

1   Zitiert nach: https://webarchiv.bundestag.de/archive/2010/0427/dokumete/textarchiv/2008/19974181_kw16_kosovo/index.html

Die Grünen sind wie erwartet eigentlich gegen eine deutsche Beteiligung am Krieg, aber der Außenminister müsste dann zurücktreten. Also hält Fischer auf dem Parteikongress eine seiner flammenden Reden:

„Rede des Außenministers zum Natoeinsatz im Kosovo

Liebe Freundinnen und Freunde, liebe Gegner, geliebte Gegner, ein halbes Jahr sind wir jetzt hier in der Bundesregierung, ein halbes Jahr – ja ich hab nur drauf gewartet – hier spricht ein Kriegshetzer und Herrn Milosevic schlagt ihr demnächst für den Friedensnobelpreis vor. Wenn die Parteifreundin sich hinstellte und sagte, die Parteiführung spricht über ihre Zerrissenheit, ich weiß ja nicht, wie es euch geht, wenn ihr die Bilder seht. Ich hätte mir nie träumen lassen, dass wir hier einen Grünen-Parteitag nach einem halben Jahr ...

Ich dachte, wir wollen hier diskutieren und dass die Friedensfreunde vor allen am Frieden Interesse haben. Und wenn ihr euch so sicher seid, dann solltet ihr doch die Argumente wenigstens anhören und eure Argumente dagegen setzen. Mit Sprechchören, mit Farbbeuteln wird diese Frage nicht gelöst werden, nicht unter uns und auch nicht außerhalb. Und wir erleben es ja bei diesem Parteitag, und insofern ist es keine innere Zerrissenheit, sondern eine äußere Zerrissenheit. Ich hätte mir auch nicht träumen lassen, dass wir Grüne unter Polizeischutz einen Parteitag abhalten müssen. Aber warum müssen wir unter Polizeischutz diskutieren? Doch nicht, weil wir diskutieren wollen, sondern weil hier offensichtlich welche nicht diskutieren wollen, wie wir gerade erlebt haben. Das ist doch der Punkt! Ich weiß, als Bundesaußenminister muss ich mich zurückhalten, darf da zu bestimmten Dingen aus wohlerwogenen Gründen nichts sagen. Nicht so, wie mir wirklich das Maul am liebsten übergehen würde von dem, was ich in letzter Zeit gehört habe: Ja, „der Diplomatie eine Chance", ich kann das nur nachdrücklich unterstützen. Nur ich sage euch: Ich war bei Milosevic, ich habe mit ihm 2 1/2 Stunden diskutiert, ich habe ihn angefleht, drauf zu verzichten, dass die Gewalt eingesetzt wird im Kosovo. Jetzt ist Krieg, ja. Und ich hätte mir nie träumen lassen, das Rot/Grün mit im Krieg ist. Aber dieser Krieg geht nicht erst seit 51 Tagen, sondern seit 1992, liebe Freundinnen und Freunde, seit 1992! Und ich sage euch, er hat mittlerweile Hunderttausenden das Leben gekostet und das ist der Punkt, wo Bündnis 90 / Die Grünen nicht mehr Protestpartei sind. Wir haben uns entschieden, in die Bundesregierung zu gehen, in einer Situation, als klar war, dass hier die endgültige Zuspitzung der jugoslawischen Erbfolgekriege stattfinden kann. Ich erinnere mich noch ... – Nein, ich höre nicht auf! Den Gefallen tue ich euch nicht! –

... Ich kann mich noch erinnern: Die Bundestagswahlen waren gerade vorbei. Da sind Schröder und ich nach Washington geflogen. Wir waren noch in der Opposition, da war schon klar, dass wir ein Erbe mitbekommen, dass unter Umständen in eine blutige Konfrontation, in einen Krieg führen kann. Und ich kann euch an diesem Punkt nur sagen: schon damals, als wir die Koalition beschlossen haben, war uns klar, dass wir in einer schwierigen Situation antreten. Ich hätte mir nicht träumen lassen, dass wir im ersten halben Jahr nicht nur die Agenda 2000, nicht nur die Frage der Krise der Kommission, sondern auch die Frage Rambouillet und schließlich das Scheitern von Rambouillet und den Krieg dort haben.

Nur ich kann euch nochmals sagen, was ich nicht bereit bin zu akzeptieren: Frieden setzt voraus, dass Menschen nicht ermordet, dass Menschen nicht vertrieben, dass Frauen nicht vergewaltigt werden. Das setzt Frieden voraus! Und ich bin der Letzte, der nicht sagen würde, dass ich keine Fehler gemacht habe. Auch gerade in letzter Zeit, wenn darauf hingewiesen wird auf die Lageberichte. Ja, das war ein Fehler, den muss ich akzeptieren. Ich konnte im ersten halben Jahr vor allem unter dem Druck nicht alles machen, aber ich trage dafür die Verantwortung und werde zu Recht deswegen kritisiert. Andere Fehler sind gemacht worden. Nur auf der anderen Seite möchte ich euch sagen, und da möchte ich auch mal der Partei meine persönliche Situation berichten. Der entscheidende Punkt ist doch, dass wir wirklich alles versucht haben, um diese Konfrontation zu verhindern. Und da sage ich euch, ich bin ja nun weiß Gott kein zartes Pflänzchen beim Nehmen und beim Geben, weiß Gott nicht, aber es hat wehgetan, wenn der persönliche Vorwurf erhoben wurde, ich hätte da die Bundesrepublik Deutschland in den Krieg gefingert. Ich kann euch nur eines sagen: Die G8 hat jetzt beschlossen, eine gemeinsame Grundlage, eine Prinzipienerklärung auf der vollen Grundlage von Rambouillet. Und ich kann euch nur versichern, ich habe alles getan, was in meinen Kräften stand, um diese Konfrontation zu verhindern. Und wenn einer in dieser Frage meint, er könne eine Position einnehmen, die unschuldig wäre, dann müssen wir die Position mal durchdeklinieren. Mir wurde moralischer Overkill vorgeworfen und ich würde da eine Entsorgung der deutschen Geschichte betreiben und ähnliches. Ich will euch sagen: Für mich spielten zwei zentrale Punkte in meiner Biografie eine entscheidende Rolle und ich kann meine Biografie da nicht ausblenden. Ich frage mich, wer das kann in dieser Frage! In Solingen, als es damals zu diesem furchtbaren mörderischen Anschlag auf eine ausländische Familie, auf eine türkische Familie, kam, die rassistischen Übergriffe, der Neonazismus, die Skinheads. Natürlich steckt da auch bei mir immer die Erinnerung an unsere Geschichte und spielt da eine Rolle. Und ich frage mich, wenn wir innenpolitisch dieses Argument immer gemeinsam verwandt haben, warum verwenden wir es dann nicht, wenn Vertreibung, ethnische Kriegsführung in Europa wieder Einzug halten und eine blutige Ernte mittlerweile zu verzeichnen ist. Ist das moralische Hochrüstung, ist das Overkill? Auschwitz ist unvergleichbar. Aber ich stehe auf zwei Grundsätzen: Nie wieder Krieg, nie wieder Auschwitz; nie wieder Völkermord, nie wieder Faschismus. Beides gehört bei mir zusammen, liebe Freundinnen und Freunde, und deswegen bin ich in die Grüne Partei gegangen. Was ich mich frage ist, warum ihr diese Diskussion verweigert? Warum verweigert ihr mit Trillerpfeifen diese Diskussion, wenn ihr euch als Linke oder gar Linksradikale bezeichnet? Ihr mögt ja alles falsch finden, was diese Bundesregierung gemacht hat und die Nato macht, das mögt ihr alles falsch finden. Aber mich würde mal interessieren, wie denn von einem linken Stand-

punkt aus das, was in Jugoslawien seit 1992 an ethnischer Kriegs-führung, an völkischer Politik betrieben wird, wie dieses von ei-nem linken, von euerm Standpunkt aus denn tatsächlich zu benennen ist. Sind es etwa alte Feindbilder, an die man sich ge-wöhnt hat, und Herr Milosevic passt in dieses Feindbild so nicht rein? Ich sage euch, mit dem Ende des kalten Krieges ist eine eth-nische Kriegsführung, ist eine völkische Politik zurückgekehrt, die Europa nicht akzeptieren darf. Wenn wir diese Politik akzep-tieren, werden wir dieses Europa nicht wieder erkennen, liebe Freundinnen und Freunde. Das wird nicht das Europa sein, für das wir gekämpft haben. Frieden setzt die Analyse der Ursachen des Krieges voraus, eine politische Analyse. Wenn wir Frieden schaffen wollen, – und da stimme ich allen zu, die meinen, eine moralischer Empörung reicht nicht aus, – dann müssen wir die politischen Bedingungen für einen dauerhaften Frieden in Süd-osteuropa herstellen. Und dafür müssen wir erst einmal analy-sieren, was die Ursachen des Krieges sind. Südosteuropa hatte ein eigenes Ordnungsprinzip während der Zeit des kalten Krie-ges. Dieses Ordnungsprinzip ordnete sich um die Bundesrepublik Jugoslawien herum, um das multinationale damals Jugoslawien. Mit dem Tod Titos, mit dem Ende des kalten Krieges und gleich-zeitig mit der so genannten serbischen nationalen Erweckung wurde dieses Jugoslawien auseinander getrieben. Seitdem haben wir es dort mit einem Erbfolgekrieg zu tun. Er begann in Slowe-nien. Er ging weiter nach Kroatien, Ostslowenien. Er hatte zur Grundlage, überall wo Serben leben, alle Serben in einen Staat. Und das war die Kriegserklärung an die anderen Völker im da-maligen Jugoslawien. Das ist die großserbische Politik gewesen, die Milosevic bis auf den heutigen Tag verfolgt. Und dann die blutige Katastrophe in Bosnien. Und da sage ich, da reden wir über einen versuchten Völkermord an den bosnischen Muslimen. Ich sage all denen: Annelie, Christian, wenn ihr sagt: ‚Lasst uns das Bomben einstellen und dann schauen wir mal, dann verhan-deln wir.‘ Ich habe mir mal rausgesucht, wie viel Waffenstill-standsabkommen Milosevic und seine Paladine und wie viel UN-Resolutionen unterzeichnet wurden: Achtzehn Waffenstill-

standsabkommen seit 1993, davon hat nur das letzte gehalten und hat Hunderttausenden ihr Leben gekostet in Bosnien-Herzegowina und in den anderen Regionen. 73 UN-Resolutionen, liebe Freundinnen und Freunde, 73, und da lese ich zwei, am 16.04. des Jahres 1993 die UN-Resolution 819, Srebrenica wird Schutzzone, und am 06. Mai UN-Resolution 824, Einrichtung Schutzzone für muslimische Flüchtlinge, Srebrenica, Zepa, Gorazde, Sarajewo, Bihac. Ich frage euch, liebe Freundinnen und Freunde, woher nehmt ihr euer Vertrauen bei Milosevic, dass ohne massiven bewaffneten Schutz es den Menschen nicht genauso wieder gehen wird, wie den Männern in Srebrenica, die kalt im Massengrab liegen bis auf den heutigen Tag. Woher nehmt ihr das? Ich habe dieses Vertrauen nicht. Wir haben in Rambouillet versucht, die serbisch-jugoslawische Seite zu überzeugen. Das absurde ist, dass der Westen, die von euch so verachtete Nato, für die territoriale Integrität Jugoslawiens eingetreten ist gegen Sezession, gegen die Unabhängigkeit der Kosovaren. Wir sind dafür eingetreten, eine politische Lösung zu erreichen. Und wenn gesagt wird, „Gebt der Diplomatie eine Chance!": Es wurde doch alles versucht, um mit diplomatischen Mitteln ein Einvernehmen hinzubekommen. Da mögt ihr pfeifen, so viel ihr wollt, liebe Freundinnen und Freunde. Ich war dabei und ich war am letzten Sonntag im Flüchtlingslager in Makedonien. Geht doch mal mit eurer Position dort hin und redet mit den Menschen! Mal sehen, was sie dazu sagen. Das sind die direkt Betroffenen, es sind die Vertriebenen! Und wenn ich mir was vorwerfe, liebe Freundinnen und Freunde, dann kann es allerhöchstens das sein, Milosevic in seiner Brutalität, Milosevic in seiner Radikalität, Milosevic in seiner Entschlossenheit den ethnischen Krieg ohne Rücksicht auf die Zivilbevölkerung durchzusetzen, diesen ethnischen Krieg zu Ende zu bringen, unterschätzt zu haben. Und wenn wir uns früher darüber aufgeregt haben über Strategien gegen Guerillabewegungen: Ja, Milosevic geht von der These aus: Guerillas sind diejenigen, die im Volk wie im Wasser schwimmen, und deswegen lasse das Wasser ab, zerstöre ein Volk, vertreibe es vollständig durch Schreck und durch Terror und dann wird es auch keine Guerilla geben und destabilisiere noch die Nachbarstaaten. Ich sage euch, diese Politik ist in einem doppelten Sinne verbrecherisch. Ein ganzes Volk zum Kriegsziel zu nehmen, zu vertreiben durch Terror, durch Unterdrückung, durch Vergewaltigung, durch Ermordung und gleichzeitig die Nachbarstaaten zu destabilisieren, dies bezeichne ich als eine verbrecherische Politik, liebe Freundinnen und Freunde. Und deswegen: Wir haben in dem ganzen Konflikt nicht geruht, trotzdem, als es notwendig war, Milosevic militärisch entgegenzutreten, denn wenn das nicht getan wird, wird Montenegro das Nächste sein und dann wird entsprechend seiner großserbischen Strategie, von der er nicht ablässt, ... – Da schüttelst Du den Kopf. Als wir das anhand von Srebrenica diskutiert haben, da hast du genauso den Kopf geschüttelt! ... und da kann ich dir nur sagen: Wenn wir dem nicht entschlossen entgegentreten, dann wird als Nächstes auch Makedonien in Frage gestellt werden, dann werden wir die Konsequenz haben, dass die Vertriebenen, dass die Entrechteten, dass diejenigen gleichzeitig die große albanische Idee, die gegenwärtig nur eine politische Randerscheinung ist, in einem Maße befeuern werden, wie wir das von den Palästinensern kennen. Und dann werden wir das Gegenteil von Frieden haben, sondern wir werden dauerhaft Instabilität, dauerhaft Krieg, dauerhaft Unterdrückung in dieser Region bekommen noch mit ganz anderen Konsequenzen. Das ist das Gegenteil von Friedenspolitik und deswegen sage ich: Milosevic darf sich nicht durchsetzen und wir dürfen nichts beschließen, was in diese Richtung gehen könnte. Wir haben die fünf Punkte vorgeschlagen und durchgesetzt. Wir haben einen Friedensplan, der zuerst belächelt wurde, der mittlerweile Grundlage der G8 ist, durchgesetzt. Wir haben darauf gesetzt, den Vereinten Nationen endlich wieder eine entscheidende Rolle zukommen zu lassen. Wir haben darauf gesetzt, Russland ins Boot zu bringen, was mit G8 gelungen ist. Wir setzen darauf, und das, bitte ich euch, ist der Kern des Ganzen, nicht ob wir mit einem guten Gewissen nach Hause gehen, nicht ob wir uns mit Farbbeuteln beschmissen haben, sondern ob wir politische Entscheidungen treffen, die die

Rückkehr der Vertriebenen ermöglichen: Ja oder nein, das ist der Maßstab, liebe Freundinnen und Freunde und das ist auch der moralische Maßstab, das ist der friedenspolitische Maßstab! Und ich sage euch: Ohne diese Rückkehr wird es keinen Frieden geben. Und diese Rückkehr wird nur stattfinden, wenn es eine robuste internationale Friedenstruppe gibt. Ohne dieses wird es keine Rückkehr geben nach den Schrecken, die diese Menschen erlebt haben, und es wird keine Rückkehr geben, wenn es nicht zum Rückzug der bewaffneten Streitkräfte Jugoslawiens, der Paramilitärs und der Sonderpolizei tatsächlich kommt. Die Menschen werden nach dem Horror nicht zurückgehen. Und wenn sie nicht zurückgehen, wird es keinen Frieden geben. Das muss das Ziel sein, dafür kämpft die Bundesregierung, dafür kämpfen wir jeden Tag. Und ich kann euch nur sagen, da müssen wir jetzt mal Tacheles reden. Was nicht sein kann ist: wir als Partei behalten auf der einen Seite unser gutes friedenspolitisches Gewissen und dann gibt es ein paar in der Fraktion und in der Regierung, die sind dafür zuständig dann für die Realitäten. So wird es nicht gehen. Und deswegen, liebe Freundinnen und Freunde, ist heute Klartext angesagt. Ich freue mich ja, wenn gesagt wird von Christian Ströbele und anderen, sie wollen, dass Joschka Fischer Außenminister bleibt. Aber da müsst ihr die Bedingungen auch dafür schaffen, dass ich erfolgreicher Außenminister sein kann. Und ich werde mit eurem Antrag geschwächt aus diesem Parteitag hervorgehen und nicht gestärkt, liebe Freundinnen und Freunde. Ich sage euch: Ich halte zum jetzigen Zeitpunkt eine einseitige Einstellung, eine unbefristete Einstellung der Bombenangriffe für das grundfalsche Signal. Milosevic würde dann nur gestärkt und nicht geschwächt. Ich werde das nicht umsetzen, wenn ihr das beschließt. Damit das klar ist, ich muss hier Klarheit schaffen! Weil, es nützt ja nichts, wenn ich heute erzähle, na ja das ist alles nicht so schlimm, und dann mache ich irgendwie, weil ich meine, ich könnte gerade mal so weitermachen. Da habe ich ein anderes Verständnis von Regierungsbeteiligung in einer demokratischen Grünen Partei. Und deswegen sage ich euch an diesem Punkt: was wir gemeinsam brauchen, ist die Kraft jetzt in der Verantwortung. Und das ist nicht nur die Verantwortung der Regierung, das ist nicht nur die Verantwortung vom Bundesvorstand/Fraktion, sondern das ist die Verantwortung der ganzen Partei, von uns allen, jetzt die Kraft zu haben, in diesem Widerspruch, indem wir drin sind, nämlich, dass wir einerseits mit militärischen Mitteln, mit einem Krieg, Milosevic Einhalt gebieten müssen, gleichzeitig alle Möglichkeiten zu nutzen, um eine Friedenslösung zur Rückkehr der Flüchtlinge zu erreichen und zu einem dauerhaften Schweigen der Waffen zu kommen.

Wir haben dafür den Stabilitätspakt südlicher Balkan entwickelt. Sagt mir eine Regierung, die mehr politische Initiativen erfolgreicher entwickelt hat als diese Bundesregierung. Und deswegen, liebe Freundinnen und Freunde, bitte ich euch bei allem ... – Und ich verstehe sehr gut die Emotionen, ich verstehe auch die Argumente der Ablehnung. Jeder hat sie doch selbst in sich, ich führe diese Diskussion Tag für Tag im Grunde genommen in mir selbst und jeder führt sie! – ... Aber ich bitte euch, liebe Freundinnen und Freunde, was wir jetzt gemeinsam brauchen, ist die Kraft, diese Verantwortung umzusetzen, so schwer es auch geht. Und was ich euch als Außenminister bitte ist, dass ihr mir helft, dass ihr Unterstützung gebt und dass ihr mir nicht Knüppel in die Beine werft und dass ich nicht geschwächt, sondern gestärkt aus diesem Parteitag herausgehe, um unsere Politik weiter fortsetzen zu können. Ich danke euch."[1]

Die Rede vor dem außerordentlichen Parteitag rettete Fischers Position, wobei der Parteivorstand einen Pseudokompromiss vertrat: Ja zum Krieg, aber Feuerpause.

Der Tagesspiegel berichtet am 14.05.1999, 00:00 Uhr aus

„BIELEFELD . Die Grünen haben auf ihrem Sonderparteitag in Bielefeld die Regierungspolitik zum Kosovo-Krieg grundsätzlich gebilligt, aber eine befristete Feuerpause gefordert.

---

1   http://www.mediaculture-online.de Autor: Fischer, Joschka. Titel: Rede des Außenministers zum Natoeinsatz im Kosovo. Quelle: Heinrich Böll Stiftung. Archiv Grünes Gedächtnis. Hannover 1999. Die Veröffentlichung ist gemeinfrei.

444 Delegierte unterstützten den entsprechenden Antrag des Bundesvorstandes. Der Antrag der radikalen Kriegsgegner, die einen sofortigen bedingungslosen Abbruch der Nato-Angriffe forderten, erhielt 318 Stimmen."[1]

Interessant ist, dass die Kriegsgegner, die doch Frieden wollten, zu ‚Radikalen' gestempelt wurden. Das ist eine Umkehrung der Moral. Die Feuerpause war nur ein Pseudo-Zugeständnis, denn die Nichterfüllung der Forderung war vorauszusehen, aber sie machte es den Schwankenden leichter, dem Antrag auf Krieg zuzustimmen. Genau 127 Stimmen von grünen Parteimitgliedern waren kriegsentscheidend. Wenn Fischer nichts verheimlicht hätte, wäre der Antrag vermutlich sogar gescheitert.

Es gab in der Folge eine lange Auseinandersetzung: Dieser Rede Fischers hat unter anderem Heinz Loquai widersprochen. Heinz Loquai war Brigadegeneral, er war 1991 bis 1995 Leiter des Zentrums für Verifikation der Bundeswehr und danach war er Leiter des Anteils des Bundesministeriums der Verteidigung an der Ständigen Vertretung der Bundesrepublik Deutschland bei der OSZE (Organisation für Sicherheit und Zusammenarbeit in Europa) und von 1999 bis Juli 2000 im OSZE-Auftrag Berater bei den Verhandlungen über militärische vertrauens- und sicherheitsbildende Maßnahmen für Südosteuropa (Balkan). Er war promovierter Soziologe und entschiedener Kritiker des Kriegseinsatzes. Ein Jahr nach Beginn der NATO-Bombardierung erschien im Nomos-Verlag sein Buch „Der Kosovo-Konflikt – Wege in einen vermeidbaren Krieg. Die Zeit von Ende November 1997 bis März 1999". Heinz Loquai schreibt in diesem Buch[2]:

„Beschädigung der internationalen Rechtsordnung
Ein Präzedenzfall?!
Wegen des Fehlens eines Mandats des UN-Sicherheitsrats halten Völkerrechtler den Krieg von NATO-Staaten gegen Jugoslawien

---

1   https://www.tagesspiegel.de/politik/fischer-redet-grunen-erfolgreich-ins-gewissen-parteitag-billigt-kosovo-kurs-der-regierung-599521.html

2   https://de.wikipedia.org/wiki/Vertrag_von_Rambouillet

für völkerrechtswidrig. Deswegen hatte sich im Oktober 1998 der damalige Bundesjustizminister Professor Schmidt-Jortzig im Kabinett gegen eine ‚Einsatzentscheidung' ausgesprochen und an der Abstimmung im Bundestag nicht teilgenommen. Zwar erklärte der deutsche Außenminister Kinkel am 16.10.1998 im Bundestag: <Der Beschluß der NATO darf nicht zum Präzedenzfall werden. Wir dürfen nicht auf eine schiefe Bahn kommen, was das Gewaltmonopol des Sicherheitsrats anbelangt.> Doch faktisch handelte es sich um einen Präzedenzfall, man war auf die schiefe Bahn gelangt.

Völkerrechtliche Grundlage blieb für den Jugoslawien-Krieg nur die umstrittene Hilfskonstruktion der ‚humanitären Intervention', eine Art internationale Nothilfe. Der allgemeine Grundsatz des Gewaltverbots in den internationalen Beziehungen wurde relativiert. In der ‚Charta von Paris für eine neues Europa' vom 21.11.1990 hatten die Staats- und Regierungschefs der KSZE-Staaten daran ‚erinnert', dass ‚die Nichterfüllung der in der Charta der Vereinten Nationen enthaltenen Verpflichtungen einen Verstoß gegen das Völkerrecht darstellt.' Im März 1999 war dies dem Gedächtnis der Regierungen der NATO-Staaten entschwunden."

Heinz Loquai fährt fort: *„Der Rambouillet-Text, der Serbien dazu aufrief, den Durchmarsch von NATO-Truppen durch Jugoslawien zu genehmigen, war eine Provokation, eine Entschuldigung dafür, mit den Bombardierungen beginnen zu können. Kein Serbe mit Verstand hätte Rambouillet akzeptieren können. Es war ein ungeheuerliches diplomatisches Dokument, das niemals in dieser Form hätte präsentiert werden dürfen. […] Die Serben haben sich vielleicht in der Bekämpfung des KLA- (UÇK-) Terrors barbarisch verhalten. Jedoch wurden 80 % der Brüche des Waffenstillstandes, zwischen Oktober und Februar, von der KLA begangen. Es war kein Krieg der ethnischen Säuberung zu dieser Zeit. Wenn wir die Lage korrekt analysiert hätten, hätten wir versucht den Waffenstillstand zu unterstützen und nicht die ganze Schuld auf die Serben geschoben."*

Das völkerrechtliche Gerüst einer zivilisierten Weltordnung wurde gerade durch die Versuche, den Jugoslawien-Krieg doch noch völkerrechtlich zu legitimieren, ausgehöhlt und beschädigt. Zwar hatten die USA auch Russland mit nach Rambouillet eingeladen, aber die Erpressung, binnen 3 Stunden den von den USA ausgearbeiteten Vertrag zu unterschreiben, war für die jugoslawische Delegation unannehmbar.

Im Kosovo-Konflikt haben Fischer/Schröder zwei Mal aus innenpolitischen Gründen eine außenpolitische Wende vollzogen:

- Im Herbst 1998 stimmten sie einer deutschen Beteiligung an einem Krieg gegen Jugoslawien zu, ohne dass ein Mandat des Sicherheitsrats vorlag – eine Voraussetzung, die ihre Parteien wenige Monate vorher noch für unerlässlich gehalten hatten. Doch die neue Bundesregierung wollte, als sie an der Macht war, dem innenpolitischen Gegner nicht eine außenpolitische Front eröffnen und verschanzte sich hinter den Vokabeln „Bündnissolidarität" und „Zuverlässigkeit und Stetigkeit der deutschen Außenpolitik".
- Im Januar 1999, auf dem Weg zum Krieg gegen Jugoslawien, brachten die USA im NATO-Rat die Frage des Einsatzes von Bodentruppen ein. Schröder/Fischer/Scharping sprachen sich rasch für eine deutsche Teilnahme mit Bodentruppen aus. Ihr Argument: Mit isolierten Luftangriffen könne der kosovo-albanischen Bevölkerung nicht geholfen werden.
Doch als sich die CDU/CSU-Opposition gegen eine deutsche Kriegsbeteiligung mit Bodentruppen aussprach, schwenkte auch die Regierung ein. Um sich eine die Koalition gefährdende innenpolitische Auseinandersetzung zu ersparen, rückten auch Rot-Grün von ihrer Position ab.

Deutschland beteiligte sich an einem „isolierten Luftkrieg", obwohl wenige Wochen vorher die maßgebenden Politiker noch ganz anderer Auffassung waren.

Afghanistan als Zwischenstation

„Der Krieg gegen Afghanistan war nur eine Zwischenstation im weltweiten Krieg der USA und ihrer Verbündeten. Offizielles Ziel war es, Osama Bin Laden zu töten oder ihn gefangen zu nehmen. Dieses Ziel wurde wohl noch nicht erreicht. Das Netzwerk der El Quaida wurde empfindlich getroffen, ob es unschädlich gemacht wurde, muss sich zeigen. Die Taliban wurden aus Kabul vertrieben, doch das war ursprünglich gar nicht das Ziel des Krieges. In diesem Krieg waren War Lords der schlimmsten Art die Verbündeten Amerikas. Mindestens 5000 Zivilisten kamen bei den amerikanischen Luftangriffen ums Leben. Die USA haben sich in den zentralasiatischen Ländern Turkmenistan, Kirgistan und Usbekistan festgesetzt. Sie hatten keine Bedenken, mit den despotischen Regimen dieser Länder Stationierungsverträge zu schließen. Der Afghanistan-Krieg diente auch dazu, Waffen und Einsatzverfahren der Militärs zu erproben. Die eigentliche Aufgabe, die Befriedung Afghanistans, steht noch bevor, sie wird Jahrzehnte dauern." [1]

Henry Kissinger, der frühere US-amerikanische Außenminister hat in einer scharfen Kritik am NATO-Krieg gegen Jugoslawien festgestellt:

„Jene, die für geschichtliche Tatsachen keine Antenne haben, erinnern sich offenbar nicht daran, dass die juristische Doktrin der nationalen Souveränität und das Prinzip der Nichteinmischung am Ende des verheerenden Dreißigjährigen Krieges entstanden sind. Damals waren etwa 40 Prozent der westeuropäischen Bevölkerung im Namen konkurrierender Versionen der universellen Wahrheit ums Leben gekommen. Sollte sich die Doktrin der universellen Intervention verbreiten und sollten konkurrierende Wahrheiten erneut in einen offenen Wettstreit treten, droht uns eine Welt, in der die Tugend Amok läuft."

---

1 Zitiert aus Heinz Loquai: Krieg als Mittel der Politik?! – Vom Balkan nach Afghni-stan und jetzt zum Irak?! Vortrag an der TU Dresden, am 30. 10. 2002 Dresdener Studiengemeinschaft Sicherheitspolitik (DSS) http://www.sicherheitspolitik-dss.de/

Fischer stammte aus einfachen Verhältnissen (ebenso wie Kanzler Schröder). Seine Eltern waren Schlachter und aus Ungarn in die Bundesrepublik geflohen. Er hatte die Schule und auch die Fotografenlehre ohne Abschluss abgebrochen. 1968 war er 20 Jahre alt und angezogen von der Studentenbewegung, aber Fischer war in dem Jugoslawien-Konflikt nicht vorurteilsfrei: *„Seine ungarndeutsche Mutter hat ihm immer wieder Details über die brutalen Vertreibungen der deutschen Volksgruppe am Ende des Zweiten Weltkriegs aus der damals wie heute von Belgrad regierten Vojvodina berichtet."* [1]

Die Vojvodina ist eine autonome Provinz in Serbien mit elf verschiedenen Volksgruppen, darunter auch Deutsche, die im 18. Jahrhundert ausgewandert waren, aber im 2. Weltkrieg von den Serben vertrieben wurden.

Fischer war nicht gegen Gewalt in politischen Konflikten. Er war ebenso wie Kanzler Schröder in internationalen Konflikten dieser Größenordnung unerfahren, SPD-Verteidigungsminister Scharping eher ein Kriegstreiber. SPD und ‚Grüne' hatten mit der Regierungs-Macht auch den Jugoslawien-Konflikt von der CDU/CSU-Regierung übernommen, die für Krieg war und deren FDP-Außenminister Genscher den Zerfall Jugoslawiens mitbetrieben hatte, als er 1991 Slowenien und Kroatien als eigene Staaten anerkannte. In all den Jahren seit Anfang 1991 hatte es immer wieder UNO-Missionen gegeben, in denen Militär beauftragt wurde, Konflikte zu entschärfen. Das war auch die Absicht eines Friedensvertrages für den Kosovo-Konflikt, des Vertrages von Rambouillet zwischen der Bundesrepublik Jugoslawien und den Kosovo-Albanern. Verhandelt wurde in dem pompösen Schloss Rambouillet bei Paris. Kanzler Schröder vom linken Stamokap-Flügel der SPD und der ehemalige Straßenkämpfer und Vizekanzler Fischer waren dort zwischen den mächtigsten außenpolitischen Profis der westlichen Welt in einem Ambiente, das eigentlich den Schönen und Reichen vorbehalten, aber in Frankreich gern zum Einschüchtern ein-

---

1   Erich Follath, Spiegel 2/2000

gesetzt wird. Für die beiden Männer aus einfachen Verhältnissen war es ein Sprung nach oben.

Persönlich kann man verstehen, dass Fischer nicht von seinem Amt zurücktreten wollte. Aber er musste dafür lügen.

Fischer hat das Zusatzprotokoll verschwiegen, in dem für Serbien unannehmbare Konditionen standen.

„Die taz, die angeblich als erste Zeitung den Vertragstext des Annexes am 6. April 1999 veröffentlichte, hatte beim Auswärtigen Amt nachgefragt und Staatsminister Günter Verheugen (SPD) wie Ludger Volmer (Grüne) und Wolfgang Ischinger völlig überrascht vorgefunden: „ihnen seien die Artikel aus dem Annex B ,völlig neu"".[1]

Die Nichtunterzeichnung des Vertrages durch Jugoslawien diente der NATO als Begründung für die am 24. März 1999 begonnene Bombardierung Jugoslawiens. Das ist die offizielle Geschichtsschreibung.

Es war stattdessen ein Angriffs-Krieg der NATO ohne Mandat der UNO, und Deutschland hätte nicht mitmachen müssen. Eine Verpflichtung bestünde nur, wenn es ein Bündnisfall wäre, in dem die USA um Hilfe gebeten hätten. Es war ihr Krieg (wie so viele andere), und Deutschland wollte mitmachen. Warum aber hat Deutschland diesen Krieg mitgemacht? Die USA führen seit über einem Jahrhundert fast jeden Tag irgendwo auf der Welt Krieg. Der militärisch-industrielle Komplex ist das Zentrum der US-amerikanischen Wirtschaft und kann politisch beeinflusst werden. Aber warum Deutschland? Es ist nicht nur die Vasallentreue zu den USA.

Heute wissen wir, dass nach dem Zerfall der Sowjetunion in Russland eine neue Weltordnung von den USA angestrebt wurde, die von Deutschland, aber auch Großbritannien und anderen Staaten unterstützt wurde. Anders als das neutrale Österreich war Deutschland immer an ihrer Seite. Dazu gab es zwei Instrumente, die Wirtschaft und das Militär, für Deutschland also die Europäische Union und die NATO.

---

1   Zitat https://de.wikipedia.org/wiki/Vertrag_von_Rambouillet

Die USA suchten nur nach einem Vorwand, um in Jugoslawien militärisch einzugreifen und möglichst viele der Nachfolgestaaten der UDSSR ins westliche Lager zu ziehen und Russland zu entmachten. Das begann in den neunziger Jahren vor drei Jahrzehnten, und es ist noch heute brandaktuelles Thema: in der Ukraine. Am östlichen Rand der EU gärt es auch in andren Nachfolgestaaten der Sowjetunion. Dabei sind alle Mittel recht, einschließlich Erpressung und Lügen. Historiker sind gefragt, um die Wahrheit für das eigene Lager zu verfälschen. Zugleich ist jeder Krieg eine Wirtschaftsförderung für die Rüstungsindustrie, zu der nicht nur Waffen und Munition gehören, auch Textilien und Wolldecken.

Ich komme jetzt auf Joschka Fischers Rede für die deutsche Kriegsbeteiligung zurück. Er hat nicht die Wahrheit gesagt, sondern das Zusatzprotokoll verschwiegen, mit dem die serbische Seite erpresst und der NATO vollkommene Immunität zugesichert wurde.

„Die Rambouillet-Lüge: Was wußte Joschka Fischer?[1]
Die Abgeordneten des Bundestages und die Führung des Auswärtigen Amtes waren über wesentliche Bestimmungen des Abkommens von Rambouillet nicht informiert. Das Bonner Außenministerium verweist Journalisten, die Auskunft wollen, an die taz

Genf (taz) – Der größte Teil der Leitungsebene des Bonner Auswärtigen Amtes war bis letzte Woche über wesentliche Bestimmungen des Rambouillet-Abkommens für eine Autonomie des Kosovo nicht informiert. Dabei stand der Text seit dem 23. Februar auf verschiedenen Homepages im Internet, darunter zeitweise der der Nato. Den Abgeordneten des Deutschen Bundestages wurde der vollständige Text des Abkommens bis letzte Woche von der Bundesregierung vorenthalten. Mit der Nichtunterzeichnung des Abkommens durch Belgrad hatte die Bundesregierung den Beginn der Luftangriffe gegen Restjugoslawien am 24. März begründet.

---

1   Andreas Zumach https://taz.de/!1293555/

Am Dienstag letzter Woche hatte die taz die Artikel 6, 8 und 10 aus dem militärischen Annex B des Rambouillet-Abkommens veröffentlicht. Daraus wird deutlich, daß mit dem Abkommen nicht – wie von der Bundesregierung bislang öffentlich darge- stellt – lediglich die Stationierung einer Nato-geführten inter- nationalen ,Implementierungstruppe' im Kosovo beabsichtigt war. Vielmehr ging es um die Stationierung einer Nato-Truppe in der gesamten Bundesrepublik Jugoslawien mit de facto unein- geschränkten Rechten einer Besatzungsmacht. Das AA reagierte auf die taz-Veröffentlichung verwirrt: Zwei Mitglieder der drei- köpfigen Leitungsebene unterhalb von Minister Fischer – die Staatsminister Günter Verheugen (SPD) und Ludger Volmer (Grüne) sowie Staatssekretär Wolfgang Ischinger – erklärten auf Nachfragen von Journalisten und Abgeordneten, ihnen seien die in der taz dokumentierten Artikel aus dem Annex B ,völlig neu', und sie könnten dazu keine Stellung nehmen. Der dritte behaup- tete, die dokumentierten Passagen entstammten einer älteren, nicht mehr aktuellen Fassung des Abkommens. Zudem wäre der militärische Annex ja ,verhandelbar' gewesen, doch habe Belgrad jegliche Diskussion über diesen Teil des Abkommens verweigert. Erst nach der taz-Veröffentlichung des militärischen Annex wur- de der Text auf Drängen von Abgeordneten verschiedener Par- teien schließlich am Donnerstag an das Parlament ausgeliefert. Gegenüber den Medien gilt die Geheimhaltung nach wie vor. Als die KorrespondentInnen einer großen überregionalen Tageszei- tung und einer großen Regionalzeitung am Freitag im AA um den Text des Abkommens baten, wurden sie an die Bonner Kor- respondentin der taz, Bettina Gaus, verwiesen. Gaus habe die Internet-Adresse, auf der das Abkommen veröffentlicht sei.

*Auch wenn das Rambouillet-Abkommen inzwischen Maku- latur ist, bedürfen die Umstände, unter denen die **Beteiligung Deutschlands an den Nato-Luftangriffen** zustande kam, drin- gend der Aufklärung. Kannte Außenminister Fischer den voll- ständigen Text des Vertrages vor dem 24. März? Oder hat die Bundesregierung das Parlament und die Öffentlichkeit gar ge- zielt in die Irre geführt?*

Die Grünen-Abgeordnete Angelika Beer erklärte inzwischen in einem Schreiben an Fischer, daß sie sich gegen die **Umsetzung der Nato-Aktivationsorder – also den Beginn des Luftkrieges** *– ausgesprochen hätte, wenn sie den Text des Abkommens gekannt hätte. Fischer habe nicht alle diplomatischen Spielräume bei den Verhandlungen genutzt und Informationen über den Vertrag zurückgehalten."*

Fischer besteht auch 2021 noch darauf, dass der NATO-Einsatz richtig war:

„Was ich mir selbst vorwerfe, ist, damals eine falsche Position vertreten zu haben. Nicht, weil ich für die Intervention im Kosovo war, sondern dass ich in Bosnien nicht energischer dafür war. Hätte die Nato in Bosnien früher interveniert und gesagt: Entweder ihr wollt weiter zusammenleben, dann helfen wir euch bei der Ausarbeitung einer neuen Verfassung. Oder ihr macht weiter mit Krieg, Zerstörung, Folter, Massenvergewaltigungen, dann kommen wir mit 100.000 Mann und allem, was wir haben: Das hätte vielen Menschen vermutlich das Leben gerettet. Das ist der Vorwurf, den ich mir mache. Aber damals sah ich das anders. Ich weiß noch, wie schockiert ich bei den Römerberggesprächen war, als Dany frontal damit kam."

Daniel Cohn-Bendit plädierte schon 1994 für eine Nato-Intervention. Beide Spontis haben nie verstanden, dass Deutschland sich an einem Angriffskrieg der USA beteiligt hat und nicht an einer Intervention der UNO. Beide plädieren für Krieg als Mittel der Konfliktlösung, obwohl der Konflikt letztlich nur durch Verhandlungen zu lösen ist. Stattdessen sagt Fischer in diesem Interview, dass auch gegen Bosnien Krieg notwendig gewesen sei. Das ist eine Anmaßung. Fischer hat bis heute nicht begriffen, dass er mit dieser Position aus den ‚Grünen' ausgeschlossen werden müsste, zu deren Grundüberzeugung der Pazifismus gehörte.

Fischer missbrauchte die deutsche Judenvernichtung als Argument für den Krieg gegen die Serben, als er in seiner Parteitagsrede sagt:

„Nie wieder Krieg, nie wieder Auschwitz; nie wieder Völker-
mord, nie wieder Faschismus."
Sprachs und machte sofort: Krieg. Der Vergleich Serbiens Politik mit der Judenvernichtung ist infam und rechtfertigte die
Serbenvernichtung.

Kriege werden durch Verhandlungen beendet, die – wenn sie
vorher stattfinden würden – keine unsäglichen Schäden angerichtet hätten. Er selbst hat den Krieg nicht erlebt. Seine Eltern
stammen aus der Nähe von Budapest (aus dem Ort Budakeszi),
wo ab 1946 die deutsche Minderheit vertrieben wurde, die dort
seit zwei Jahrhunderten gesiedelt hatte. Den Krieg und seine
Folgen hat er (1948 geboren) nicht erlebt, auch nicht Vertreibung, aber seine Eltern haben sie gewiss tradiert.

Damit war der Weg der ‚Grünen' frei zu einer normalen deutschen Partei. Das wäre vermeidbar gewesen, wenn sie sich vorher überlegt hätten, welche Ministerien für eine ökologische
Politik zentral sind. Dieselbe Frage wurde auch 2021 nicht gestellt, wieder hat der Wunsch nach Profil in das Außenministerium geführt. Auch Annalena Baerbock musste als Außenministerin ‚ja zum Krieg' in der Ukraine sagen.

Wieder ist es ein Krieg um die Konkursmasse Sowjetrusslands
und wieder ist die NATO daran beteiligt. Die Ukraine soll in
das westliche Bündnis gebombt werden, obwohl ein neutraler
Staat mit offenen Grenzen in beide Richtungen das angemes-
sene Ziel wäre. Der Donbass ist historisch, politisch, sprachlich und ökonomisch mit Elsass-Lothringen vergleichbar, dem
Zankapfel zwischen Deutschland und Frankreich. Deutschlands Interesse an der Ukraine ist ökonomisch bestimmt.
Das wurde besonders deutlich, als das Bundeskanzleramt mit
Wirtschaftsvertretern über den Wiederaufbau nach dem jetzt
laufenden, gerade erst begonnenen Krieg konferierte und
die Aufbaukosten auf etwa 700 Milliarden Euro schätzte. Die
Kosten dürften inzwischen noch erheblich gestiegen sein. Außerdem ist darin der Preis für die militärische Unterstützung

des Krieges durch Deutschland nicht enthalten, weil der von der deutschen Gemeinschaft aus dem Bundeshaushalt bezahlt wird. Für die Wirtschaftsvertreter, die mit Kanzler Scholz die Lage sondiert haben, wird es ein Bomben-Geschäft, vorausgesetzt Russland verliert. Also müssen wir der Ukraine helfen, sagt das Kriegsministerium.

Schon allein deswegen, weil der Krieg eine ökologische Katastrophe für die Ukraine ist – das menschliche Leid nicht gerechnet, weil es keinen Preis hat –, wäre es für die ‚Grünen‘ angemessen gewesen, den Krieg abzulehnen. Auschwitz, die deutsche Schuld der Judenvernichtung, kann in diesem Fall nicht von Baerbock als Argument gebracht werden, dass Deutschland gegen Russland kämpft. Im Gegenteil: Die deutsche Schuld an Russland war in der DDR bekannt und wurde im Westen lange verschwiegen, weil dreißig Millionen tote Russen eine schwer vorstellbare Zahl ist. Der Historiker-Streit, ob es vielleicht nur zwanzig oder doch sogar vierzig Millionen waren, ist absurd.

Wichtiger wäre, diese deutsche Schuld endlich auch in Westdeutschland anzuerkennen. Die Nazivergangenheit ist gegenüber den Juden aufgearbeitet worden, aber zu ihr gehörte neben dem Antisemitismus der Rassismus mit seiner Verachtung aller Nicht-Germanen. Das Kriegsziel der Nazis war die Herrschaft der arischen Rasse und die dafür notwendige Vertreibung der Polen, Slawen und Russen bis zum Ural. Frau Baerbocks Großeltern stammten väterlicherseits aus Polen, mütterlicherseits waren sie Spätaussiedler. Ob ihre politische Positionierung wie bei Joschka Fischer zu der einseitigen Parteinahme für die Ukraine gegen Russland eine Rolle gespielt hat, entzieht sich meiner Kenntnis. Jedenfalls hat sie in der Kriegsfrage keine Skrupel gezeigt, dem Zerstörungswerk zuzustimmen. Dementsprechend findet ihre ‚grüne‘ Partei wenig Zustimmung im Osten Deutschlands, der einen hohen Preis für die Aussöhnung mit Russland bezahlt hat, das verwüstet war und am Boden lag. Während die USA den Wiederaufbau im Westen finanzierte, demontierte Russland mehr als 2.000 Industriebetriebe und das Schienensystem der Bahn im Osten. Die Bundesrepublik BRD beteiligte sich finanziell mit 2 % an den Reparationszahlungen, die bis 1953 über 100 Milliarden DM (in damaligen Preisen) betrugen. Danach erst konnte es in der DDR ökonomisch langsam bergauf gehen.[1]

Zum Vergleich: Der westdeutsche Kanzler Adenauer hat 1952 von der Bundesrepublik 3 ½ Milliarden DM Entschädigung an Israel bezahlt. Wir haben damals im Westen Care-Pakete aus den USA erhalten und den niedrigen Lebensstandard in der DDR belächelt und Care-Pakete in den Osten geschickt. Nie war die Verwüstung Russlands ein Thema. Nie wurde der Sieg Russlands über Nazideutschland positiv dargestellt. Stattdessen schwappte die Kommunistenverfolgung aus den USA über den Atlantik zu uns.

Ich betone diese politischen Zusammenhänge, weil Außenpolitik ein historisches Wissen verlangt, das ich bei Joseph Fischer und Annalena Baerbock bei Amtsantritt in Frage stelle.

Ein einziges Argument für die Übernahme dieses Amtes im Außenministerium wäre die alte Parole: „Frieden schaffen ohne Waffen". Man könnte sich aber auch auf das Grundgesetz beziehen: Handlungen sind verfassungswidrig, „die geeignet sind und in der Absicht vorgenommen werden, das friedliche Zusammenleben der Völker zu stören, insbesondere die Führung eines Angriffskrieges vorzubereiten". **Der Luftangriff auf Serbien war demnach verfassungswidrig.**

Allerdings ermöglicht das Grundgesetz auch die NATO! Es erlaubt, einem System der „kollektiven Sicherheit" beizutreten, wenn dieses der „Wahrung des Friedens" dient, um „eine friedliche und dauerhafte Ordnung in Europa und zwischen den Völkern der Welt herbeizuführen und zu sichern". Das sind Leerformeln, um Angriffskriege zu rechtfertigen, wie der Fall des NATO-Angriffs auf Serbien gezeigt hat.

---

1   https://de.wikipedia.org/wiki/Deutsche_Reparationen_nach_ dem_Zweiten_Weltkrieg#Wert_der_Entnahmen_aus_SBZ_und_DDR

Serbien war der Anfang, später wurde in Afghanistan angegriffen. Die USA hatten dort mit Hilfe des CIA und des Opiumanbaus die Befreiungsbewegung der Mujaheddin genannten Taliban 1992 gegen den Einfluss von Sowjetrussland an die Macht gebracht, die auch in deutschen Medien als Volksbefreiungskämpfer gepriesen wurden. Es waren aber fanatische Moslems wie das Netzwerk Al Quaida, mit dem sie verbündet waren und die am 11.9. 2001 die USA im Herzen trafen, als sie die Twin Tower in New York zerstörten. 2002 begann die Invasion der USA in Afghanistan mit dem Bündnispartner Deutschland. Außenminister war auch bei diesem Angriffskrieg Joschka Fischer. Zwei Jahrzehnte dauerte der erfolglose Krieg gegen die Taliban. Am Ende ist, wie wir wissen, die Gegenwart schlimmer als jemals die Vergangenheit.

Exkurs: Die politische Karriereleiter

Beispiel 1: Joseph (Joschka) Fischer
1985 wurde Joseph Fischer zum Minister in Frankfurt vereidigt: ohne Schlips und Anzug und mit Turnschuhen, die er in seinem Beraterbüro bis heute aufbewahrt.
1998 war nicht nur Joseph Fischer (ex-Sponti) Außenminister geworden, sondern Jürgen Trittin (ex-KB Nord) Umweltminister und Andrea Fischer (ex-Trotzkistin) Gesundheitsministerin. Sie musste wegen des Rinderwahns (BSE) zurücktreten und wurde wie ihr Namensvetter später Lobbyistin. An ihrer Stelle wurde die Rechtsanwältin Renate Künast Landwirtschaftsministerin, die sich in Gorleben engagiert hatte und seit 1979 in der Berliner Alternativen Liste aktiv gewesen war. In dieser Wahlperiode von 1998 bis 2002 wurde eine abgespeckte Ökosteuer eingeführt, die Einbürgerung erleichtert, die gleichgeschlechtliche Partnerschaft legalisiert, das Erneuerbare-Energien-Gesetz und der Atomausstieg für 2021 beschlossen. Das war weniger als erwartet, die Parteibasis reagierte aber vor allem auf die Kriegsbeteiligung in Ex-Jugoslawien und in Afghanistan mit zahlreichen Parteiaustritten.

Der Fall Joseph Fischer ist ein gutes Beispiel der korrumpierenden Macht des Politikers.

Heute verdient er sein Geld mit der eigenen Politik-Beratungs-Firma (RWE, BMW, Siemens … lassen sich gern beraten).

Beispiel 2: Der RAF-Anwalt Otto Schily

Ein anderes prominentes Beispiel bei den ‚Grünen' ist Otto Schily. Er war bei der Parteigründung 1980 dabei und führend beteiligt am Ausschluss der ökologischen Strömung um Herbert Gruhl. Als Anthroposoph ist er einflussreiches Mitglied in der ‚Humanistischen Union', und trotzdem hat er Herbert Gruhl heftig bekämpft. 1981 kandidierte er für die Alternative Liste für Demokratie und Umweltschutz in Berlin, 1983 wurde er in den Bundestag gewählt, war Vorsitzender der ‚grünen' Fraktion (mit Petra Kelly und Marie-Luise Beck) und wurde 1987 wieder in den Bundestag gewählt, aber scheiterte mit seiner Kandidatur für den Fraktionsvorsitz und trat 1989 aus der Partei aus, weil er sich mit seiner Position nicht durchsetzen konnte: er wollte eine Koalition mit der SPD und wurde folgerichtig SPD-Mitglied. 1990 wurde er in den Bundestag gewählt und machte dort Karriere bis zum Alterspräsidenten. 2009 kandidierte er nicht mehr.

2010 unterzeichnete er den folgenden Aufruf für AKWs und Kohle (Auszüge)

„Energiepolitischer Appell: Deutschland steht vor einer zentralen Zukunftsfrage: Wie sieht eine sichere, saubere und bezahlbare Energieversorgung aus? Es gibt keine einfachen Antworten. Wir brauchen Offenheit für neue Technologien, aber auch Vertrauen in bewährte Versorgungs- und Industriestrukturen. Und wir brauchen Mut zum Realismus – um die richtigen Leitplanken für die Zukunft zu setzen. Darauf kommt es aus unserer Sicht jetzt an. (…)

Wohlstand sichern: Energie muss bezahlbar bleiben

Eine starke wettbewerbsfähige Industrie, die sich global behaupten muss, sichert die Zukunfts- und Wettbewerbsfähigkeit des

Standortes Deutschland. Knapp ein Drittel unseres Wohlstandes und über 90 Prozent unserer Exporte werden von der Industrie erwirtschaftet. Aber nur unter gleichen Rahmenbedingungen, also ohne einseitige Belastungen, können unsere Unternehmen diese Position wahren. Das gilt vor allem für die energieintensive Industrie. Eine sichere, saubere und vor allem bezahlbare Energieversorgung ist deshalb für Deutschland unerlässlich. Erneuerbare Energien – insbesondere die Sonnenenergie – verursachen aber auf lange Sicht noch erhebliche Mehrkosten, in diesem Jahr allein acht Milliarden Euro. Damit die Preise für alle bezahlbar bleiben, können wir bis auf Weiteres nicht auf kostengünstige Kohle und Kernenergie verzichten.

Realistisch bleiben: Deutschland braucht weiter Kernenergie und Kohle

Die regenerative Energiewende ist nicht von heute auf morgen zu bewerkstelligen. Erneuerbare brauchen starke und flexible Partner. Dazu gehören modernste Kohlekraftwerke. Dazu gehört auch die Kernenergie mit deren Hilfe wir unsere hohen CO_2-Minderungsziele deutlich schneller und vor allem preiswerter erreichen können als bei einem vorzeitigen Abschalten der vorhandenen Anlagen. Ein vorzeitiger Ausstieg würde Kapital in Milliardenhöhe vernichten – zulasten der Umwelt, der Volkswirtschaft und der Menschen in unserem Land.

Es geht um viel; die Sicherung der Lebensgrundlagen von morgen und die Zukunftsfähigkeit des Standortes Deutschland. Das geht uns alle an. Wir appellieren daher an alle politisch Verantwortlichen, das energiepolitische Gesamtkonzept ausgewogen zu entscheiden.

Energiezukunft für Deutschland e. V. i. G." [1]

Mitunterzeichner waren E.ON, Vattenfall, RWE, En.BW, Vattenfall, BDI, Bertelsmann, Thyssen/Krupp und auch CDU'ler (Friedrich Merz), der Journalist Manfred Bissinger ...

---

1 http://www.ftd.de/politik/deutschland/:lobbyismus-der-energiepoliti-sche-appell-im-wortlaut/50159145.html

Die Zustimmung zu den ‚Grünen' verbesserte sich wieder, als die Regierung sich von ihrer Vasallentreue zu den USA 2002 verabschiedete und nicht mit in den Irakkrieg ging. Aber in allen Landtagswahlen verloren sie die Regierungsbeteiligung, nur im Bund wurden sie wieder Juniorpartner der SPD, die mit der unsozialen Agenda 2010 und den Hartz-Reformen den neoliberalen Kurs der britischen Labour-Partei kopierte: Wachstumsförderung für die Wirtschaft durch Abbau des Sozialstaats.

Viele Politiker traten aus der SPD aus (Oskar Lafontaine, Lebenspartner von Sarah Wagenknecht heute) oder in die PDS ein, die sich hinfort ‚Die Linke' nannte. Diese neue Partei wurde dadurch vielleicht die einzige gesamtdeutsche Partei, weil Ost und West ziemlich gleichstark in ihr vertreten wurden. Das scheint erst einmal positiv, jedoch ist aus dem Spannungsverhältnis meines Erachtens nichts Gemeinsames gewachsen. Die Vereinigung hat bei der ‚Linken' zu einer vergleichbaren Perspektivlosigkeit wie bei den ‚Grünen' geführt. Nach einer gesellschaftlichen Perspektive suchen sie im Kapitalismus vergeblich und außerhalb sind sie mit ihren traditionellen Vorstellungen gescheitert.

Kapitel 17
Fridays For Future FFF und die Regierungsbeteiligung der ‚Grünen' seit 2021

2019 engagierte sich eine weitere Generation junger, um das Jahr 2000 herum geborener Menschen, die schwerpunktmäßig Heranwachsende bewegte, die vielfach noch zur Schule gingen. Ich nenne sie die ‚Generation Jahrtausendwende'. Mit ihr begann die Basisbewegung „Fridays for Future", die sich auch als Graswurzelbewegung versteht. Die Initiative von Schulstreiks zur Rettung der Umwelt kam 2018 von der 15-jährigen Greta Thunberg und breitete sich über die Welt aus.

Zentrales Thema war die Umweltpolitik.

Am Freitag, dem 20. September 2019 nahmen an rund 7.500 Standorten weltweit ca. 14.000.000 junge Menschen während der regulären Unterrichtszeit an den Kundgebungen teil; allein in Deutschland waren es 1.400.000 Teilnehmer an den Demonstrationen.[1]

Endlich gab es eine politische **Basisbewegung**, die **Ökologie zum zentralen Thema** machte.

An dieser Bewegung beteiligten sich viele Mitglieder und Sympathisanten der ‚Grünen' Partei. Zu ihnen gehörten auch wieder Menschen aus der Kriegs- und der Nachkriegsgeneration, die inzwischen im Rentenalter und der Idee der ‚Grünen' treu geblieben waren. Ihre Partei erhielt 2019 in der Europawahl fast 8 Millionen Stimmen und damit 20 Prozent.

Dann kam Covid und mit ihm der Stillstand öffentlichen Lebens. Die Gesellschaft wurde in Gute und Böse gespalten, Demonstrationen wurden verboten. Die zentrale Frage nach der Ursache für immer mehr Epidemien und Pandemien durfte öffentlich nicht gestellt, die Industrie (allen voran Automobil und

---

1   https://fridaysforfuture.org/what-we-do/strike-statistics/

Luftfahrt, aber auch die Spargel-Ernte) musste gerettet werden, so dass man hinterher wie vorher weitermachen konnte.

2021 bei der Bundestagswahl erhielten die Grünen weniger als 7 Millionen Stimmen, knapp 15 Prozent, obwohl die Pandemie eine Folge von Umweltzerstörung ist. Die Viren kamen nach Wuhan, weil der Urwald dort gerodet wurde. Selbst die These, das Virus sei aus einem dortigen Hochsicherheitslabor entwichen, wo mit den Viren experimentiert wird, ändert an der menschengemachten Ursache von Pandemien nichts.
Trotz Pandemie hat nur die „Letzte Generation" ebenso wie „Extinction Rebellion" mit Hungerstreiks, Festkleben, Farbbeuteln auf Gemälden und anderen Aktionen zivilen Ungehorsams weitergemacht.

Zur Europawahl 2024 trat die ‚Letzte Generation' mit eigener Liste an und erhielt 100.000 Stimmen. Ihr Programm sieht vor, die Demokratie zu stärken, den Widerstand in das Parlament zu bringen, aus den fossilen Energiequellen bis 2030 auszusteigen und soziale Gerechtigkeit durch eine Reichensteuer zu schaffen. Per Losverfahren sollen Gesellschaftsräte geschaffen werden, welche dann die Pläne für die Bereiche Bildung, Soziales und Umwelt erarbeiten und in die Parlamente einbringen. Der Zusammenhang von Ökologie und Basisdemokratie wurde schon hergestellt.
Die Harmlosigkeit vieler Forderungen (Tempo 120 km/h) und die Gewaltfreiheit der Aktionsformen (Hunger, Festkleben) stehen in keinem Verhältnis zur staatlichen Repression.

Die Gewaltbereitschaft der herrschenden Politiker machte ein weiteres Mal deutlich, wie bedrohlich diese Bewegung in ihren Augen ist. Die Widerständler wurden mit beispiellos harten Strafen belegt. Die Situation drohte einen Moment lang zu kippen, als deutlich wurde, dass Schweinemast, Flugzeuge, Kreuzfahrtschiffe … so nicht fortgesetzt werden können. Aber jeglicher Protest, alle Kritik wurde in die rechte Ecke verdrängt, um die Wirtschaft unverändert wieder ankurbeln zu können.

2024 endete der spontane Einfluss dieser Basisbewegung ‚Jahrtausendwende‘.

Das spürten auch die ‚Grünen‘. Bei der Europawahl 2024 fielen sie zurück auf weniger als 5 Millionen Stimmen.

Das **aktuelle Programm von 2024** der ‚grünen‘ Partei sagte unter anderem zu Krieg und Frieden:

„(53) Das vereinigte Europa, als einzigartiges Friedensprojekt entstanden, hat eine Mitverantwortung für Frieden weltweit. Gegen autoritären Nationalismus ist das Versprechen Europas auf Frieden, Freiheit, Demokratie, Solidarität, Gerechtigkeit, Stabilität, ökologische Verantwortung und Menschenwürde wichtiger Anker multilateraler und menschenrechtsbasierter Politik in der Welt. Es gilt auch in der EU-Außen- und Nachbarschaftspolitik. (54) Internationale Solidarität sowie Verantwortung für unser historisches und heutiges Handeln bestimmen unsere Politik. Unser Ziel ist eine weltweite Ordnung mit internationalen Institutionen. Sie soll Frieden, Gerechtigkeit und Freiheit sichern, globale Ungleichheit und Armut verringern, den gleichberechtigten Zugang zu globalen Gemeingütern ermöglichen, internationalen Austausch und nachhaltige Konnektivität stärken, Demokratie fördern, die gleichberechtigte Teilhabe von Frauen und Minderheitengruppen garantieren, die verbrieften Menschenrechte aller.“ In diesem Sinn stand auch im **Wahlprogramm 2021**:

Neuer Schub für Abrüstung

„Abrüstung und Rüstungskontrolle bedeuten global mehr Sicherheit für alle. Angesichts der wachsenden militärischen Risiken in Europa ist eine Wiederbelebung der konventionellen Rüstungskontrolle unabdingbar. Erste Schritte sollen weitere deeskalierende Maßnahmen in Konfliktzonen sowie die Wiederaufnahme des Sicherheitsdialogs und militärischer Kontakte zwischen NATO und Russland sein.“

Erstes Versprechen:
Keine deutschen Waffen in Kriegsgebiete und Diktaturen

„Exporte von Waffen und Rüstungsgütern an Diktaturen, menschenrechtsverachtende Regime und in Kriegsgebiete verbieten sich."

Die deutsche Kriegsindustrie (der US-Präsident Eisenhower prägte dafür den Begriff des ‚militärisch-industriellen Komplexes‘) ist ein wesentlicher Teil der Produktion. Deutschland gehört weltweit zu den fünf größten Waffenexporteuren, Rheinmetall ist ein mächtiges Unternehmen, das am Ukrainekrieg bombig verdient. Es konnte für mehr als eine Milliarde einen spanischen Munitionshersteller zukaufen, so dass es 2024 von der Bundeswehr seinen größten Auftrag der Firmengeschichte erhielt: 8,5 Milliarden Artillerie-Munition. Der Bundestag hat ein Sondervermögen von 100 Milliarden Euro für die Bundeswehr bewilligt, das von der deutschen Volksgemeinschaft finanziert wird. Rüstungsindustrie ist selbstverständlich auch eine Sparte von anderen, ganz unverfänglichen Unternehmen wie etwa Mercedes. Dieses Sondervermögen war eine Idee des SPD-Kriegsministers, aber sie wurde von den ‚Grünen‘ in der Regierung mitgetragen. Dafür war Geld vorhanden, das eigentlich fehlte, wie wir inzwischen wissen.

Die Zustimmung zum Krieg gegen Russland ist ein wesentlicher Grund für den Aufstieg der Partei von Sarah Wagenknecht, die wegen ihrer ostdeutschen DDR-Vergangenheit eine andere Position zu Russland einerseits und den USA bzw. der NATO andererseits hat.

Zweites Versprechen:
Internationale Schutzverantwortung wahrnehmen

„Wir unterstützen internationale Einsätze im Rahmen der Vereinten Nationen, die zu Stabilität, dem Schutz der Zivilbevölkerung und der Umsetzung von Friedensprozessen beitragen."
Tatsächlich hat nur der Kanzler Scholz gezögert bei der Unterstützung für die Ukraine in dem Krieg, nicht jedoch der SPD-Kriegsminister oder die ‚grüne‘ Außenministerin. Nach der ersten Verletzung ‚grüner‘ Prinzipien durch den Außenminister Fischer 1997 war die Position der Partei schon aufgeweicht,

die Produktion von Waffen wurde befürwortet (nur nicht an Diktaturen und nicht in Kriegsgebiete, man kennt diese zweifelhafte und dehnbare Einschränkung, die sehr oft umgangen wird) und der Einsatz im Rahmen der UNO galt als unproblematisch. Die deutschen Waffenproduzenten konnten also beruhigt weiterproduzieren und auf Kriege hoffen. Aus der Parole ‚Frieden stiften ohne Waffen‘ wurden bei den ‚Grünen‘ kriegerische UNO-Missionen.

Nun weiß man aus vergangenen Jahrhunderten, dass kriegerische Christen als Missionare bei indigenen Völkern sehr viel Unheil angerichtet haben. So sind denn auch manche UNO-Missionen ideologisch zweifelhaft, weil sie westliche Werte transportieren wollen.
Im jetzigen Fall handelt es sich jedoch um eine NATO-Mission in der Ukraine, in der es um Einflussbereiche geht.
Bleiben wir bei Russland, dem heutigen Kriegsgegner. Deutschland hat in beiden Weltkriegen mit Österreich gegen Russland Krieg geführt.
Im 1. Weltkrieg gelangte Deutschland bis zum Schwarzen Meer. Russland wurde im März 1918 zum Frieden von Brest-Litowsk gezwungen, in dem es vor allem die wirtschaftlich wichtige Ukraine abgeben musste.
Im 2. Weltkrieg war der Westen nur ein Nebenkriegsschauplatz, denn es ging vor allem um Raum für das deutsche Volk und die Vertreibung der minderwertigen Slawen und Russen hinter den Ural. Die Parole war: „Am deutschen Wesen soll die Welt genesen."
So kam die Ukraine einschließlich Krim zwei Jahre in deutsche Hand. Dann begann die die Rückeroberung durch Sowjetrussland.

Heute kämpfen die Ukrainer im Krieg angeblich für unsere Werte, tatsächlich für ihre Mitgliedschaft in unserer Wirtschaftsgemeinschaft und unserem Militärbündnis. Das ist absurd. Frieden ist nicht mit Krieg zu gewinnen, auch für Russland nicht. Das Agrarland Ukraine hat schreckliche humane und ökologische Folgen zu tragen und wird die einzige Industrieregion, den Donbas, trotzdem verlieren, jedenfalls mindestens die Teile, die sich schon für Russland ausgesprochen hatten.

Verhandlungen würden bedeuten, an der Zukunft zu arbeiten.

Der im Wahlprogramm propagierte Abrüstungsschub der ‚Grünen' ist jedenfalls Makulatur. Sie sind stattdessen am Aufstieg der Bellizisten federführend beteiligt, auch wenn die Außenministerin andernorts weniger kriegstreibend auftritt.

Die schlechten Wahlergebnisse der ‚Grünen' im Osten Deutschlands haben mit ihrer Unterstützung der Ukraine, ihrer Geschichtsblindheit und einseitigen Parteinahme zu tun. Es rächt sich, dass die Partei keine Wurzeln im Osten Deutschlands hat und in der Vasallentreue zu den USA verharrt. Hier zeigt sich auf politischer Ebene die ‚feindliche' Übernahme Ostdeutschlands durch Westdeutschland, denn die grüne Demokratiebewegung der DDR wurde wie beschrieben nicht in die westliche Partei der ‚Grünen' freundlich aufgenommen.

Wirtschaftspolitik

Zitat aus dem **Wahlprogramm 2021**:

„Wir geben dem Markt einen sozial-ökologischen Rahmen Wohlstand und unternehmerischen Erfolg neu bemessen Wohlstand definiert sich nicht allein durch Wachstum des BIP, sondern lässt sich viel breiter als Lebensqualität verstehen. Wir wollen den Erfolg Deutschlands und der Unternehmen neben ökonomischen auch anhand inklusiver, sozialer, ökologischer und gesellschaftlicher Kriterien messen und die politischen Leitplanken wie Anreize und Wirtschaftsförderung entsprechend neu ausrichten. Dafür soll in Zukunft gemeinsam mit dem Jahreswirtschaftsbericht ein Jahreswohlstandsbericht veröffentlicht werden. Dieser berücksichtigt dann zum Beispiel auch den Beitrag des Naturschutzes, einer gerechten Einkommensverteilung oder auch guter Bildung zum Wohlstand unserer Gesellschaft.

Entsprechend ändern wir die Erfolgsmessung auf Unternehmensebene und ergänzen die Bilanzierungsregeln um soziale und ökologische Werte, wie beispielsweise ihre Treibhausemissionen, und setzen uns auch bei internationalen Vorschriften dafür ein. So erreichen wir endlich einheitliche Regelungen für die Messung von nachhaltigem unternehmerischem Erfolg und leisten einen wichtigen Beitrag dazu, dass im Wettbewerb Nachhaltigkeit nicht mehr wie heute eher bestraft, sondern positiv angereizt wird."

Als erstes ist auffällig, dass mit der Anerkennung des Marktes als Regelungsinstanz die grundsätzliche Gesellschaftskritik vollkommen verschwunden ist, denn ,Markt' ist die abgekürzte Bezeichnung für ,Wachstum des Bruttoinlandsproduktes BIP', also für ,kapitalistische Marktwirtschaft'. Er soll lediglich einen ,sozial-ökologischen Rahmen' bekommen, also ergänzt werden von sozialen und ökologischen Maßnahmen. Perfiderweise wird dem Wirtschaftsminister Habeck Planwirtschaft vorgeworfen, weil er mit Subventionen eingreift, als ob das kein Gewohnheitsrecht bürgerlicher Wirtschaftspolitik wäre. Deshalb werden doch in Brüssel für die Europäische Union mehr Lobbyisten eingesetzt als Politiker. Dieser Vorwurf kommt von der rechten CDU um Merz, der ausschließlich das BIP im Blick hat.

Habeck hat im Gegenteil keinen ersichtlichen Plan, sondern vertritt, dass der Markt es regeln würde. Sein Hauptziel ist die Reduzierung der Treibhausgase mit Hilfe der CO_2-Besteuerung und der Heizungsverordnung.

Diese Besteuerung hat ebenso wie die Verordnung im Wesentlichen die normale Bevölkerung ärmer gemacht und in Panik versetzt, weil es eine schlichte Überforderung war. Hinzu kommt, dass gleichzeitig den Wohlhabenden und Reichen mit der Kaufprämie für teure Elektroautos Geld zugeschustert wurde, denn nur sie konnten sich Autos leisten, deren niedrigster Preis über dreißigtausend Euro lag. Die Prämie war eine staatliche Subvention für die Autoindustrie und hat Elon Musk animiert, ein Werk in Deutschland aufzubauen.

Das Dilemma eines ‚grünen‘ Wirtschaftsministers besteht darin, die wichtigste Industrie Deutschlands, die Autoindustrie, retten zu müssen, die ökologisch gedacht eigentlich zugunsten öffentlicher Verkehrsmittel reduziert werden müsste. Die E-Autos sind für Normalverdiener Luxusartikel. Nicht zufällig exportiert der US-Konkurrent Tesla des Multi-Milliardärs Musk die meisten seiner Autos von mecklenburgischem Boden nach Skandinavien, wo ein kaufkräftiges Publikum für diese Autos vorhanden ist.

Es gibt Staaten (z.B. Österreich), in denen wenigstens ein Teil des Geldes erstattet wird, das uns durch den steigenden CO_2-Aufpreis beim Tanken zusätzlich aus der Tasche gezogen wird. Diese Maßnahme erinnert fatal an die Erhöhung des Brot-Preises, die zu manch einer Revolte geführt hat, nicht nur zur Französischen Revolution 1789, denn gerade für ‚Normalos‘ ist der ‚Benzinpreis‘ alles andere als nebensächlich. Die Entfernung zwischen vielen Deutschen und dem Vizekanzler Habeck ist nicht nur im Osten sehr viel größer geworden.

Ein Problem scheint mir zu sein, dass Habeck für sein Amt zu wenig Lebenserfahrung hat. Nach dem Studium ist er mit 33 Jahren in die Politik gegangen und hat daneben als Schriftsteller gearbeitet und vier Söhne großgezogen, gemeinsam mit seiner Frau. Allerdings hat er als Minister in Schleswig-Holstein politische Erfahrungen im Umgang mit den Bürgerlichen gesammelt.

Anders als in den Anfängen der ‚Grünen‘ ist keine Kritik an der Wirtschaftsweise vorhanden: der einzige Vorschlag zur Veränderung besteht in einer neuen Bilanzierungsregel für Unternehmen, die auch ökologische Werte erfassen soll.

Im Wahlprogramm sind die Treibhausgasemissionen das einzige konkrete Beispiel. Ihre Messung soll künftig einen ‚positiven Anreiz‘ für die Unternehmen geben.

Die Marktwirtschaft hat sich schon vor Jahrtausenden entwickelt, als sich die Menschen zum Tauschen und Handeln auf Marktplätzen trafen.

Das ist heute die Ausnahme, aber der Kapitalismus nennt sich verschleiernd immer noch Marktwirtschaft. Dabei kaufen die meisten Menschen in einem riesigen Flachbau, zu dem sie mit dem Auto fahren müssen, bestellen bei Amazon und gehen auf einen Jahrmarkt mit Karussells, um sich zu entspannen. In der sogenannten ‚Markt‘-Wirtschaft wird das Wirtschaftswachstum in Geld gemessen, weil es der einzige anerkannte Maß-Stab ist. Noch regiert das Kapitalwachstum die Welt.

Das erfährt der Wirtschaftsminister Habeck tagtäglich. Weil es nicht genügend wuchs oder gar schrumpfte, ist sein Stern wie eine Schnuppe verglüht.

Dieses ‚grüne‘ Versprechen eines neuen Rahmens für die Wirtschaftspolitik wurde nicht gehalten.

Konsequenterweise orientiert sich die ‚grüne‘ Partei von der ‚linken‘ Orientierung fort und sucht Anschluss an die CDU/CSU nach dem Vorbild von Kretschmann in Baden-Württemberg.

Die Ironie der Geschichte ist, dass die ‚grüne‘ Partei heute dort gelandet ist, wo sich ihre ökologischen Initiatoren um Herbert Gruhl vor einem halben Jahrhundert fortbewegt haben: irgendwo Mitte rechts zwischen CDU und SPD, wo sich später auch Frau Merkel positioniert hat. Mit dem Unterschied, dass die Ökologen damals keine technologischen Modernisierer waren wie Habeck, sondern für eine humane Gesellschaft mit anderer Wirtschaftsweise ohne Umweltzerstörung kämpften. Das war und ist bis heute bei der CDU/CSU das Gegenteil.

Gruhl & Co waren gerade deswegen dort ausgetreten und gründeten eine neue Partei, weil sie kein Gehör fanden. Die ‚Grünen‘ begreifen nicht, dass sie als Juniorpartner die Zustimmung der mächtigeren Partei für eine Forderung brauchen, die von der CDU/CSU abgelehnt wird, sonst wäre sie in ihrem Parteiprogramm. Außerdem hat es die ganze Zeit die ökologische Volkspartei ÖVP gegeben, die nach dem Rausschmiss aus den ‚Grünen‘ von Gruhl & Co gegründet wurde und nie aus ihrer Nische herausgekommen ist. Die Stärke der ‚Grünen‘ 1980 war ihre Verbindung der ökologischen Frage mit der sozialen Problematik und der Vorwurf mangelnder Demokratie.

Das ist Wasser auf die Mühlen von Sarah Wagenknecht, die ihre Idee der linken Sammlungsbewegung ‚Aufstehen' 2019 ein Jahr nach der Gründung wieder fallen gelassen hat und inzwischen mit dem ‚Bündnis Sarah Wagenknecht' Erfolge bei der Wählerschaft der ‚Grünen' verzeichnet und nicht nur dort.
Sie macht einen Fehler nicht mehr:
Sie positioniert sich nicht auf der Linie von links nach rechts, sondern inhaltlich konkret auf heute bezogen. Und damit macht sie es den Journalisten unmöglich, sie in einen Sack zu stecken, auf ihn ein Etikett zu kleben und dann draufzuhauen.

Ihre Schwäche ist die Hybris, sie könnte als Einzelne eine Bewegung schaffen, auch wenn ihr Mann Oskar Lafontaine ihr den Rücken stärkt. Ihre Zielsetzung ist diffus und nur unklar vermittelbar, wenn es denn überhaupt eine gibt außer dem persönlichen Erfolg. Der Titel ihrer Partei ist „Bündnis", aber dann kommt kein anderer Name als Sarah Wagen-Knecht. Bei jeder normalen GmbH folgt zumindest ein „& CoKg".

Egomanen haben wir eigentlich genug auf der Welt. Die weibliche Variante ist auch nicht erträglicher.

Kapitel 18

Auswege aus der Sackgasse eines grünen Kapitalismus

Deutschland hat seit dem 2. Weltkrieg ein Wirtschaftswachstum, das es zur drittstärksten Wirtschaftsmacht der Welt gebracht hat. Trotzdem oder deswegen steht es vor großen ökonomischen Problemen einerseits und einer maroden Infrastruktur andererseits. Überall wird gespart und muss repariert werden (Straßen, Brücken, Autobahnen, Schienen, Züge sind marode, Kranken- und Altersversorgung sind mangelhaft, bezahlbarer Wohnraum nicht vorhanden, Gemeinden auf dem Land abgehängt …). Das Geld ist nicht mehr da, sondern wurde in militärische Aufrüstung gesteckt oder in private Vermögen verwandelt.

Thomas Piketty hat es 2013 in seinem Buch ‚Das Kapital im 21. Jahrhundert' nachdrücklich dargestellt, wie der gesellschaftlich hergestellte Reichtum in wenigen privaten Vermögen verschwindet.

Die Zahl der Milliardäre ist 2023 Jahr auf den Rekordwert von 249 gestiegen. Insgesamt verfügten die 500 reichsten Deutschen demnach über 1,1 Billionen Euro … Verschiedenen Erhebungen zufolge verfügen die reichsten zehn Prozent über rund 60 Prozent des Gesamtvermögens in Deutschland.[1]

1,1 Billion = 1100 Milliarden. Das ist fast das Dreifache vom gesamten deutschen Bundeshaushalt pro Jahr: 400 Milliarden . Sie alle waren oder sind Unternehmer (wenige Unternehmerinnen), und Unternehmer sind Menschen, die Kapital zur Vermehrung in Unternehmen gesteckt haben. Oft auch die Kinder oder Enkel. Ist das ok?

Daran sollen wir nichts ändern?

---

1   https://www.deutschlandfunk.de/zahl-der-milliardaere-in-deutschland-steigt-auf-rekordwert-100.html

Als Ausweg wird uns Sharing Economy oder auch die Kreislaufwirtschaft angeboten.

Sharing Economy ist dasselbe wie **Genossenschaften**, gibt es seit dem 19. Jahrhundert und ist mit dem Kapitalismus kompatibel, wie wir aus Erfahrung (zum Beispiel mit Wohnungsbaugenossenschaften) wissen. Es ist nur eine andere Rechtsform als die Aktiengesellschaft etc.

Die **Kreislaufwirtschaft** hingegen könnte dafür sorgen, dass nichts verloren geht, was einmal der Erde entnommen wurde.

So wird es behauptet. Dabei wird vergessen, dass Kreislaufwirtschaft das Wachstum ausschließt, das doch elementare Voraussetzung unserer Wirtschaftsordnung ist. Aber selbst wenn sie durchgesetzt würde: Ein hundert-prozentig recyceltes Auto, das im Übrigen nicht realisierbar ist, wäre kein Neuwagen, sondern Material für andere Zwecke. Die Lebensdauer von Autos ließe sich verlängern und würde das Problem verschärfen: Was würde dann aus den Autofabriken und ihren Beschäftigten? Sind neue Autos vielleicht vermeidbar? Der voraussehbare Effekt: die Tendenz zum Monopol und damit die Abhängigkeit von der Geschäftspolitik der jetzt schon wenigen Unternehmen würde weiter verschärft. Es geht folglich darum, wie sich die Gesellschaft zu den Monopolen verhalten kann oder soll. Es ist unübersehbar schon heute eine gesellschaftliche Aufgabe, über die Zukunft des Autos und ganz allgemein des Straßen-, Schienen- und Luftverkehrs zu sprechen und die Frage zu klären, wie es mit dem Wirtschaftswachstum weitergehen soll.

Im Kapitalismus ist Kreislaufwirtschaft ausgeschlossen. Schon das Finanzkapital würde protestieren, wenn es keine Zinsen mehr erhielte. Kapital für Industrieproduktion müsste im Safe verschimmeln ohne Aussicht auf Profit.

Gerade deshalb gibt es, nebenbei gesagt, so viel Wegwerfprodukte, damit die Beantwortung der Frage nach der Zukunft hinausgezögert werden kann. Zu den Weltmeistern in dieser

Disziplin gehört die Kriegsindustrie. Kriege schaffen künstlich grenzenlose Nachfrage für die Wirtschaft: nach Waffen und vor allem nach Munition (Kugeln, Bomben, Raketen), die nur zum Wegwerfen gebraucht und von uns Staatsbürgern ungefragt aus unserer Staatshaushaltskasse bezahlt werden.

Der entscheidende Mangel der Kreislaufwirtschaft ist, dass sie offen für alles Mögliche ist. Haltbarkeit und Wiederverwendbarkeit sind keine inhaltlichen Kriterien. Das Ziel der Produktion bleibt beliebig.

2022 proklamierte Ulrike Herrmann die **Kriegswirtschaft** in ihrem Buch ‚Das Ende des Kapitalismus: Warum Wachstum und Klimaschutz nicht vereinbar sind – und wie wir in Zukunft leben werden‘.

Sie fordert die Beschränkung der Bedürfnisse vermittels Planwirtschaft. Sie negiert allerdings, dass der sowjetische und chinesische Kommunismus mit diesem Konzept gescheitert ist. Vor allem aber übersieht sie, dass in der heutigen Wirtschaftsweise die Befriedigung der menschlichen Bedürfnisse schon lange nicht mehr das Ziel der Produktion ist, denn das wäre theoretisch sogar erreichbar. Jedoch würde auch dieses Ziel perspektivisch wirtschaftlichen Stillstand bedeuten.

Der Kapitalismus ist damit nicht verträglich. Stattdessen muss er ständig neue Bedürfnisse kreieren, um die Produktion am Laufen zu halten. Die Ausgaben für Werbung sind zu lästigen, aber notwendigen Kosten der Produktion geworden. Es gibt einen Überfluss an Überflüssigem und trotzdem nicht das Notwendige für alle. Deswegen kommt Ulrike Herrmann auch mit diesem Buch nur bis zur Kreislaufwirtschaft als dem Ziel ihrer Kriegsplanwirtschaft.

Sie übersieht dabei das Thema des Konsums (wörtlich: des Verbrauchs), denn Grundlage unseres Lebens ist der Verbrauch von Gütern zum Leben, Wohnen, Fortbewegen … Selbst ein nahrhaftes, gesundes Bio-Brötchen ist nach dem Essen transformiert und muss am Ende entsorgt werden. Das ist zwar ein natürlicher Kreislauf, an dessen Ende wir Dünger erhalten könnten, aber für den nächsten Tag braucht der Mensch ein neues Brötchen.

Kriegswirtschaft verschleiert das Problem der Planwirtschaft: Wer entscheidet über die Bedürfnisse, aus denen der Plan entwickelt werden soll? Bislang regelt der Markt die Produktionsmengen mit seinen bekannten Problemen von hier zu viel Angebot und da zu wenig Nachfrage und immer wiederkehrenden Krisen. Manche Firmen arbeiten deshalb mit Bestellungen oder ‚Just-in-time'-Lieferungen, um die Schwankungen zu reduzieren. Die zyklischen kapitalistischen Krisen können dennoch nicht verhindert werden. Manchmal werden sie durch eine Pandemie überlagert und verzerrt oder verschoben, aber die Probleme der deutschen Automobilbauer zum Beispiel sind seit 2018/2019 bekannt.

Das eigentliche Thema lautet: **Welche Bedürfnisse haben wir und sollen befriedigt werden?**
Bislang beantworten die Werbe-Industrie und die Firmen-Lobby diese Frage. Ich möchte nicht den Rat der Weisen sehen, der wie im Krieg unsere gesellschaftlichen und individuellen Bedürfnisse bestimmt. Im Kriegsfall lässt sich das eine Zeitlang durchsetzen, weil das Militär bestimmt. Aber ohne Militär wäre es die Wahl der Henker durch das Volk.

Wie sieht eine **ökologische Wirtschaft** aus?

Ökologie bezieht sich gleichermaßen auf unser Verhältnis als Menschen zur von uns gemachten Umwelt wie zur Natur. Auch wenn in der Bibel steht „Macht euch die Erde untertan!" bleibt die nicht veränderbare Wahrheit, dass wir Teil der Natur sind. Die Corona-Pandemie hat uns daran erinnert, dass die Natur nicht nur passiv erduldet, was der Mensch ihr antut.
Im Mittelpunkt der Ökologie steht die Wirtschaftsweise, weil sie die Natur im Produktionsprozess braucht, die Landwirtschaft und der Fischfang ebenso wie die extraktive Industrie sind direkt naturgebunden. Aber nicht nur, denn unser individuelles Verhalten gehört auch dazu: Konsum, Verkehrsmittel,

Wohnen ... Die Pandemie hat gleichfalls gezeigt, dass die Verwundbarkeit des Menschen mit der Entfernung von der Natur wächst und in den Gettos der Megalopolen am stärksten ist.

Das Wirtschaftswachstum (Bruttosozialprodukt) als einziger Maßstab des gesellschaftlichen Zustands ist unzulänglich, ungerecht, unsozial. Es ist nachgewiesen, dass die Zufriedenheit der Menschen nicht zusammen mit dem Wirtschaftswachstum wächst, sonst wäre Deutschland weit oben und nicht weit abgeschlagen beim **Happy-Planet-Index**.

Ausgangspunkt dieses neuen Maßstabes ist die **Kritik der Werte**, die das heutige Wirtschaftssystem prägen – Konkurrenz, Egoismus, Neid, Gier. Statt die Menschen weiterhin unter das Diktat der Gewinnmaximierung zu stellen, sollen die Systemweichen umgestellt werden:

Gemeinsam und demokratisch gibt die Gesellschaft der Wirtschaft an Stelle des Finanzgewinns ein neues Ziel vor – das allgemeine Wohl. Wie aber nun dieses „**Gemeinwohl**" definieren und messen?

In **Bolivien** diskutiert man darüber schon länger:

„**Buen vivir**" versteht sich als Gegenentwurf zu dem einseitig wachstumsorientierten Entwicklungsbegriff des Kapitalismus: Nicht die Anhäufung von Gütern ist wichtig, sondern das zufriedene Leben in der Gemeinschaft im Einklang mit der Natur, die ein Subjekt ist – anders als das Objekt der menschlichen Herrschaft in christlichen Gesellschaften („Macht euch die Erde untertan!").

Vergleichbar steht in der Verfassung **Ecuadors**, dass die Wirtschaftsform „sozial und solidarisch" sei.

Um die neue Verfassung Boliviens auf den Weg zu bringen, wurde am 2. Juli 2006 von der Bevölkerung eine verfassungsgebende Versammlung mit 255 Mitgliedern gewählt. Diskussionspunkte waren die Verstaatlichung der Bodenschätze, der Eisenbahn und der Industrie, eine Reform des ‚liberal' geprägten Wirtschaftssystems, eine Landreform, die Abschaffung der

Staatsreligion und Fragen über die zukünftige Staatsform (zentralistisch oder föderal).

Der kleine Staat **Bhutan** setzt gegen das Bruttosozialprodukt BSP ein „**Grundrecht auf Glück**", das der Staat erfüllen muss. Bhutan hat dafür seit 2008 mehrfach Erhebungen zum **Bruttonationalglück GNH** durchgeführt. Schutz des Waldes, biologische Landwirtschaft, Reduzierung des Autoverkehrs, Bildungsmaßnahmen und Verbesserung der Krankenversorgung sind einige der Maßnahmen.

Buddhisten in Bhutan sind auf die Idee gekommen, es ansatzweise messbar zu machen und dem Bruttosozialprodukt entgegenzustellen. Daher kommt auch die etwas unglückliche Bezeichnung.

Netto wäre eindeutiger als Brutto.

Das GNH hat vier Säulen:

1.Gerechte Gesellschafts- und Wirtschaftsentwicklung

2. Bewahrung und Förderung kultureller Werte

3. Schutz der Umwelt

4. Gute Regierungs- und Verwaltungsstrukturen

Das GNH wird in Bhutan durch Befragung mit folgenden Kriterien untersucht:

1. Das psychische Wohlbefinden: mit der Lebenszufriedenheit, den Emotionen und der Spiritualität.

2. Gesundheit: mit dem eigenen Gefühl, den gesunden Tagen, chronischen Behinderungen und geistiger Gesundheit.

3. Zeitnutzung: mit Arbeit und Schlaf.

4. Bildung: mit Ausbildungen, Wissen, Werten und Bildung.

5. Kulturelle Vielfalt und Resilienz (Fähigkeit, mit Problemen fertig zu werden)

6. Regierungsführung und politische Partizipation

7. Lebendigkeit der sozialen Gemeinschaft

8. Ökologische Vielfalt, Umweltverschmutzung, städtische Probleme

9. Lebensstandard, Haushaltseinkommen

Objektive Fakten werden höher gewichtet als subjektive Einschätzungen, aber letztere werden nicht unter den Teppich gekehrt. Glück bleibt jedoch relativ.

Der Hauptkritikpunkt ist die Beliebigkeit der Umfrageergebnisse zum Bruttosozialglück GNH, aus denen sich nicht notwendig ein Handlungszwang ergibt.

Es gibt einen sehr schönen Film, der imaginiert, wie in Bhutan die Demokratie eingeführt wird. Lehrkräfte werden ausgeschickt, die Demokratie zu unterweisen. Die Menschen werden geschult, sich für eine einzelne Farbe zu entscheiden und sie zu wählen, aber sie verweigern, sich spalten zu lassen, und wählen nach Absprache alle dieselbe Farbe.

Es wäre viel gewonnen, wenn in Deutschland die obersten Ziele der Französischen Revolution (Freiheit, Gleichheit, Brüderlichkeit) übernommen würden, statt sie gegeneinander auszuspielen. Die Revolutionäre haben sie gleichzeitig gefordert, weil sie zusammengehören.

Haarspalterei hat aus Freiheit Konkurrenz gemacht, Gleichheit gibt es nur dem Gesetz gegenüber, aber nicht vor Gericht, Brüderlichkeit nur als Almosen.

Auf individueller Ebene müsste erhoben werden:

1. Psychisches Wohlbefinden
2. Körperliche Gesundheit
3. Arbeitsbelastung
4. Umweltbelastung
5. Haushaltseinkommen
6. Bildung

Auf gesellschaftlicher Ebene müssten Mängel erhoben werden:

1. Wasser, Luft, Boden, Wald ...
2. Wohnen
3. Arbeiten
4. Verkehr
5. Öffentlichkeit
6. Kultur
7. Gesundheit

Ich möchte diese Debatte anstoßen, denn Deutschland könnte gerade auf Grund seiner ökonomischen Stärke vorbildhaft bei der Bestimmung der Ziele sein. Man bräuchte keine Meinungsforschungsinstitute mehr, die stichprobenartig testen, welches neue Haarpflegemittel eine gute Chance am Markt hätte. Stattdessen müsste die Politik handeln.

Ein Index der Menschlichkeit und Umweltverträglichkeit einer Gesellschaft müsste anstelle des kapitalistischen Wirtschaftswachstums zum Maßstab für das politische Handeln festgesetzt werden.

Kapitel 19

Back to the roots – zurück zu den Ursprüngen der grünen Bewegung für Frieden, Basis-Demokratie und ökologische Wirtschaft

Axel Mayer war uns schon in Whyl begegnet: Bauplatzbesetzer, Mitwelt Stiftung Oberrhein, (Alt-) BUND-Geschäftsführer.
Er schreibt am 24.2.2024[1] :

„Was bleibt, ist ein Erfolg. Ein Erfolg für Mensch und Umwelt, denen jährlich viele Tonnen Blei erspart geblieben sind. Erstaunlicherweise sogar ein nachträglicher Erfolg für die Firma CWM, denn die Fabrik sollte Stabilisatoren für PVC und andere Kunststoffe herstellen, Produkte, die heute für PVC nicht mehr gebraucht werden. Wie so häufig hatte die Umweltbewegung auch einen ökonomischen Flop verhindert. Wir waren keine ‚Verhinderer‘, sondern haben geholfen, den Fortschritt menschengerecht zu gestalten. Die Umweltbewegung wird heute für das gelobt, was sie in der Vergangenheit getan und erreicht hat, und sie wird dafür kritisiert, was sie aktuell fordert und durchsetzen will.
In diesen ökologischen Kämpfen am Oberrhein liegen wichtige Wurzeln des BUND, von ‚Alsace Nature‘ und der GRÜNEN. Hier wurden aus konservativen Naturschutzverbänden politische Umweltorganisationen und der Wachstumsglaube der 60er Jahre bekam erste Risse. Hier begannen die frühen Kämpfe für saubere Luft, aus denen sich die Bewegung gegen das Waldsterben und auch die heutige Klimaschutzbewegung entwickelte.
In Marckolsheim hätte das Bleiwerk zu einer massiven und gesundheitsschädigenden Bleibelastung geführt.

---

1   https://www.mitwelt.org/europawahl-bauplatzbesetzung-marckolsheim.html

Das konnte abgewehrt werden. Doch wie sieht es heute, fünfzig Jahre später, an anderen Orten der Welt aus?
In den peruanischen Anden wird Blei abgebaut. Dort gibt es einen der zehn am meist verschmutzten und vergifteten Orte der Welt. 99 Prozent der Kinder leiden an Bleivergiftung. ‚Der Großkonzern Renco hat dies zu einem großen Teil zu verantworten', berichtet 3sat. Die peruanische Regierung forderte Renco zwei Mal auf, den gesetzlichen Auflagen nachzukommen und bestimmte Stellen zu dekontaminieren. Eine neue Schwefelsäurefabrik sollte die Alte ersetzen. Renco unternahm aber nichts, sondern nutzte stattdessen das Freihandelsabkommen zwischen den USA und Peru.
Darin enthalten: Eine Klausel für ‚Investorenschutz'. Umweltschutz und Schutz der Kinder gefährdet die Profite des Konzerns und der Umweltvergifter Renco fordert jetzt vor einem Schiedsgericht 800 Millionen Dollar Schadensersatz von Peru.
Es gibt gute Gründe, den Erfolg von Marckolsheim und die vielen folgenden Erfolge der Umweltbewegung zu feiern. Doch heute müssen wir uns gegen TTIP, Investorenschutz und Konzerngerichtsbarkeit wehren und die Kämpfe gegen Gift und Konzernmacht in den weit entfernten peruanischen Anden sind auch unsere Kämpfe.“

Anmerkung: Die Renco Group ist eine US-amerikanische Beteiligungsgesellschaft mit Hauptsitz in New York City. Zum Konzern gehören mehrere Industrieunternehmen. Im Jahr 2013 wurde die Renco-Unternehmensgruppe durch das ‚Political Economy Research Institute‘ der University of Massachusetts Amherst auf den ‚Toxic 100 Index‘ gesetzt. Mitverantwortlich hierfür ist unter anderem die Doe Run Company, ein Förderer und Aufbereiter von Blei. (…) Nach eigenen Angaben erzielte die gesamte Unternehmensgruppe 2016 mit 12.000 Mitarbeitern einen Umsatz von fünf Milliarden US-Dollar. Die angeschlossenen Unternehmen des Konzerns unterhalten Niederlassungen in Nord- und Südamerika, Europa und Asien.[1]

---

1   https://de.wikipedia.org/wiki/Renco_Group

Axel Mayer hat Recht. Gleichzeitig geht es nicht nur um Kämpfe gegen naturzerstörende Industrie, es geht um mehr:

Die Transformation der Wirtschaftsordnung.

Ich erinnere an die **Programmatik der ‚Grünen' 1980**: **„Grundlagen und Ziele grüner Wirtschaftspolitik:** *Wir sind für ein Wirtschaftssystem, das sich an den Lebensbedürfnissen der Menschen und zukünftigen Generationen, an der Erhaltung der Natur und am sparsamen Umgang mit den natürlichen Reichtümern orientiert. (…) Wir sind grundsätzlich gegen jegliches quantitative Wachstum, ganz besonders dann, wenn es aus reiner Profitgier vorangetrieben wird. Aber wir sind für qualitatives Wachstum, wenn es mit gleichem oder geringerem Einsatz von Energie und gleicher oder geringerer Verarbeitung von Rohstoffen möglich ist, (d.h. bessere Ergebnisse erzielt oder bessere Erzeugnisse hergestellt werden können). Wir sind für soziales Wachstum, besonders für die eindeutig Benachteiligten unserer Gesellschaft."*

Die Wachstumsspirale dreht immer höher und mit ihr die Profiterwartungen der Kapitaleigner. Im Jahr 2023 war der Nettogewinn von VW 22 Milliarden Euro, die also erarbeitet, aber nicht in Löhnen und Gehältern ausgezahlt wurden. Das ist die Kapitalrendite aus Dankbarkeit an die vermögenden Kapitalgeber dafür, dass sie in dieses Automobilunternehmen investiert haben.

Qualität statt Quantität

Ein absurd scheinendes Beispiel aus der DDR soll plastisch machen, worum es mir geht. Ich beziehe mich dabei auf einen Artikel von Fred Grimme in der Zeitschrift Schrot&Korn vom Oktober 2024 mit dem Motto **„Gläser, die nicht kaputt gehen, lassen sich nur einmal verkaufen".** Es handelte sich um eine **Glassorte, „die bis zu 15mal stabiler war als alles, was im Westen auf die Tische kam."**

Fred hatte in der DDR erlebt, *„wie ein Kellner dutzende Gläser auf einem Tablett balancierte, stolperte, alles fallen ließ – und sämtliche Gläser den Aufprall überstanden."*

In der DDR waren Rohstoffe und Energie knapp und der Bedarf an Gläsern groß. Ein Forscherteam in Leipzig hatte 1977 ein Verfahren patentieren lassen, das Trinkglas durch Ionentausch verfestigt. Seit 1980 stellte der 'Volkseigene Betrieb VEB Sachsenglas Schwepnitz' mehr als **hundert Millionen Gläser der Marke 'Superfest'** her (für Wodka, Bier, Sekt oder Weinbrand), die besonders leicht und stapelbar waren: sie sind heute *„begehrte Objekte auf den Onlinemärkten für Gebrauchtes"* schreibt Fred. Der Betrieb wurde nach dem Ende der DDR kurzfristig eine kapitalistische GmbH (Saxonia-Glas), die jedoch **nicht genügend Profit** abwarf, so dass die Fabrikanlagen schon 1991 verschrottet wur-den. „Unkaputtbar" ist mit dem Kapitalismus unverträglich – und damit auch die Schonung von Ressourcen oder gar ein Kreislaufsystem. Er muss ständig **neue Bedürfnisse** schaffen und alles dafür tun, dass seine Waren nicht haltbar sind. Weltmeister darin ist China.

Eine ökologische Betrachtungsweise richtet ihren Blick auf die unterschiedlichsten Systeme von einer kleinen Kommune über einen Staat, Staatenbund, Erdteil bis zum Globus, denn die natürlichen Voraussetzungen, die Umweltbedingungen, die Bevölkerungsstrukturen und ihre Kulturen und Sprachen und auch ihre Geschichte unterscheiden sich je nach dem Standpunkt auf der Erde. Im Zusammenhang einer ökologischen Orientierung für die Parteiprogrammatik sind Wirtschaft und Gesellschaft die Hauptbereiche.

In den westlichen Gesellschaften ist die Instanz des Staates davon abgesondert. **Der Begriff des Staates ist also zweideutig** und lädt ein zu Missverständnissen. Die gesellschaftliche Einheit Deutschland ist ein Staat. In ihm gibt es einen Machtapparat, der ebenfalls Staat genannt wird und sich die drei Gewalten der Exekutive, Legislative und Judikative teilt und eine Verfassung (das Grundgesetz) gegeben hat, die er umsetzen und schützen soll. Sie ist im Prinzip nicht verhandelbar, kann dennoch jederzeit verändert oder gar abgeschafft werden, wenn sich die Machtverhältnisse ändern. Deutschland ist ein

Staatenbund aus Ländern mit einem Bundesstaat an der Spitze. Das ist ein wichtiger Faktor für die Geschichte der ‚Grünen Partei', denn die Stadtstaaten haben eine bedeutende Rolle gespielt, während die Länder der DDR keinen Einfluss hatten.

Direkte Demokratie würde die Volksvertretung und ihre Entscheidungen per Volksentscheid legitimieren, Basisdemokratie würde ihre Vertretung per Mandat beauftragen und könnte bestimmen, dass vom Mandat nicht ohne Rücksprache abgewichen wird, das imperative Mandat. Die Frage nach der demokratischen Verfassung Deutschlands war ein wichtiger Streitpunkt bei der Gründung der ‚Grünen'. Denn:

Wir leben bislang in einer **indirekten Demokratie mit Parteien**, die Parteimitglieder wählen die VolksvertreterInnen aus, die jedoch nicht rechenschaftspflichtig sind, sondern nur ihrem Gewissen gehorchen sollten. Das fällt ihnen schwer, weil ihre Einkünfte (Diäten genannt) üppig sind und die Bestechlichkeit das Gewissen beschwichtigt. Für viele Parlamentarier sind die Geschenke und Nebeneinkünfte wichtig, aber vor allem ist die Politik ein Sprungbrett zu interessanten Posten in der Wirtschaft und als Berater. Man könnte von systematischer Korruption sprechen.

In einer indirekten Demokratie ebenso wie in einer Präsidialdemokratie wie Frankreich sind Volksbefragungen und Volksentscheide ein zwielichtiges Mittel der Mitbestimmung, weil mit ihnen manipuliert werden kann und oft auch wird. Dagegen kann man feststellen, dass die Demokratie in der Schweiz weiter entwickelt ist als in ihren Nachbarstaaten, weil Volksbefragungen im Alltag der Schweizer verankert sind, eine ausreichend lange Vorlaufzeit zum Diskutieren lassen und die Fragen selten manipulativ gestellt werden. Die Volksentscheide finden nicht nur auf bundesweiter Ebene statt, aber sie sind Entweder-oder-Fragen, schließen also prinzipiell bis zu 49 Prozent aus. Das ist genauso undemokratisch wie das Mehrheitswahlrecht bei uns. Das Hauptproblem besteht in der Manipulation durch kapitalistische Medien.

Neutralisierung von Kapital durch Gemeinnützigkeit

Bei der Vorstellung des Autonomen Bildungscentrums ABC in Drochtersen-Hüll bei Stade habe ich das Konzept der Kapitalneutralisierung durch Gemeinnützigkeit schon erwähnt. Wir haben damals 60.000 € an Spenden aufgebracht und einen Kredit der Volksbank Stade von 225.000 € erhalten. Heute, 45 Jahre später, ist die Bildungsstätte ca. 2 Millionen wert und bietet Arbeitsplätze für ein Dutzend Frauen und Männer. Bei einem Verkauf müsste dieses Geld wieder für gemeinnützige Zwecke verwendet werden. So ist dem Profitdenken ein Riegel vorgeschoben.

Das Ziel jeder Wirtschaftsleistung eines Volkes müsste die Befriedigung der gesellschaftlichen Bedürfnisse sein und nicht das Wachstum der ‚Wirtschaft‘, das am Wirtschaftsertrag des Kapitals mit Hilfe des Bruttosozialprodukts gemessen wird. Die ‚Wirtschaft‘ kann wachsen und mit ihr wachsen trotzdem gleichzeitig Armut, Ungleichheit der Einkommen, Krankheiten, Arbeitsunfälle und Arbeitslosigkeit …

Das sind Gradmesser für die Menschlichkeit oder Unmenschlichkeit eines Systems. Deutschland ist heute meilenweit entfernt von der angeblich nivellierten Mittelstandsgesellschaft der frühen Bundesrepublik Deutschland.

Der Einfluss von Staat und Gesellschaft auf die meisten Bereiche der Wirtschaft jedoch ist beschränkt und nur indirekt, denn sie ist bis hin zu Altersheimen und Krankenhäusern überwiegend in privaten Händen. Ihr Erfolg ist ebenfalls privat, ihr Misserfolg jedoch muss gesellschaftlich getragen werden. Das Kapital-Eigentum verpflichtet zwar angeblich, aber die Verpflichtung bleibt ein leeres Wort, weil Kapital keine Grenzen kennt und schnell verschwindet, wenn es verpflichtet werden soll. In diesem Zusammenhang sind die Werks-Schließungen interessant, die VW 2024 plante.

Oliver Blume (CEO Volkswagengroup = Vorstandsvorsitzender) berichtete auf der Investorenkonferenz im März 2024:
„In 2023 haben wir uns eine gute Basis erarbeitet. Unsere Bau-

stellen kennen wir und gehen sie konsequent an, um das enorme
Potential der Volkswagen Group zu heben. Mit begeisternden
Produkten, einer konsistenten Strategie und einem klaren Fokus
auf Umsetzung blicken wir zuversichtlich in das Geschäftsjahr
2024. Die Volkswagen Group geht aus einer Position der Stärke
in das Langstreckenrennen der Transformation."
Der Geschäftsbericht sagt weiterhin:
Alle Markengruppen haben zur Entwicklung des Operativen
Ergebnisses von 22,6 Mrd. Euro beigetragen; bereinigt um
Bewertungseffekte insbesondere aus Rohstoffsicherungsge-
schäften erreicht das Operative Ergebnis 25,8 Mrd. Euro. Der
Umsatz ist auf 322 Milliarden um 15 % gestiegen, der Absatz
auf 9,4 Millionen Fahrzeuge um 10 % gestiegen, der Gewinn
betrug 26 Milliarden €, pro Aktie stieg er um 8 %. Der Konzern
hatte flüssige Geldmittel in Höhe von 40 Milliarden €.

Derselbe Konzern behauptete wenige Monate später, Werke
schließen zu müssen. Das ist eine Lüge. VW schließt Werke, weil sie nicht mehr den gewünschten Profit bringen, den
die Börsenanleger fordern. Das betrifft insbesondere Werke,
die in Deutschland liegen, weil dort die Kosten der Beschäftigten höher sind als anderswo.Die Konsequenz könnte nun
sein, die Fabriken zu vergesellschaften, die VW schließt, um
notwendige Verkehrsmittel herzustellen, die VW nicht produziert, weil es nicht profitabel genug ist. An dieser Stelle möchte
ich hervorheben, welche Macht private Konzerne haben, die
zudem noch international agieren. VW ist nur einer der drei
Automobilkonzerne Deutschlands, aber sein Jahresumsatz ist
fast so groß wie der gesamte Jahreshaushalt der Bundesrepublik Deutschland. Nimmt man Mercedes mit 153 Milliarden,
BMW mit 251 Milliarden hinzu, sind allein die drei Autokon-
zerne wirtschaftlich mächtiger als der deutsche Staat.

Das macht ihn erpressbar.
Zum Vergleich:
Die Einnahmen der Bundesrepublik Deutschland für den Jah-
reshaushalt 2023 betrugen 392 Milliarden €.

Was tut der Staat stattdessen? Es war und ist absurd, dass er diesen Konzernen noch finanziell hilft, um ihren Absatz zu fördern. Die Menschen müssen vom Staat gezwungen (Dieselverbot) oder überredet (Kaufprämie) werden, jetzt E-Autos zu kaufen, obwohl unsicher ist, ob es in Zukunft nicht doch andere Alternativen gibt, weil die Autoproduktion nicht unendlich so gesteigert werden kann wie der Profitdruck es verlangt. Es bleibt das grundsätzliche Problem, dass der Bedarf an Autos nicht so stark wächst wie der Wunsch nach Profit. VW hat diesen Profit mit 9,4 Millionen verkauften Autos erwirtschaftet, die über 30.000 € pro Stück kosten. Würde VW stattdessen Wagen für das Volk bauen, dann müsste das Auto 10.000 € kosten und VW 30 Millionen Autos bauen für denselben Profit. Also wird VW wie Mercedes und BMW in Zukunft weiter für die wohlhabenden Mittelschichten produzieren und die Idee des Wagens für das einfache Volk, der Volkswagen, eine Erinnerung an das Nazi-Regime bleiben.

Es sind außerhalb von China nur noch drei große Konsortien als Konkurrenten in der Autobranche übrig. Diese Branche ist nicht die einzige, in welcher der von Marx prophezeite **Monopolkapitalismus** weltweit Wirklichkeit wird. Die aktuelle Situation ist günstig für einen Paradigmen-Wechsel. Das alte Wachstums-Paradigma ist dem Kapitalismus hörig, der behauptet, der Markt würde die Probleme lösen. Die Probleme entstehen jedoch durch den Wachstumszwang in der Produktion: zu viele zu teure Autos mit zu wenig Gewinnmarge trotz des zu hohen Preises. Die Folgen sind der Abbau von Arbeitsplätzen, Arbeitslosigkeit und Werks-Schließungen, aber auch soziale Veränderungen in Wolfsburg und anderen Produktionsstätten. Die Partei der Demokraten unter Biden hat versucht, mit hohen Schulden gegen die Industriebrachen anzugehen, aber das Problem nicht gelöst.

Das deutsche Grundgesetz nach dem 2. Weltkrieg hat auf Druck der USA den Kapitalismus fest verankert, indem es **Sozialisierung** ohne Entschädigung ausschloss. Die historischen

Beispiele von Sozialisierung etwa in Frankreich unter François Mitterrand in den 1980er Jahren waren allerdings auch nicht ermutigend, weil es eine **Verstaatlichung** war, also nur ein Besitzerwechsel, und der Staat als Besitzer bürokratische Hemmnisse hinzufügte. Das ist keine Lösung, wenn der Staat an die Stelle des Kapitals tritt, ohne etwas zu ändern. Er macht es nur schlechter, nicht einmal sozialer, weil Bürokratie und politischer Filz hinzukommen.

Es gibt aber **Vergesellschaftung** von Betrieben durch **Kapitalneutralisierung und Gemeinnützigkeit**, das haben viele unserer Projekte gezeigt und gelebt. Der Gedanke der gemeinnützigen Betriebe, in denen Kapitalinteressen keine Rolle spielen, kann verallgemeinert werden auf alle lebenswichtigen Bereiche. Bleiben wir bei dem Beispiel VW: Die Geschäftsführung will vier Werke schließen. Also übernimmt der Staat diese Werke, wandelt sie in gemeinnützige Unternehmen um, behält die Belegschaft und erteilt ihr den Auftrag, Verkehrsmittel zu produzieren, die gebraucht werden. Jedes Werk organisiert sich selbst, konzipiert selbst, aber regelmäßiger Austausch zwischen den Werken ist notwendig, damit der Verbund der teilautonomen Werke gelingt.

Der gemeinnützige Bereich, in dem das Kapital neutralisiert und eine interne demokratische Struktur aufgebaut wurde, ist richtungsweisend auch für Bereiche wie Gesundheit (Vergesellschaftung von Krankenhäusern, Altersheimen), Stadtplanung (Infrastruktur, öffentliche Gebäude, Verkehrsmittel, Wohnen, Einkaufen). Nur müssen daran auch wirklich die Betroffenen beteiligt werden.

Fazit:

Man muss den Bereich der gemeinnützigen Unternehmen ausbauen: in der Produktion, im Wohnungsbau, in den Medien …, damit deutlich wird. was Kapitalneutralisierung bewirkt.
Produktion: Bau von kommunalen gemeinnützigen Energieversorgern oder Übernahme von unrentablen Fabriken, zum

Beispiel von VW-Werken zum Bau von robusten, langlebigen, erschwinglichen, sparsamen und ästhetischen ‚Volkswagen' und Verkehrsmitteln. Herstellung von „unkaputtbaren" Produkten (Glühbirnen zum Beispiel oder Strümpfe) wie in der Glaswarenproduktion in der ehemaligen DDR.

Wohnungen: Finanzierung von gemeinnützigem Wohnungsbau in Selbstverwaltung, der zweckgebunden bleiben muss. Enteignung von Wohnraum, der zu kommerziellen Zwecken missbraucht wird oder der mehr als ein Jahr leer steht. Renovierung dieses öffentlichen Wohnraums durch die zukünftigen Mieter. Diese Praxis hat sich an vielen Orten schon auf privater Ebene bewährt, wo Wohngruppen marode Häuser mit finanzieller Hilfe restauriert haben. Ein Bürgermeister in Italien hat sogar ein ganzes Dorf mit Hilfe von Migranten bewohnbar und lebendig gemacht. Die Neofaschisten haben ihn deshalb angeklagt und er ist vom Gericht verurteilt worden. Es geht in diesen Fragen um viel, nicht nur um Geld.

Basis-Demokratie: Es ist absurd, dass die meisten Politiker Entscheidungen für gesellschaftliche Bereiche treffen, in denen sie absolute Laien sind. Sie brauchen einen riesigen Apparat von Beratern und Redenschreibern und müssen sich oft in völlig neue Sachgebiete einarbeiten, um wenigstens den Eindruck zu erwecken, sie hätten Ahnung. Zum Beispiel: Weder Joschka Fischer noch Annalena Baerbock hatten in Außenpolitik Erfahrungen und historisches Wissen, womit sie auf ihr verantwortungsvolles Amt und die Kriegsproblematik vorbereitet gewesen wären, aber auch der Philosoph Habeck als Wirtschaftsminister war überfordert und hat entsprechend Fehler gemacht. Ein Gesundheitsminister, der als Arzt sich zumindest mit dem Thema Krankheit schon beschäftigt hat, ist die große Ausnahme und ein Fortschritt im Vergleich zum CDUler Jens Spahn, der ahnungslos und obenhin vermutlich korrupt war. Umso mehr fällt auf, dass Karl Lauterbach von der SPD als Gesundheitsminister ein autoritärer Diktator ist, der sehr weitreichende Entscheidungen selbstherrlich fällt.

Betroffen vom Thema sind nicht nur Ärzte, auch Psycho- und Physio-Therapeut-innen oder Ernährungsberater. Bei Corona haben wir ebenfalls gesehen, dass Gesundheit ein Arbeitsfeld ist, das nicht nur Virologen, sondern auch Kinderärzte, Krankenschwestern und -pfleger, sowie Psycholog-innen und Altenpfleger-innen ... betrifft.

Andere Arbeitsfelder verbinden gleichfalls verschiedene Berufs- und Interessensgruppen. Naturschutz betrifft auf unterster Ebene Gemeindevertreter-innen, Jäger, Landwirte, Naturschützer-innen, Gewerbebetriebe, Hausbesitzer ...

Das ist auch heute schon so, nur dass alle Erlasse und Gesetze von oben nach unten durchgesetzt werden und der entsprechende Minister parteiisch ist.

Es ist also von vornherein klar, dass es nicht um die gemeinsame Lösung gemeinsamer Probleme geht, sondern um die Macht dessen, der gerade das Sagen hat. Bestenfalls sind 50,1 % der Wähler, die abgestimmt haben, mit dem Resultat zufrieden (also nur 40 % der Wahlberechtigten). Schlimmstenfalls sind es 4 % dieser Wähler, weil die FDP sich durchgesetzt hat.

Die Diskussions- und Entscheidungsprozesse laufen in einer Basisdemokratie von unten nach oben. Ziel müsste sein, alle gesellschaftlichen Entscheidungen, wie sie heute auf verschiedene Ministerien aufgeteilt und von oben nach unten gefällt werden, basisdemokratisch zu entwickeln und von den Delegierten im Bundesrat entscheiden zu lassen, denn der Bundesrat ist die Vertretung der Länder.

Eine Basisdemokratie muss thematisch und auch regional organisiert sein. Das bedeutet, die Kommunen wählen ihre Vertreter für die Landkreise, die für die Landesparlamente Vertreter wählen, und die Landesparlamente schicken ihre gewählten Vertreter in den Bundesrat. Die gewählten Politiker und Politikerinnen müssen gleich an Zahl und können Mitglied einer Partei, eines Vereins oder einer Basisgruppe sein, aber es werden Personen und keine Parteien gewählt.

Parteien sind künftig nur noch private politische Vereine, wenn es demokratisch zugehen soll.

Daneben soll es die Parlamente der verschiedenen Gesellschaftsbereiche geben, die ich Arbeitsfelder nenne (Gesundheit, Familie, Arbeit, Wirtschaft …), die ebenfalls von unten nach oben aufgebaut sind und von den heutigen Ministerien verwaltet werden. Der Unterschied zu heute besteht darin, dass die künftigen Ministerien nicht mehr von parteilichen Politikern, sondern von Fachleuten geleitet werden, die eine sachliche Auseinandersetzung führen. Politik als Karriereleiter für sprachgewandte Juristen oder Demagogen wäre damit ausgeschlossen, denn sie wären der Basis rechenschaftspflichtig. Lobbyismus und Bestechung hätten ein schweres Spiel.

Konkret bedeutet das zum Beispiel für das Landwirtschaftsministerium, dass es Abteilungen hat für Ackerbau, Ernährung, Umwelt, Tierwohl, Pflanzen- und Naturschutz, Wald, Wasser, Raumplanung, Tourismus …, die von Fachleuten geleitet werden. Und diese Fachleute wurden von ihrer Basis in die bundesweiten Versammlungen geschickt, die wiederum ihre Repräsentanten im Ministerium bestimmt haben.

Diese Fachleute sind in jedem Ministerium nicht von parteiischen Politikern ernannt, sondern gewählte Vertreter aus den Regionen und rechenschaftspflichtig. Sie wählen wiederum die Minister und auch ihre Vertreter für das Parlament (den Bundestag).

Das Verhältnis zwischen Bundesrat und Bundestag bleibt unverändert, aber die Verwaltungsstruktur wird verbessert, weil es Fachleute in den Ministerien sind, und vereinfacht, weil es nicht mehr die zusätzliche Ebene der politischen Parteien zwischen Volk und Regierung gibt.

Der einträgliche Beruf des bestechlichen Parteipolitikers würde damit unattraktiv.

Bundesrat

Für das Gesundheitsministerium zum Beispiel würde die Struktur folgendermaßen neu geschaffen werden:
Der Bundesrat bleibt wie bisher oberstes Gremium aller Ländervertretungen, aber er ist künftig eine Versammlung von Delegierten. Er wählt sein Präsidium, das die politischen Entscheidungen nach außen zu vertreten hat. Das ist die gesamtpolitische Ebene. Er hat wie bisher Einspruchsrechte und -möglichkeiten in Bezug auf Entscheidungen des Bundestags.
In den Kommunen und Regionen müssen von ihren gewählten Vertretern die Situation eingeschätzt, die Probleme beschrieben, Entscheidungen abgewogen und Delegierte bestimmt werden, die beauftragt werden. Sie können also nur nach Rückfrage oder mit Rückversicherung eine andere Position als in ihrem Auftrag vertreten. In den Bundesländern müssen dann die Delegierten beraten und Lösungen für das Bundesland entwickeln. Das Gesundheitsministerium trägt die Ergebnisse der verschiedenen Bundesländer zusammen. Auf dieser Grundlage kann dann die Ländervertretung – der Bundesrat – eine Gesamtschau der Problemlage aller Bundesländer machen und Entscheidungen treffen, welche konkreten Maßnahmen ergriffen werden sollen. Experten müssen den finanziellen Bedarf ermitteln. Dann wird vom Bundesrat eine Delegation des Gesundheitsministeriums gewählt, die mit dem Finanzministerium verhandelt. Sollte es zu keiner Einigung kommen, muss das Parlament des Bundestags entscheiden. Nicht nur das Gesundheitsministerium ist primär Ländersache und deshalb beim Bundesrat anzusiedeln, sondern fast alle anderen gesellschaftlichen Bereiche auch, wie sie heute unter den Ministerien aufgeteilt sind:

1) Arbeit und Soziales, 2) Ernährung und Landwirtschaft, 3) Familie, Senioren, Jugend, Männer und Frauen, 4) Verkehr und Digitales, 5) Umwelt, Natur- und Verbraucherschutz, nukleare Sicherheit, 6) Bildung und Forschung, 7) Wohnen, Bauwesen und Stadtentwicklung, 8) Wirtschaft und Klimaschutz

Eine besondere Rolle bekommt das Umweltministerium, denn die Umweltfrage stellt sich in vielen gesellschaftlichen Bereichen. Seine Zustimmung ist bei jeder Entscheidungsfindung wesentlich.

Direkte Demokratie

Beim Bundestag würden dann folgende Ministerien bleiben: 1) Finanzministerium, 2) Innenministerium, 3) Außenministerium,

4) Verteidigungsministerium und 5) Kanzleramt

Diese vier Minister- und der Kanzlerposten sollten einzeln und zur allgemeinen Wahl ausgeschrieben werden, damit sie eine gesellschaftliche Legitimation bekommen. Es darf nicht sein, dass der Kanzlerposten von einer Partei bestimmt wird, die von einer Minderheit der Wahlberechtigten gewählt wurde. Bei der letzten Bundestagswahl bekam die SPD den Kanzlerposten und hatte effektiv nur um die 20 % aller Wählerstimmen erhalten, weil 22 % der Wähler nicht zur Wahl gegangen waren.

Voraussetzung für die Kandidatur sollte selbstverständlich die fachliche Qualifikation sein. Um aber die Spreu vom Weizen zu trennen, müsste eine Mindestzahl von UnterstützerInnen gegeben sein (vielleicht zehntausend Unterschriften von Personen, die die Kandidatur unterstützen).

Direkte Demokratie ist aber noch notwendiger in aktuellen wesentlichen gesellschaftlichen Fragen (wie zum Beispiel Krieg). In Anlehnung an die Schweizer Praxis, die sich seit mehreren Jahrhunderten bewährt hat, sollte zeitlich begrenzt eine ausführliche, breite gesellschaftliche Debatte öffentlich geführt werden und dann eine Volksabstimmung erfolgen, wobei für manche Fragen eine 2/3-Mehrheit erforderlich sein dürfte, wenn man eine gesellschaftliche Spaltung vermeiden will.

Öffentlichkeit

Es gibt schon öffentlich-rechtliche Unternehmen, die dem Profitzwang und privatkapitalistischen Interessen nicht unterworfen sind, also auch weniger von Werbekunden abhängen als die kommerziellen Unternehmen. Zwar könnten sie noch demokratischer organisiert werden, aber sie sind qualitativ eindeutig überlegen. Gerade im Medienbereich gibt es viele Beispiele hervorragender Non-Profit-Unternehmen wie Wikipedia. Auch Rundfunk und Fernsehen sind qualitativ besser. Dieser öffentlich-rechtliche Bereich sollte ausgebaut werden. Also: Schaffung von gemeinnützigen Print- und Internetmedien (lokal und überregional), die nicht durch Werbung finanziert sein dürfen. Bereitstellung von Räumlichkeiten für öffentliche Diskussionen oder Veranstaltungen.

Einführung eines Wohlsein-Index als Maßstab der gesellschaftlichen Leistung anstelle des Bruttosozialproduktes

Die uneingelösten Versprechen der bürgerlichen Revolution vor zweieinhalb Jahrhunderten in Frankreich sind Freiheit, Gleichheit, Fraternität (Brüderlichkeit). Außerdem hat sich unsere Welt dahingehend geändert, dass Frauen zumindest formal an der Seite der Brüder gleichberechtigt sind. Unbestritten bleiben: **Freiheit und Gleichheit**.

Es sollte jedoch nicht nur um Solidarität wie zwischen Brüdern gehen, sondern um das Grundprinzip, das auch im deutschen Grundgesetz festgeschrieben wurde, ‚die Würde des Menschen ist unantastbar‘. Wir wissen inzwischen, dass sie tagtäglich angetastet wird und sehr relativ ist. Man denke an die Altersheime und andere Gefängnisse. Auch Freiheit und Gleichheit sind sehr unterschiedlich verteilt, das bedarf keiner weiteren Erklärung.

Anstelle der Fraternität sollten wir setzen: **Menschenwürde**

Neu hinzugekommen zu den leider immer noch unerfüllten Wünschen der bürgerlichen Revolutionäre von 1789 ff ist die Erkenntnis der Bedeutung von Luft, Wasser und Nahrungsmitteln für das Überleben der Menschheit. Etliche Reiche kaufen sich Inseln und lassen sich dort Bunker bauen für den Fall eines Atomkrieges. Das ist weitsichtig gedacht und gehandelt, aber nicht verallgemeinerbar. Andere noch Reichere planen den Umzug auf den Planeten Mars. Es muss bezweifelt werden, dass ihre Wohnstätten dort vor ihrem Tode bezugsfertig werden.

Diese auf den Menschen und seine Gesellschaft bezogenen Forderungen müssen heute auf Grund der Umweltbelastungen und der Naturzerstörung ergänzt werden:

Die Rettung der Umwelt ist ein vordringliches Ziel. Bislang wird von den reichen Staaten versucht, das Problem zu exportieren. Deswegen werden die armen Staaten unbewohnbar und die Menschen kommen zu uns.

Anstelle des Wirtschaftswachstums sollten wir setzen: **Umwelt**.

Ökologische Wirtschaft

Es geht vordringlich um die Ersetzung der Tauschwertproduktion durch eine Gebrauchswertproduktion: nicht der Verkauf einer Ware auf dem fiktiven ‚Markt' (heute nicht mehr auf dem Dorfplatz, sondern im Internet bei Amazon & Co) sei das Ziel des Wirtschaftens, sondern die Befriedigung von Bedürfnissen durch Produkte, die gebraucht werden. Die Werbeindustrie wird damit überflüssig, denn deren Aufgabe ist es, künstlich neue Bedürfnisse zu schaffen. Es wird dann immer wieder neu eine gesellschaftliche Aufgabe sein zu diskutieren, welche Bedürfnisse notwendig sind und für alle garantiert werden müssen und welche darüber hinaus produziert werden können oder sollen. Die modernen Medien sind nicht nur schädlich, sondern können auch nützen. So lässt sich zeitnah der Bedarf an Brötchen wie der Bedarf an neuen Autos ermitteln. Nur ist die Diskussion nicht dieselbe, denn bei den Autos sind grundsätzliche Fragen zu klären. Es geht nicht darum, den Trabant aus der DDR wieder einzuführen, der aus einer Mangelsituation entstanden ist. Heute werden zu viele und zu luxuriöse PKWs hergestellt, weil Überkapazitäten in der Automobilbranche entstanden sind, so dass der heimische Markt zu klein geworden ist.

Es geht darum, den gesamten Verkehrssektor zu verändern, damit der öffentliche Verkehr ökologisch organisiert werden kann, und dann erst den PKW-Bedarf zu ermitteln. Das ist eine gesamtgesellschaftliche Aufgabe, die jede kleine Gemeinde ebenso betrifft wie das gesamte Volk.

Solange die deutsche Gesellschaft abhängig vom Wohlergehen der Automobil- und der Pharmaindustrie bleibt, muss sie Autobahnen ohne Tempolimit bauen und Pestizide in der Landwirtschaft einsetzen lassen. Andererseits ist dieser Markt von schnellen Autos oder Glyphosat in Deutschland viel zu klein für VW beziehungsweise Bayer, so dass die Frage ist, ob nicht einzelne Werke, die wegen Überproduktion schließen müssen, enteignet und umgewidmet werden in Gebrauchswertproduktion.

Ein zentrales Problem ist die Landwirtschaft, weil sie wenig für die Ernährung der Bevölkerung tut und zu viel für das Geschäft der chemischen Industrie. Es sind wenige großindustrielle Agrarunternehmen, die viel exportieren und überwiegend keine Nahrungsmittel für Menschen in Deutschland produzieren. Man kann die bäuerlichen Betriebe von der großindustriellen Landwirtschaft trennen und gesondert fördern. Letztere muss verpflichtet werden, ökologisch zu produzieren. Es gibt keinen Grund, die wenigen großindustriellen Unternehmen zu subventionieren. Im Gegenteil.

Ökologischer Bonus-Malus

Das bedeutet steuerliche Begünstigung bzw. Belastung gemäß den Umweltfolgen der Produktion und Distribution. Das betrifft Chemie- und Stahlwerke ebenso wie die Luftfahrt oder die Lieferdienste. Es darf nicht sein, dass die Gemeinschaft (der Staat) den Strompreis eines Stahlwerkes subventioniert, damit es nicht geschlossen und ins Ausland verlegt wird. Dann muss es vergesellschaftet werden, weil der Stahl gebraucht wird.

Haltbarkeit

Im Kapitalismus wird künstlich Nachfrage dadurch geschaffen, dass die Produkte physisch oder moralisch schnell verschleißen. Die Modebranche macht es mit jährlich neuem Frühjahrs- und Herbst-Programm vor, aber auch Apple gelingt es, durch kleine Veränderungen seine Handys regelmäßig fast jährlich vor der Zeit ersetzen zu lassen.

Umweltschädliche oder gesundheitsschädliche Produkte verbieten
Klare Verbote ohne Pseudo-Verbesserungen und im Zweifel gegen den Industriellen. Das betrifft die chemische Industrie wie die industrielle Landwirtschaft, aber auch die Lebensmittelindustrie. Wichtig ist insbesondere zu unterbinden, dass giftige Produkte exportiert werden und über das Ausland heimkehren. Die lukrativen Einnahmen werden dadurch sinken und das Bruttosozialprodukt ebenfalls, aber diese Geschäfte mit Gift sind alles andere als sozial. Die Schäden werden auf die Gemeinschaft abgewälzt. Es ist dieselbe Chemie-Mafia, die auch das Gas für die Verbrennungsöfen in den KZs an die Nazis verkauft hat.

Nur das Verbot der Herstellung verhindert die weltweite Verbreitung giftiger Chemikalien. Bislang wird ihr Verkauf als Erfolg verbucht, denn er steigert das Bruttosozialprodukt. Auch der Ukraine-Krieg schafft Nachfrage.

Vergesellschaften statt Verstaatlichen

Verstaatlichen beinhaltet Bürokratisierung, Verwaltung durch Nichtbetroffene, deren Eigeninteresse ein guter und gutbezahlter Arbeitsplatz ist. Es bedeutet auch, dass Entscheidungen für 85 Millionen gefällt werden. Zum Beispiel werden gewaltige Trassen für Strom oder Gas durch das gesamte Bundesgebiet gelegt oder Terminals zur Gasanlieferung dort gebaut, wo es wirtschaftlich opportun scheint. Das sind wie die Autobahnen gewaltige Baumassnahmen, deren Zerstörungskräfte unterschätzt werden. Ein ökologisches Energiekonzept müsste von den Kommunen ausgehen und erreichen, dass sie mit einem Energiemix weitgehend autark werden, eventuell im Zusammenschluss mit anderen Gemeinden. Die Energieversorgung würde dann von den Betroffenen diskutiert und organisiert, und sie wäre nicht von den Marktpreisen bestimmt.

Personenwahl statt Listenwahl

Die Listenwahl gehört zum Parteiensystem. Entscheidend ist die Person oder sind die Personen an der Spitze, oft eine einzige, alle anderen sind automatisch mitgewählt. Damit sie nicht persönlich abweichen, werden sie der Parteidisziplin unterworfen.

Personenwahl bedeutet, dass alle Kandidaten ihre Bewerbung um den Posten inhaltlich begründen müssen. Sie garantiert, dass jede einzelne Person gewählt wird und sich für ihr politisches Verhalten in den Parlamenten rechtfertigen muss.

Auf die deutsche Regierung angewendet ergäbe das eine bunte Zusammensetzung, die bei jedem Ministerposten anders wäre. Bezogen auf die fünf Posten (Finanzministerium, Innenministerium, Außenministerium, Verteidigungsministerium und Kanzleramt) könnte man einigermaßen sicher sein, dass die gewählten Minister vorgebildet sind, Sachverstand bewiesen haben und nicht dastehen wie der Spahn vorm Virus. Es hat nichts mit Demokratie zu tun, wenn die Regierungsparteien ihre Posten verschachern. Diese Ministerposten sollten in einer Demokratie vom Volk gewählt werden.

Imperatives Mandat für die gewählten Vertreter (Delegierten)

Die Politik unterscheidet das ‚imperative Mandat' (wörtlich: ein befehlender Auftrag) vom ‚freien' Mandat des Politikers. Das freie Mandat ist an Aufträge und Weisungen nicht gebunden (nur an das Gewissen).

So wird es in der parlamentarischen Demokratie aktuell praktiziert und ist ein Widerspruch in sich. Ein Abgeordneter soll die Positionen seiner Basis vertreten. Dafür wird er gewählt. Das ist der Auftrag, der ihm gegeben und anvertraut wird, sein Mandat. Gewählte Vertreter sind nicht ihrem Gewissen verantwortlich, sondern ihren Wählern, die ihnen vertrauen. Das garantiert nicht nur, dass sie entscheiden, wie sie sollen, sondern reduziert auch die Möglichkeiten von Bestechung. In Brüssel bei der europäischen Union sind viel mehr Lobbyisten als Parlamentarier: Schätzungsweise 25.000 Lobbyisten mit einem Jahresbudget von 1,5 Milliarden Euro nehmen in Brüssel Einfluss auf die EU-Institutionen. Etwa 70 Prozent von ihnen arbeiten für Unternehmen und Wirtschaftsverbände (nach Angaben von LobbyControl) und beeinflussen (um nicht zu sagen: bestechen) weniger als tausend Politiker. Auf allen Ebenen der aktuellen Politik geht es immer auch um persönliche Vorteilsnahme, die nur durch die Verpflichtung gegenüber der Basis verhindert werden kann.

Ein imperatives Mandat ist notwendig, damit vor der Abstimmung im Delegiertenrat Rücksprache mit der Basis genommen wird, falls sich die Position durch die Debatten geändert hat.

Das angeblich freie Mandat der parlamentarischen Demokratie wird durch den Fraktionszwang unterlaufen, der nämlich die Abgeordneten zwingt, gegen ihre politische Überzeugung zu stimmen.

Frieden ohne Waffen
Im Jahr 2024 gab es gleichzeitig 59 Kriege.

Wie immer ist die USA daran beteiligt. Ihre Rüstungsindustrie hat entscheidenden Einfluss auf die US-amerikanische Größe und wird unter Trump nicht schrumpfen. Die Nato bindet uns an die USA, aber sie ist eigentlich ein Verteidigungsbündnis und sollte es auch besser wieder werden. Deutschland war zweimal an Angriffskriegen beteiligt (Serbien und Afghanistan) mit Unterstützung des grünen Außenministers. Da jeder Krieg mit Verhandlungen endet, sollte er mit Verhandlungen verhindert werden. Die private Rüstungsindustrie verdient enorm, aber dafür wurde ein Sondervermögen des Bundes von 100 Milliarden € bewilligt, das von der Gemeinschaft bezahlt werden muss. Das ist das klassische Muster: private Gewinne, gesellschaftliche Verluste.

Also wird es an vielen öffentlichen Stellen eingespart: in der Kultur, im Sozialbereich ...

Kriegswirtschaft ist per se doppelt unökologisch:

1) kein Mensch braucht und verbraucht ihre Produkte, es gibt keine Nachfrage, sie muss künstlich durch Konflikte erzeugt werden, damit der Konsum (also der Verbrauch von Waffen und Munition) stattfindet;

2) der Konsum zerstört Umwelt und Natur einschließlich Menschenleben. Das betroffene Land kann sich nur schwer aus eigenen Kräften ökonomisch erholen (psychologisch dauert es Jahrzehnte), aber der Krieg schafft Nachfrage im Städtebau, Landschaftspflege bis hin zu den Krankenhäusern. Ein gefundenes Fressen, auf das die deutsche Wirtschaft sich schon freut, vorausgesetzt dass „wir siegen". Stattdessen ist der Krieg für die deutsche Gesellschaft eine große Belastung, nicht nur durch die Flüchtlingsfrage, sondern vor allem durch die gestörten ökonomischen und politischen Verhältnisse in Europa. Das alte schwarz-weiße Blockdenken Ost- und West-Europa wird wieder hergestellt und zerreißt viele der Grenzstaaten, nicht nur die Ukraine. Eine friedenstiftende ‚grüne' Politik müsste sich für eine neutrale Zone einsetzen, die blockfrei weder russisch noch westeuropäisch ist und keinem Militär- oder Wirtschaftsbündnis einverleibt wird, damit keine Spaltung in militärische und ökonomische Blöcke Kriegstreiberei unterstützt.

Wir könnten aus der Vergangenheit lernen.

Die Zukunft ist noch offen.

Kapitel 20

Abschied von der kapitalistischen ‚Marktwirtschaft'

Wir müssen Abschied nehmen von der Marktwirtschaft. Es gibt sie schon lange nicht mehr. Sie ist nur ein Phantom, das von den Anhängern des Kapitalismus aus Verschleierungsgründen in die Welt gesetzt wurde. Erst mit seinem Aufkommen vor zwei Jahrhunderten setzte sich die Produktion für den Verkauf auf dem anonymen ‚Markt' (die Marktwirtschaft) durch. Das Wort bezieht sich auf die jahrtausendelange Tradition von Märkten, die immer noch ihre Faszination haben, aber die Ausnahme sind. Es ist Schönfärberei. Es vertuscht, dass Produzent und Käufer sich nie begegnen, dass das Produkt nicht seinem Produzenten (den Arbeitskräften) gehört, der konkret selbst auf dem Markt steht, sondern dem Kapitalisten, der sein Geld ‚angelegt' hat, und dass dieser Kapitalist nicht an der Produktion beteiligt ist und ausschließlich an dem Verkaufswert seiner Ware, dem Preis des Produktes, interessiert ist. Nur dieses Zahlenspiel interessiert ihn, die Frage nach dem Profit für das eingesetzte Geld. Der Finanzspekulant, der sein Geld verleiht, macht sich das Geldverdienen noch einfacher. Der Markt ist konkret, aber ‚Marktwirtschaft' ist ein abstrakter Begriff, er abstrahiert von der Tatsache, dass Geldbesitzer Menschen für sich arbeiten lassen, um den eigenen Reichtum zu mehren. Allerdings ist die Vermehrung keine Selbstverständlichkeit, weil die Produktion vor dem Verkauf stattfindet und der abstrakte ‚Markt', nämlich die Nachfrage nach dem Produkt entscheidet, ob es überhaupt einen Bedarf für die Ware gibt. Dieser Pseudo-Markt aber ist unberechenbar. Krisen gehören deshalb zum Kapitalismus, und zwar nicht nur auf einzelne Länder bezogen, sondern zyklisch wiederkehrend weltweit, unberechenbar und unvermeidlich!

Die Produktion für den (abstrakten) Markt ist ein chaotisches System wie das Wetter, das zwangsläufig zu Unterproduktion wie zu Überproduktion führt, weil

1. die Nachfrage nicht vorhersehbar oder berechenbar ist und trotzdem so geplant wird, dass Wachstum stattfindet,

2. der Wachstumszwang also eine Steigerung der Produktion hin zur Überproduktion verursacht,

3. viele Bedürfnisse irgendwann befriedigt sind, so dass künstlich (durch Werbung oder Verbote, siehe unten) neue Bedürfnisse geschaffen werden müssen (zum Beispiel die E-Zigarette) und trotzdem nicht verhindert werden kann, dass irgendwann Sättigung der Bedürfnisse eintritt, wohingegen die Produktion weiter wachsen muss. Bei Drogen kommt die Sättigung langsamer als bei Lebensmitteln, aber mit Zucker und Salz werden diese auch zu Drogen.

Die Marktsättigung und demzufolge die Überproduktion ist jedoch nicht voraussehbar, sondern erst im Nachhinein feststellbar, wenn die Warenlager überquellen. Marx hat diesen Teufelskreis zur Überproduktion detailliert beschrieben, der zwangsläufig zu Marktsättigung und Wirtschafts- und Finanzkrisen führt, die Massenelend, Hunger-Revolten und faschistische Tendenzen befördern, wie zuletzt die weltweite Krise von 2008 ff demonstrierte, die (nebenbei gesagt nicht wirklich bereinigt wurde, sondern durch Verschuldung der Staaten gedämpft).

Die Zwangsläufigkeit der Krise durch Überproduktion macht außerdem unvermeidbar, dass Verlierer aus der Konkurrenz ausscheiden und sich die Anzahl der Konkurrenten nach jeder Weltwirtschaftskrise drastisch verringert.

Ein einfaches Zahlenbeispiel: VW hat 2023 den Nettogewinn von 22 Milliarden mit einem Umsatz von 350 Milliarden erzielt, das sind 6 Prozent Gewinn. Dafür hat VW 9,4 Millionen Autos verkauft. Im folgenden Jahr 2024 muss VW also 6 Prozent mehr Autos verkaufen, um wieder 6 Prozent Gewinn zu erzielen, also 10 Millionen Autos. Und damit wird gerade nur der Gewinn gehalten und nicht verbessert. So geht es seit Jahren immer höher, bis es nicht mehr geht.

Diese Problematik hat 2024 zur Krise bei VW geführt, weil Millionen Autos nicht verkauft werden konnten und der Staat kein Geld zur Subventionierung mehr hatte, um künstlich Nachfrage (nach elektrischen Autos) zu schaffen.

Neue Bedürfnisse müssen mit Werbung oder Gesetzen erzeugt werden, wobei Werbung hohe Kosten für die Unternehmen verursacht, während neue Gesetze weniger Geld kosten, jedoch meist aufwendige Lobby-Arbeit bedeuten, damit sich politische Mehrheiten für das Sponsern ergeben. Ich bin keineswegs gegen die Elektromobilität als eine mögliche Verbesserung, aber die Absicht, bis 2035 alle anderen Autos aus dem Verkehr zu ziehen, bedeutet künstliche Alterung zwecks Verschrottung, um neue Nachfrage zu schaffen. Das ist nationalistischer Staatsinterventionismus, der das Problem in die Zukunft verschiebt, aber es gleichzeitig verschärft, denn es gibt zu viele Autoproduzenten. Abgesehen davon ist es noch nicht ausgemacht, dass der Elektroantrieb sich durchsetzen wird, weil die Batterien ein Schwachpunkt sind. Ihre Haltbarkeit ist das eine große Problem, die dafür benötigten Rohstoffe das andere.

Das private Auto ist mit Sicherheit nicht die Lösung der Verkehrsprobleme, auch deshalb bedarf es eines Verkehrskonzeptes, das die Nachfrage nach Autos einschränkt.

Die Automobilkrise 2024 war vorhersehbar und schwelte schon seit Jahren. Corona konnte sie überdecken, das Elektroauto versuchte, sie weiter hinauszögern, aber durch die chinesische Autoindustrie ist das Thema systematischer Überproduktion weltweit nicht mehr zu verschleiern, zumal außerhalb Chinas nur noch drei große Anbieter den Markt dominieren. Vielfalt wird Konkurrenz nur noch suggeriert, sie findet kaum noch

statt, so dass preislich auch kein Unterschied zwischen den Monopolen festzustellen ist. China allerdings hat 2024 diesen Monopolkapitalismus aufgemischt, indem es preiswerte Elektroautos angeboten hat.
Zugleich aber steigerte es die Marktsättigung.

Der Kapitalismus hat aus dieser Problematik des **chaotischen Marktes**, dessen Entwicklung nicht planbar ist, einen Ausweg mit dem ‚Chaos-Management' versucht. Meines Wissens führte Toyota als erste bedeutende Firma das Prinzip ‚Just in time' ein. Das bedeutet, Material erst zu bestellen, wenn der Verkauf eines Autos gesichert und die Produktion in Gang ist. Für die Zulieferer ist dieses Prinzip allerdings stressig. Toyota jedenfalls ist trotz des kleinen Binnenmarktes in Japan mit dieser Strategie einer der Weltmarktführer geworden, während die anderen Konkurrenten sich durch Übernahmen und Zusammenschlüsse retten konnten. Aber der Zwang zum Wachstum bleibt auch bei Toyota und wird immer schwieriger.
Mercedes ist auf ähnliche Weise mächtig geworden, weil die Firma über lange Zeit eine Bestell-Liste hatte, die in den 1960er Jahren Wartezeiten von 12 Monaten zur Regel machte. Konjunkturschwankungen konnten damit in der Regel aufgefangen werden. Die heutige Krise ist grundsätzlicher. Sie stellt das Wirtschaftsmodell in Frage. Für die ‚Grünen' im Wirtschaftsministerium war Habeck der falsche Mann, weil er als Ökolibertärer systemimmanent denkt und wachstumsfördernd handelt.

Es gibt kein richtiges Wirtschaften im falschen System.
Das will ich noch an einem anderen Wirtschaftszweig zeigen. Der Chemiegigant Bayer hat Monsanto gekauft, um zu wachsen, obwohl Monsantos entscheidendes Produkt, das Pestizid ‚Round Up', ein gefährliches Umweltgift zur Schädlingsbekämpfung ist, das drohte, in den USA verboten zu werden. Bayer war beteiligt an dem IG-Farben-Konzern, der im 2. Weltkrieg

das Gas Zyklon B für die Judenvernichtung in den KZs produziert hat. Dieses Gas wurde aus Blausäure hergestellt und war eine Weiterentwicklung eines Schädlingsbekämpfungsmittels, wobei die Überzeugung der Nazis war, dass Juden Schädlinge sind. Der Konzern wurde zerlegt in mehrere Firmen, Bayer hat die Tradition der Schädlingsbekämpfung mit dem Glyphosat Roundup fortgeführt, obwohl seine Schädlichkeit aktenkundig ist. Die Böden werden verseucht, aber auch die Menschen, die damit arbeiten. Der kapitalistische Wachstumszwang bedeutet, dass jedes Jahr mehr Glyphosat verbraucht werden muss! Jede staatliche Unterstützung von Bayer macht sich mitschuldig. In diesem Zusammenhang gibt es noch den Graubereich der biologischen und chemischen Waffen, die verboten sind, aber produziert werden.

Und die Planwirtschaft?
Aus der Problematik des kapitalistischen Wirtschaftens ins Blaue hinein hat die russische Sowjetunion vor einem Jahr Die unvermeidlich. Aus der Problematik des kapitalistischen Wirtschaftens ins Blaue hinein hat die russische Sowjetunion vor einem Jahrhundert die sozialistische Planwirtschaft entwickelt, die in der Lage sein sollte, den Kapitalismus zu überholen, weil sie die Bedürfnisse in 5-Jahresplänen voraussehen wollte. Das musste scheitern, denn Bedürfnisse sind wie gesagt für viele Produkte nicht einmal für einen Monat oder gar ein Jahr voraussehbar, schon gar nicht ohne Befragung der Bedürftigen. Außerdem herrschte nur eine einzige Partei, die zu keinem Zeitpunkt das Volk zu Rate zog, sondern politisch und willkürlich den Plan für die nächsten Jahre bestimmte. Dementsprechend groß klaffte der Graben zwischen militärischen Machtdemonstrationen, sportlichen Medaillen, Erfolgen im Weltraum (Mondlandung!) und leeren Regalen in den Läden. Staatliche Planwirtschaft hat auch in China versagt, so dass China sich dem Kapitalismus öffnete und ein ernsthafter kapitalistischer Konkurrent des Westens (USA/EU) wurde. Die sozialen Unterschiede vergrößerten sich, eine wohlhabende

Mittelschicht entstand, aber die Hälfte der Bevölkerung lebt weiter auf und von dem Lande.

Das totalitäre Regime Chinas hält sich nur mit Gewalt.

Resultat: Tatsächlich realisierte die pseudo-sozialistische Planwirtschaft nichts anderes als der ‚staatsmonopolistische Kapitalismus‘, kurz ‚Stamokap‘. Das war das Etikett, mit dem die Kommunistische Partei der DKP und der Sowjetunion den Westen kritisierte. Aber es fiel auf sie selbst zurück, denn ihre Parole war: den Kapitalismus überholen‘!

Nach Ausschaltung der anarchistischen und sozialistischen Opposition sofort nach der Machtergreifung durch Lenin, Trotzki & Co ging es nie mehr um eine andere Wirtschaftsordnung, sondern um einen effektiveren Kapitalismus. Dazu gehörte insbesondere die Pseudo-Vergesellschaftung der Landwirtschaft in staatlichen Großbetrieben durch Stalin mit Millionen Hungertoten.

Das spricht nicht gegen Planwirtschaft, denn Planung vor der Produktion ist unerlässlich. Nur müsste sie von den Bedürfnissen der Menschen ausgehen, zeitnah, zukunftsgewandt und gemeinschaftlich erfolgen:

Eine neue Wirtschaftsordnung für die Produktion von Gebrauchswerten zur Erfüllung von Bedürfnissen.

Das aktuell herrschende Ziel der Produktion für den Tauschwert wird sich so schnell nicht verändern lassen, weil die Mittel zur Produktion in den Händen von Kapitalgesellschaften liegen, deren einziges Interesse das Wachstum des Profites ist.

Besteuerung von Vermögen würde ein bisschen die Ungleichheit verringern, vermutlich aber nur ihr Wachstum leicht begrenzen.

5 % Wachstum von 100 Milliarden sind 5 Milliarden. Wenn der Staat wie früher in Schweden 90 % Vermögenssteuer nimmt, kassiert er 4,5 Milliarden. Dann würden dem Milliardär nur 500 Millionen Gewinn pro Jahr bleiben. Mir würde das reichen. Aber die Milliardäre würden auf die Internet-Strasse von

Elon Musk und Mark Zuckerberg gehen und publizieren: „Wir verarmen!"

Enteignen wäre eine Alternative, sie ist zurzeit nicht durchsetzbar, obwohl Enteignung zwecks gesellschaftlicher Prioritäten im Grundgesetz erlaubt wird. Aber zugleich hat das Gesetz leider einen Riegel davorgeschoben, denn der Kapitalist muss entsprechend entschädigt werden.

Der Preis für Unternehmen wie VW würde die Mittel des Staatshaushaltes ziemlich strapazieren. Besteuerung löst das Problem der Macht nicht, sondern befestigt die Ungleichheit, die erblich ist. Viele Adlige brüsten sich mit einer Genealogie bis ins Mittelalter, wo ihre Vorfahren als Raubritter geglänzt haben. Zum Beispiel Andreas von Bechtolsheim entstammt dem Uradel der Familie von Mauchenheim genannt Bechtolsheim. Aber auch viele Familien-Clans der Milliardäre aus der Wirtschaft verdanken ihren Reichtum Vorfahren aus dem 19. Jahrhundert, die ihre Wirtschaftsmacht begründet haben. Einer der reichsten Deutschen, Klaus-Michael Kühne, gehört dazu, ebenso wie die Nachkommen Quandt und Klatten des Nazis Günter Quandt, dessen Vorfahr im 19. Jahrhundert Tuchfabrikant war.

Kühne stand auf Platz 1 in der Rangliste der reichsten Deutschen 2024, Quandt und Klatten auf Platz 4 und 5, Bechtolsheim auf Platz 7.[1]

---

[1] https://de.wikipedia.org/wiki/Chronologie_der_reichsten_Deutschen

Die Alternative

Ein grüner Wirtschaftsminister, der sich dem Dogma des Profitwachstums nicht beugt, würde viel Geld für Subventionen sparen.

Das könnte er in die Produktion von Gebrauchswerten stecken. Dafür gibt es schon zwei gesellschaftliche Bereiche: den gemeinnützigen und den öffentlich-rechtlichen, die auszubauen wären.

Gemeinnützigkeit

Gemeinschaftsaufgaben zu erfüllen für den allgemeinen Nutzen ist das Gegenteil von Kapitalismus und wird von der Kapitalseite bekämpft. Viele Bereiche, die früher als gemeinsame Aufgabe verstanden wurden und von Eigennutz frei waren, sind heute in der Hand von gewinnorientierten Kapitalgesellschaften. Es gibt Altersheime, in denen die Betreuung über Videoschaltung von einer einzigen Arbeitskraft zentral betrieben wird. Jedes Bett hat dafür seinen Bildschirm. Darüber erfolgt die Kommunikation, so dass ein Betreuer pro Station reicht, ein bewegungsarmer Job. Der moderne Traum des Kapitalismus ist die Betreuung durch künstliche Intelligenz. Damit wäre dann das Ende der Rationalisierung und des technischen ‚Fortschritts‘ erreicht und keine weitere Gewinnsteigerung durch Entlassung von menschlichen ‚Arbeitskräften‘ mehr möglich, wenn auch der letzte Pfleger durch KI abgeschafft wurde.

Grüne Politik müsste dafür eintreten, Altersheime und Krankenhäuser der kapitalistischen Ausbeutung zu entziehen. Das würde neue Gesetze und Strukturen bedeuten, die insgesamt den öffentlich-rechtlichen Raum betreffen. Widerstand ist zu erwarten.

Aber es gibt auch Möglichkeiten der Vergesellschaftung, die weniger Hindernisse beinhalten, zum Beispiel bei Auto-Fabriken, die geschlossen werden sollen, weil sie nicht genug Profit abwerfen, obwohl sie auf neuestem Stand sind. Da besteht staatlicherseits die Möglichkeit zur Übernahme, um das Kapital zu neutralisieren, also gemeinnützige Betriebe zu gründen, die solche Produkte herstellen, die gebraucht werden, aber keinen Profit (Tauschwert) abwerfen müssen und deshalb preiswerter sind als kapitalistische Produkte. Um beim Verkehrsmittel zu bleiben, könnte eine VW-Fabrik übernommen werden, die robuste, langlebige, erschwingliche PKWs herstellt, eine andere, um Kleinbusse herzustellen, die regelmäßig das Land versorgen und die Menschen aus den Dörfern in die nächste Kleinstadt transportieren. Sie könnten auch in Großstädten auf festgelegten Trassen zirkulieren, wo kein Autoverkehr erlaubt wird, ohne dass mit viel Aufwand dafür Straßenbahnlinien gebaut werden müssten. Dafür braucht es auch keine Fahrpläne. Denn es wird so viel gefahren und so oft, wie Bedarf ist.

Der Staat finanziert heute Start-Ups, die nur ein Versprechen auf die Zukunft sind. Es ist ein Skandal, dass die Gemeinschaft den Misserfolg trägt und der Erfolg privatisiert wird. Alle vom Staat unterstützten Start-Ups müssten gemeinnützig sein.

Eine gesellschaftliche Aufgabe ist, die Bedürfnisse der Menschen zu diskutieren, und das von unten (dem Kreis, dem Viertel, dem Dorf) über die Landkreise zu den Bundesländern und schließlich nach oben in den Bundesrat, wenn es sich um übergeordnete Bedürfnisse handelt, und solche Diskussionen müssen für alle Lebensbereiche geführt werden. Vieles kann auf der untersten Ebene entschieden werden, vieles kann man durch detaillierte Meinungsumfragen erfassen. Aber zu entscheiden, was überflüssige Bedürfnisse und was wirkliche Bedürfnisse sind, was Priorität hat und was nicht finanzierbar ist, das müssen wir lernen herauszufinden.

Demokratisch wird es durch die Diskussion der betroffenen Menschen miteinander. Aber erst diese Diskussion wäre der Anfang von wirklicher Demokratie. Eine Siedlung am Stadtrand mit lauter jungen Kleinfamilien hat andere Bedürfnisse als ein Dorf, aus dem alle jungen Menschen geflohen sind, weil es von der Umwelt abgeschnitten ist. Mit diesen Dörflern ist kein Geschäft zu machen, aber den Anspruch auf ein menschenwürdiges Leben haben sie trotzdem, nur leider nicht im Kapitalismus.

Mehr als die Hälfte aller zivilen Gerichtsfälle sind Nachbarschaftsstreitereien, für die es kein demokratisches Forum, sondern nur die Justiz gibt. In der einzigen demokratischen Instanz, dem Parlament, ist Zwietracht das bestimmende Element, weil es um politische Macht und Posten geht. Demokratie ist von unten bis oben Fehlanzeige in dieser Gesellschaft.

Mit diesen Grundgedanken, dass es um Demokratie geht, könnte und müsste die Partei der ,Grünen' ein Konzept entwickeln, wie sie Kontakt zu den Menschen außerhalb der Partei und zu ihren Bedürfnissen bekommt, statt nur den eigenen Interessen zu folgen.

Öffentlich-rechtlicher Bereich

Eine der schlimmsten Ideen (von der Sozialdemokratie forciert) war die ,Private-Public-Partnership', die öffentliche Versorgung (Wasser, Strom …) durch Kapitalunternehmen. Selbstverständlich verteuerte sich der Wasserpreis, denn zum Beispiel Veolia wollte selbstredend zusätzlich zum Wert des Wassers auch noch Profit machen. Diese Pseudo-Partnerschaft hat die Wasserversorgung ebenso wie die Hochschulforschung dem Profitdenken unterworfen und die Gemeinden ebenso wie die Hochschulen entmündigt.

Es kann heute keine Rede mehr sein von der Freiheit von Forschung und Lehre. Immer mehr private Universitäten und Forschungsinstitute mischen mit, und noch mehr werden über sogenannte ,Drittmittel' private Kapitalunternehmen für die Forschung bestimmend. Das ist eine Spirale ohne Ende geworden, denn in den Kapitalunternehmen selbst wird seit langem nur noch geforscht, wo hohe Profite locken.

Der Gedanke von öffentlichen, also gemeinschaftlichen Aufgaben für die allgemeine Versorgung mit lebensnotwendigen Elementen wie Wasser oder Strom ist alt, aber wird von der

Kapitalseite bekämpft, weil ihr damit Profitmöglichkeiten entgehen. Aus der Verschlechterung des Leitungswassers ist zuerst die Idee entstanden, Mineralwasser in Flaschen zu füllen und teuer zu verkaufen. Dann aber kam die Ausweitung auf das öffentliche Versorgungsnetz, das von vielen Gemeinden an Privatunternehmen abgegeben wurde, womit das Wasser teurer wurde, ohne dass dies Unternehmen ausreichend ins Versorgungsnetz investierte.

Es gibt Kurorte, in denen die Bevölkerung nicht mehr ausreichend Trinkwasser hat, weil Nestlé das Wasser der Heilquellen in seine Flaschen füllen darf.

Das gleiche Problem ist aus dem Bahnverkehr bekannt.

Seitdem die Deutsche Bahn eine Aktiengesellschaft ist, muss sie Gewinn machen. Die Infrastruktur (Gleise, Bahnhöfe, Eisenbahnen ...) aber macht Kosten, also wird sie nicht auf den neuesten Stand gebracht, sondern verfällt. Zugbegleiter sind auch nur Kostenfaktor, also gibt es nur zwei pro Zug, die völlig überfordert sind, wenn es Probleme gibt. Und diese gibt es viel zu oft. In Großbritannien konnte man sehen, was die Folge ist. Der Verfall war so enorm, dass jetzt endlich die Dringlichkeit zum Handeln geführt hat. In Deutschland wird der riesige Berg von Renovierungs- und Reparatur-Stau vor sich her geschoben.

Daraus sollten wir die Lehre ziehen, genauer zu schauen, welche Versorgungsaufgaben öffentlich, also gesellschaftlich sind, und diese Bereiche vor dem Zugriff des kapitalistischen Profitdenkens zu schützen.

Vor einem halben Jahrhundert gab es noch eine bürgerliche und eine proletarische Öffentlichkeit, die Alexander Kluge und Oskar Negt eindringlich in „Öffentlichkeit und Erfahrung" beschrieben haben. Davon ist auf Grund der Kapitalkonzentration in der Presse und im Alltagsleben nicht viel übriggeblieben. Auch das Schrumpfen der Arbeiterschaft und der große Anteil von Arbeitsmigranten spielt dafür eine Rolle, dass es keinen vergleichbaren sozialen Zusammenhang mehr gibt.

An die Stelle der Öffentlichkeit ist die ‚Gesellschaft des Spektakels' getreten. Dieser Begriff von Guy Debord aus der basisdemokratischen ‚Situationistischen Internationale' kritisierte schon in den sechziger Jahren die Strategie des modernen Kapitalismus, ständig das Bedürfnis nach Zerstreuung, Ablenkung, Pseudokontakten und neuen Konsumgütern durch die Inszenierung von Spektakeln zu befördern, bei denen die unterdrückten Wünsche nur scheinbar befriedigt werden. Mit dem Aufkommen des Rundfunks haben die Massenmedien begonnen, Stimmungen in der Bevölkerung zu manipulieren. Die Nazis haben verstanden, das Instrument Rundfunk perfekt für Kriegstreiberei und Rassismus zu nutzen. Alle Diktatoren beherrschen die Medien von Berlusconi bis Putin. Das sollte uns darin bestärken, die öffentlichen Dienste, Transport und Verkehr (ÖTV) als Gemeinschaftsbereiche vor kapitalistischem Zugriff zu schützen und weitere Bereiche auszubauen. Öffentlich meint gemeinschaftlich, also gerade nicht privatkapitalistisch, und Gemeinschaftsdienste sind zum Beispiel die Versorgung von kranken und von alten Menschen, aber auch die Gesundheitsvorsorge einschließlich Sport. Vereine sollten nicht gleichzeitig Profitunternehmen und gemeinnützig sein, sondern die Profitabteilungen müssten abgetrennt werden.

Folgende Maßnahmen könnten leicht umgesetzt werden:
- öffentliches Fernsehen und Rundfunk ohne Werbung und ohne Gebühren, damit alle BürgerInnen Zugang haben
- ein öffentliches Verkehrsnetz im Nah- wie im Fernbereich mit Sozialtarifen, das den privaten Autoverkehr im Stadtbereich und in seiner nahen Umgebung drastisch reduziert. Das Gleisnetz der Eisenbahn müsste für private Bahnfirmen kostenpflichtig sein, nicht aber für die Bundesbahn. Firmen-LKWs müssten für alle gefahrenen Kilometer auf deutschen Straßen bezahlen.
- öffentliche Informationsdienste durch gemeinnützige Unternehmen auf lokaler, regionaler und nationaler Ebene, also nicht

nur Printmedien, sondern auch Internetportale. In Frankreich gibt es ein Internetportal unabhängiger Journalisten, das von 25.000 Spendern finanziert wird und täglich aus aller Welt berichtet: ‚Reporterre‘. Es ist die Initiative eines einzigen Journalisten gewesen, als er bei ‚Le Monde‘ wegen zu kritischer Artikel in seinem Ressort (Umweltfragen) rausgeflogen war: Hervé Kempf (geboren 1957). Ähnlich viele Mitglieder hat die Verlagsgenossenschaft der Tageszeitung TAZ, die seit ihrer Gründung 1978 eine Gegenöffentlichkeit zu den herrschenden Kapitalunternehmen proklamiert.

Voraussetzung ist: Oberstes Ziel der Planung für den Bundeshaushalt ist nicht mehr das privatkapitalistische Wirtschaftswachstum, sondern das gesamtgesellschaftliche Wohlergehen.

Fazit

Ausweitung des öffentlich-rechtlichen Sektors

Neutralisierung von Kapital und Aufbau von gemeinnützigen Einrichtungen für Aus- und Weiterbildung, Information, Kommunikation, Gesundheit, Kontakt, Diskussion, Sport, Fitness, Musik, Literatur, Spiel ...
Geeignete Gebäude in zentraler Lage sind zum Beispiel insolvente Kaufhäuser.

Übernahme von insolventen Unternehmen in Gemeineigentum

Ziel der Produktion und des Wirtschaftens müssen Gebrauchswerte sein, Güter, Produkte, Gegenstände, die gebraucht werden und wirkliche Bedürfnisse befriedigen. Dabei sollten sie ästhetisch und unkaputtbar sein. Ein Beispiel sind Kleinbusse für den ländlichen Raum.

Basisdemokratie

Ziel des Zusammenlebens sollte eine Basisdemokratie sein, in der der Wille der Gemeinschaft von den Gewählten realisiert wird. Das bedeutet für die öffentlichen Einrichtungen eine demokratische Struktur der Belegschaft und für die ‚Grüne Partei' unter anderem Mitbestimmung durch die eigene Basis und ein imperatives Mandat.

Medien

Aktuell am wichtigsten sind gemeinnützige Medien, die den Kapitalisten wie Zuckerberg oder Musk entgegentreten. Aber auch auf der kommunalen Ebene, der Gemeinden, Städte und Stadtteile sollten die Menschen in politische Entscheidungen eingebunden werden.

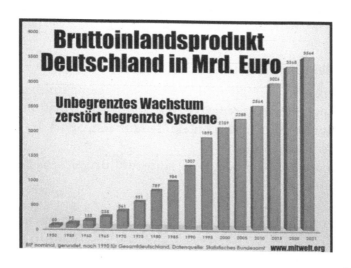

Bruttoinlandsprodukt Deutschland in Mrd. Euro

Unbegrenztes Wachstum zerstört begrenzte Systeme

BIP nominal, gerundet, nach 1990 für Gesamtdeutschland. Datenquelle: Statistisches Bundesamt   www.mitwelt.org

Das einzige Kriterium für Wirtschaftswachstum ist das Bruttoinlandsprodukt BIP aller Leistungen: ein Geldwert, eine abstrakte Zahl. Eine Krise tritt ein, wenn diese Zahl nicht wächst, aber nach ein paar Jahren auch wenn sie wächst, warum?
Nehmen wir 10 % Steigerung: Startkapital 100 Millionen. Jährlich 10 Millionen, das macht 100 Millionen in zehn Jahren. Das wäre gewaltig, eine Verdoppelung in einem Jahrzehnt. In China ist die Wirtschaft noch länger so gewaltig gestiegen, aber die Rechnung ist falsch, denn es kommt noch ein Effekt dazu:
1. Jahr 110/ 2. Jahr 121/ 3. Jahr 133/ 4. Jahr 146/ 5. Jahr 161/ 6. Jahr 177/7. Jahr 195/ 8. Jahr 215/ 9. Jahr 237/ 10. Jahr 260/ 11. Jahr 286
Tatsächlich ist die Verdoppelung schon nach gut 7 Jahren erreicht und die Verdreifachung im 12. Jahr. So einfach erklärt sich auch das rasante Wachstum der Milliardäre auf der Welt. Auf der anderen Seite bedeutet dieser Geld-Durst der Wirtschaft aber, dass im selben Zeitraum von 12 Jahren die dreifache Menge von Waren hergestellt werden muss: Autos, Särge, Bomben, Flugzeuge, Augenlinsen, künstliche Hüften, Glyphosat, Drogen ... Wirtschaftswachstum ist nur das Mittel zum Zweck von Geldwachstum der Kapitalbesitzer und hat mit der Menschheit wenig zu tun.

Literatur

Marx hat die Funktionsweise kapitalistischer Gesellschaft früh erfasst. Schon in den Pariser Manuskripten und der Deutschen Ideologie' (MEW 3) beschreibt er die Entfremdung.

,Die Grundrisse der politischen Ökonomie' (veröffentlicht von der Europäischen Verlagsanstalt EVA) waren wichtige Vorstudien für die Analyse der kapitalistischen Ökonomie, aber leichter lesbar sind die drei Bände MEW 23-25 ,Das Kapital', weil es dort zum Nachschlagen ein Inhaltsverzeichnis gibt (zum Beispiel zum Thema ,Natur').

Auch bei EVA erschienen ist 1971 von Alfred Schmidt ,Der Begriff der Natur in der Lehre von Marx'.

Zum Thema ,Staat', das Marx nicht systematisch bearbeitet hat, sollte man nicht Lenin lesen, sondern Christel Neusüss, zum Beispiel ,Imperialismus und Weltmarktbewegung des Kapitals (Erlangen, 1972). Die Analyse von Ulrike Herrmann (Das Ende des Kapitalismus, 2022) ist leichter lesbar und gelungen, aber der Ausweg führt tief in die Sackgasse.

Theodor W. Adorno, Max Horkheimer: Dialektik der Aufklärung, 1947

Rudolf Bahro: Die Alternative, 1977

Ernst Bloch: Das Prinzip Hoffnung, 1954-1959

Rudi Dutschke: Versuch, Lenin auf die Füße zu stellen, 1974

Erich Fromm: Anatomie der menschlichen Destruktivität, 1974

André Gorz: Kritik der ökonomischen Vernunft, 1989, Ökologie und Politik, 1977

Herbert Marcuse: Der eindimensionale Mensch, 1967

Oskar Negt, Alexander Kluge: Öffentlichkeit und Erfahrung, 1972

Thomas Piketty: Das Kapital im 21. Jahrhundert, 2013

Ota Šik: Demokratische + sozialistische Plan- und Marktwirtschaft,1971

,Solidarische Ökonomie' von Elmar Altvater/Nicola Sekler (2006) und ,Solidarische Ökonomie im globalisierten Kapitalismus' von Sven Giegold/Dagmar Embshoff (2008)

Gerd Stange:
Demokratie ohne Herrschaft
& Das Ende der Arbeitsgesell-
schaft

Demokratie, in der nicht eine
Elite (Parteimitglieder und
Lobbyisten) die Politik undemokratisch beherrscht und die
Wirtschaft ausgeschlossen ist,
obwohl sie unser Leben struktu-
riert und die Politik bestimmt.
Mit aller Gewalt versucht sie,
die Arbeitsgesellschaft zu ver-
ewigen, deren Grundlagen sie
selbst durch Maschinen abgeschafft hat. Gerd Stange ent-
wirft eine Basisdemokratie.
ISBN 978-3-943446-13-5
120 Seiten   € 11,90

Gerd Stange:
Revolutionen - Machtkampf
oder Emanzipation

Der Lebenszweck des Kapitalismus ist das hemmungslose Wachstum, es mündet in Verteilungskriege und die Zerstörung der Erde. In der Krise wächst seine Kriegsbereitschaft, im Aufschwung die Umweltzerstörung. Revolution bedeutete für die meisten, den Wechsel der politisch Mächtigen mit militärischer Gewalt zu betreiben.
Das ist Machtkampf, aber keine Emanzipation.
ISBN 978-3-943446-43-2
260 Seiten   € 14,00